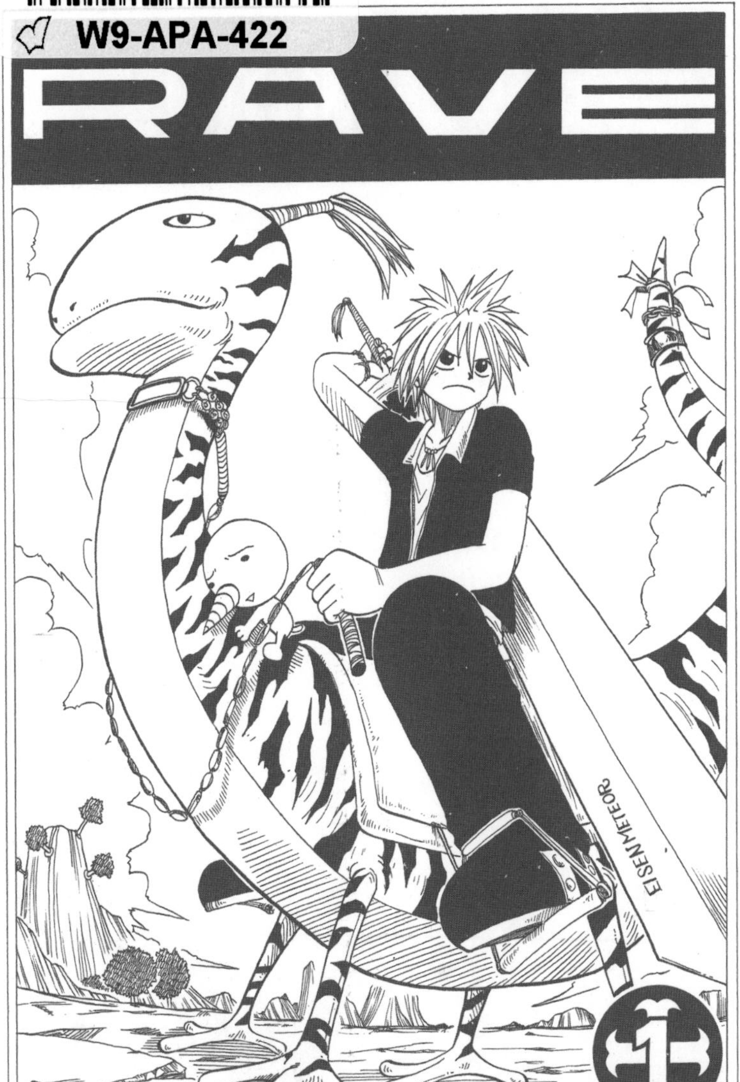
RAVE
EISEN METEOR
1

ÍNDICE

RAVE: 1 ✛ EMPIEZA LA AVENTURA.........................3

RAVE: 2 ✛ LA CAMPANA GUÍA..............................75

RAVE: 3 ✛ LUZ ROJA.......................................133

RAVE: 4 ✛ RUMBO A LO DESCONOCIDO...........163

MANGA EXTRA ✛ RAVE 0077................................189

50 AÑOS ANTES

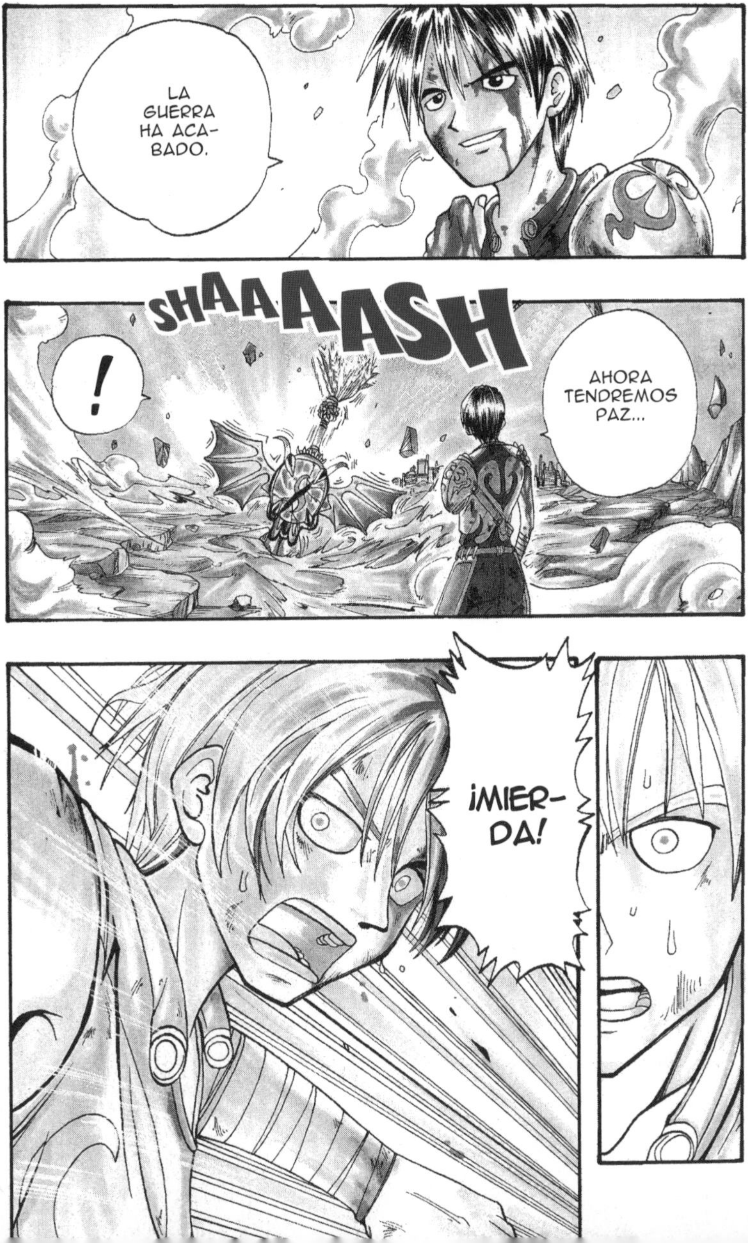
LA GUERRA HA ACABADO.
SHAAAAASH
AHORA TENDREMOS PAZ...
!
¡MIER-DA!

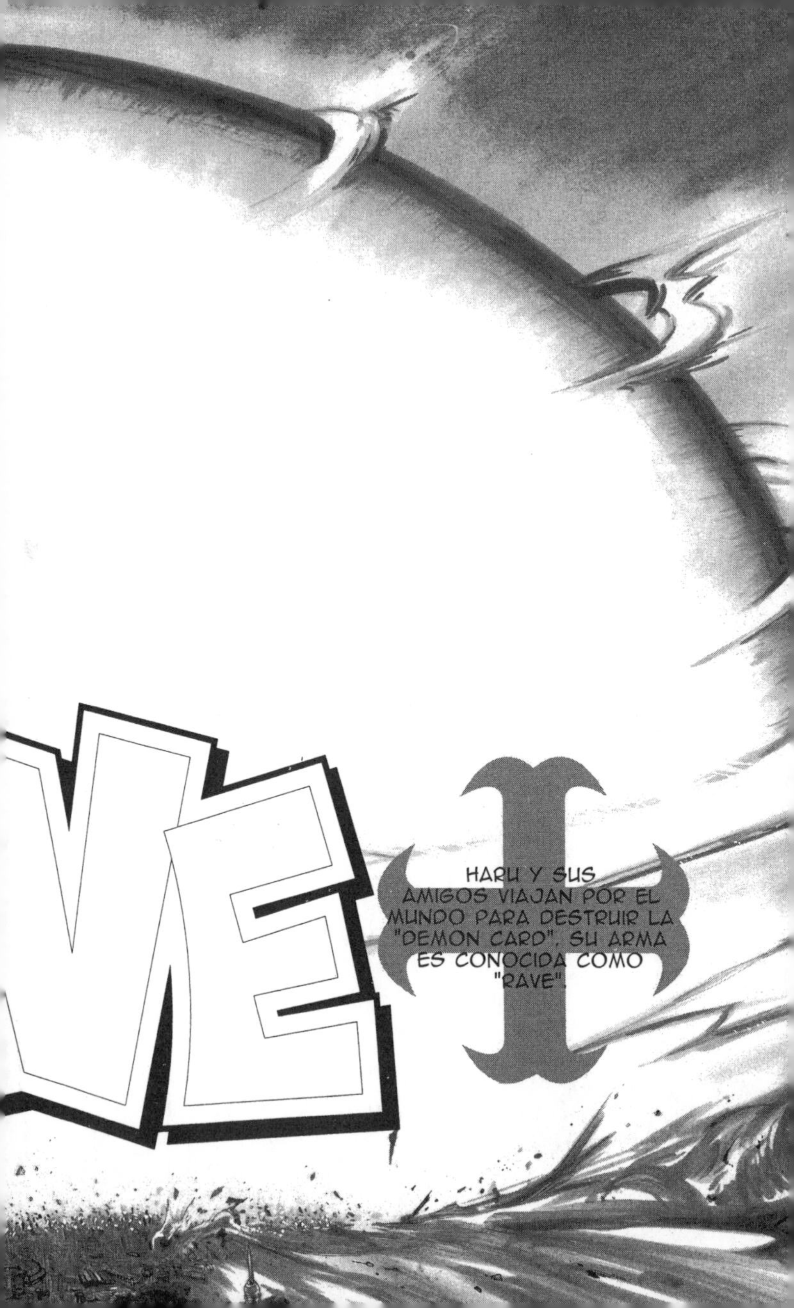
HARU Y SUS AMIGOS VIAJAN POR EL MUNDO PARA DESTRUIR LA "DEMON CARD". SU ARMA ES CONOCIDA COMO "RAVE".

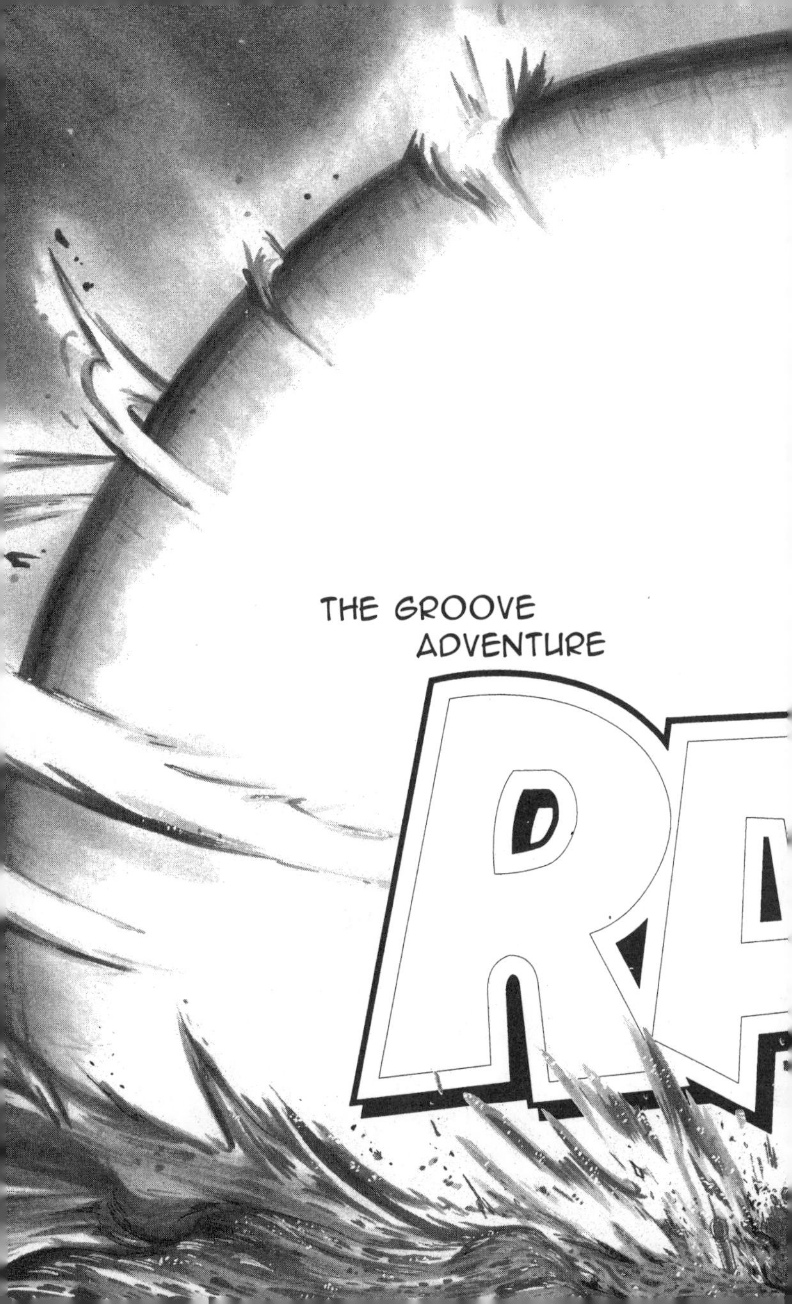
THE GROOVE
ADVENTURE

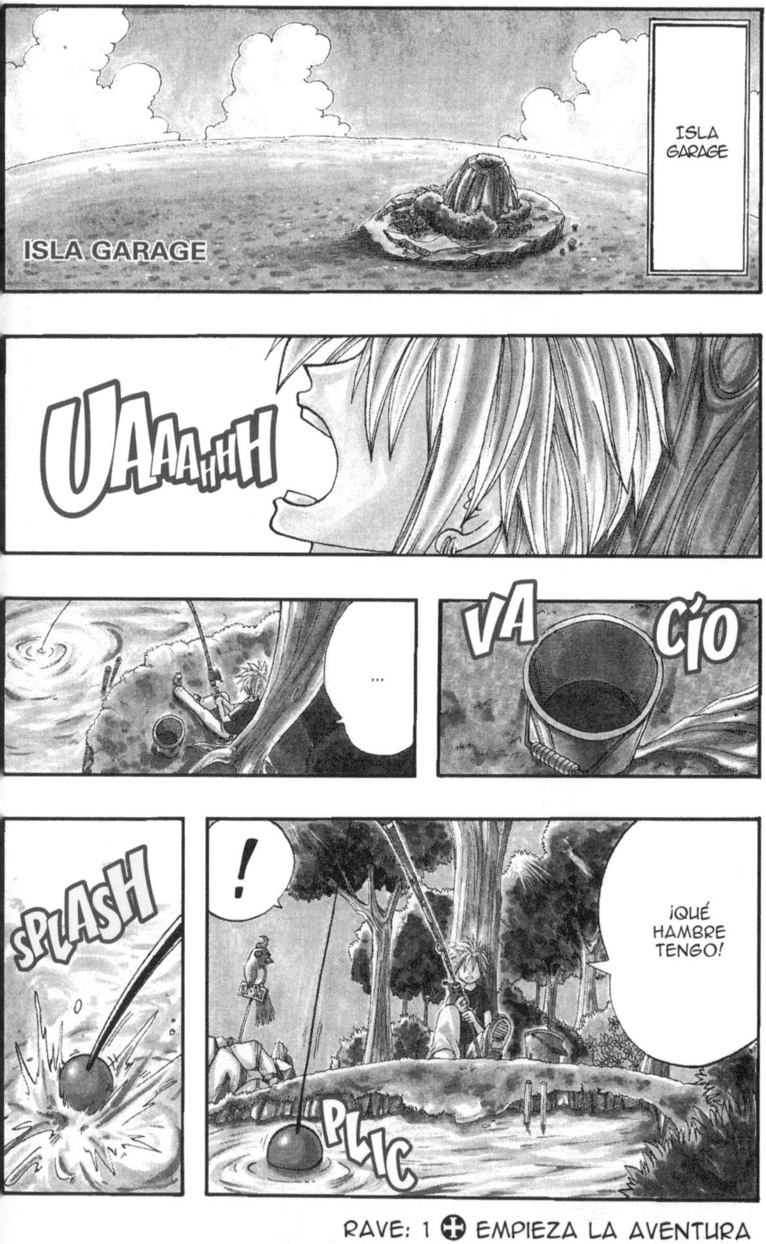
ISLA GARAGE
ISLA GARAGE
UAAAHHHH
...
VACÍO
SPLASH
!
¡QUÉ HAMBRE TENGO!
PLIC

RAVE: 1 ✚ EMPIEZA LA AVENTURA

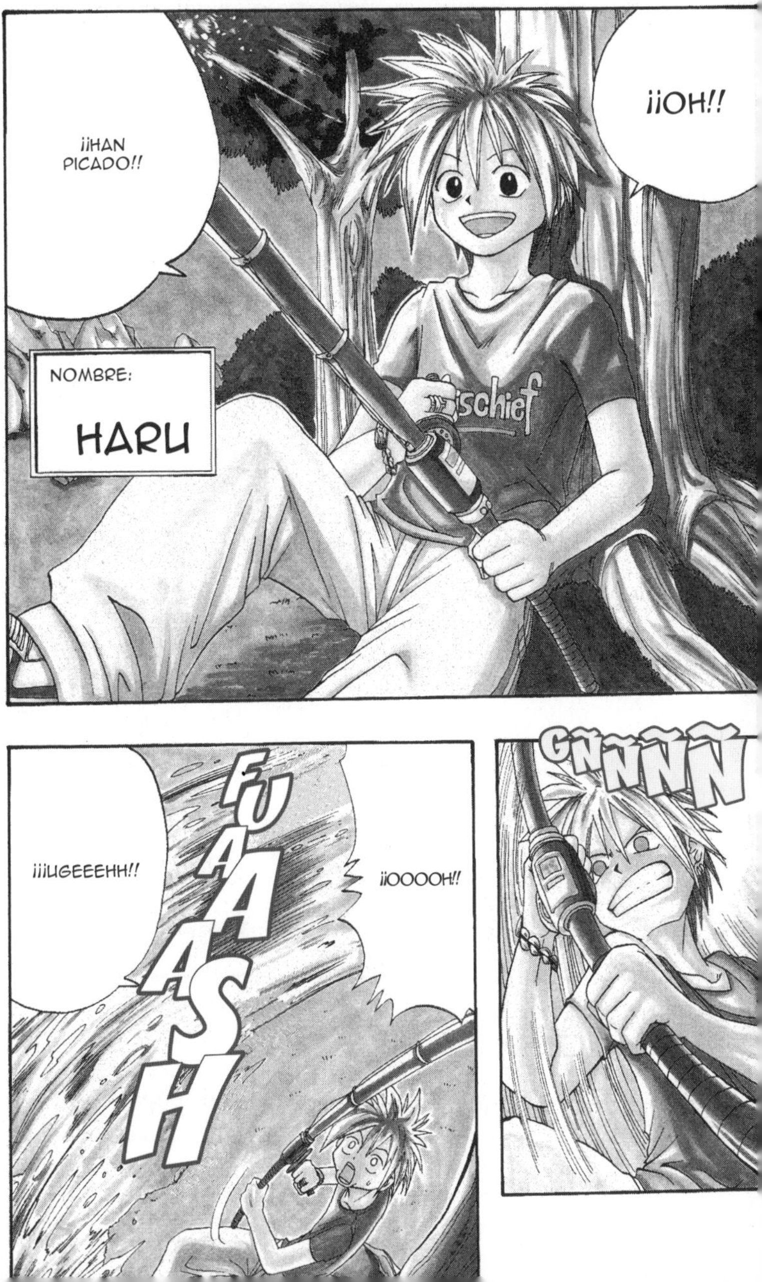

¡¡OH!!
¡¡HAN PICADO!!
NOMBRE:
HARU
GÑÑÑÑ
¡¡OOOOH!!
FUAAAASH
¡¡¡UGEEEHH!!

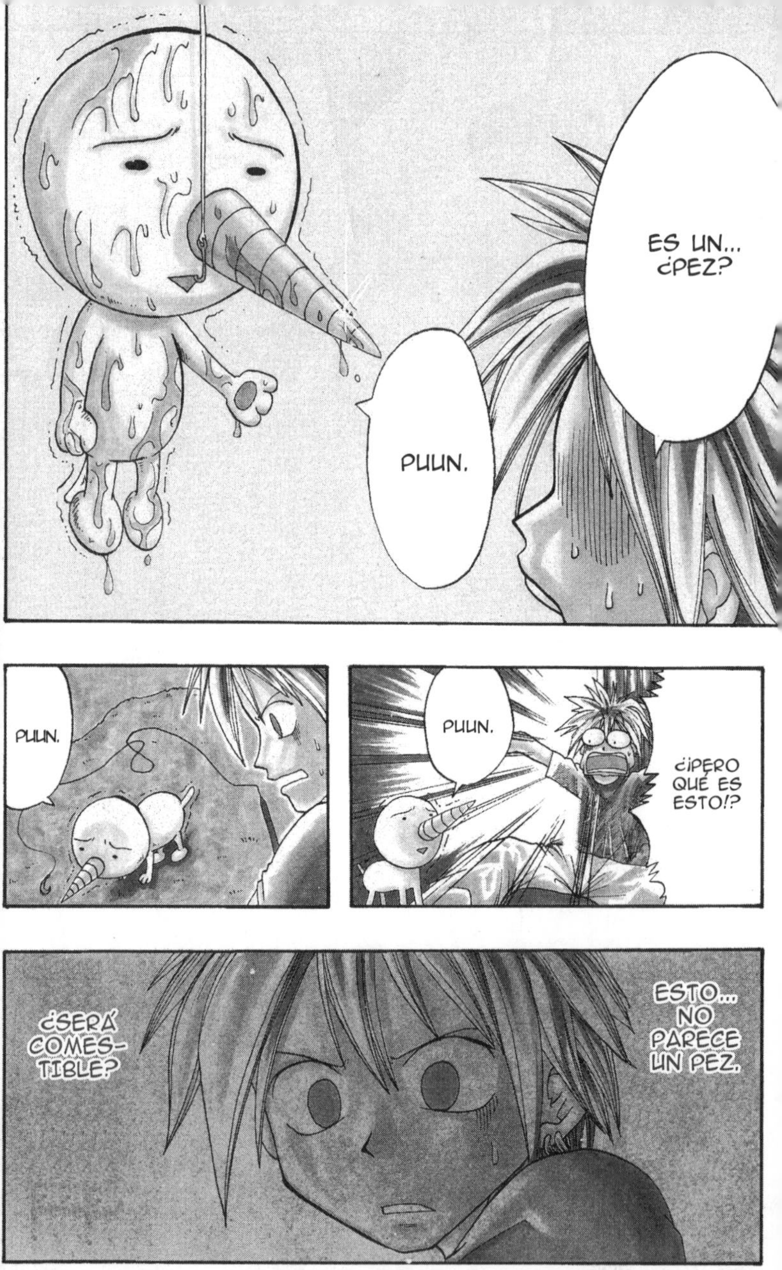
ES UN... ¿PEZ?
PUUN.
PUUN.
¿¡PERO QUÉ ES ESTO!?
PUUN.
ESTO... NO PARECE UN PEZ.
¿SERÁ COMESTIBLE?

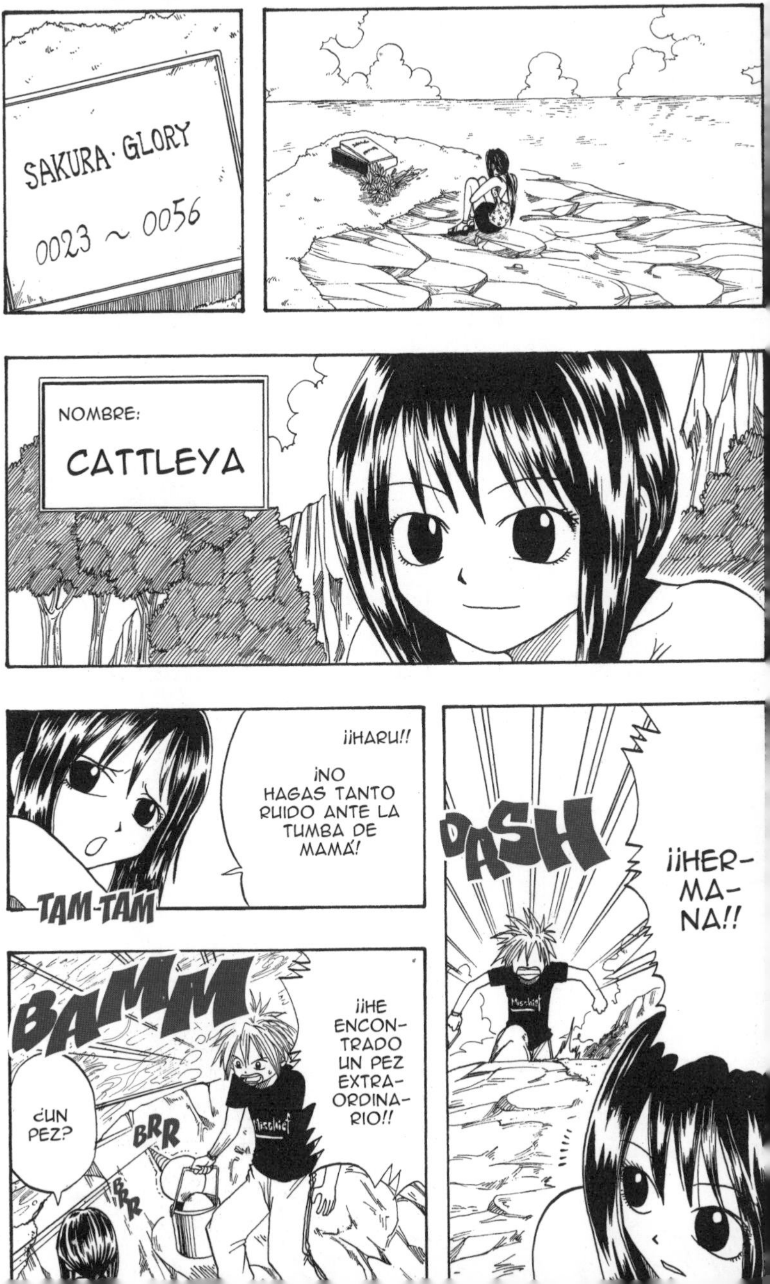
SAKURA·GLORY
0023 ~ 0056
NOMBRE:
CATTLEYA
DASH
¡¡HER-MA-NA!!
¡¡HARU!!
¡NO HAGAS TANTO RUIDO ANTE LA TUMBA DE MAMÁ!
TAM-TAM
BAMM
¡¡HE ENCONTRADO UN PEZ EXTRAORDINARIO!!
¿UN PEZ?
BRR
BRR

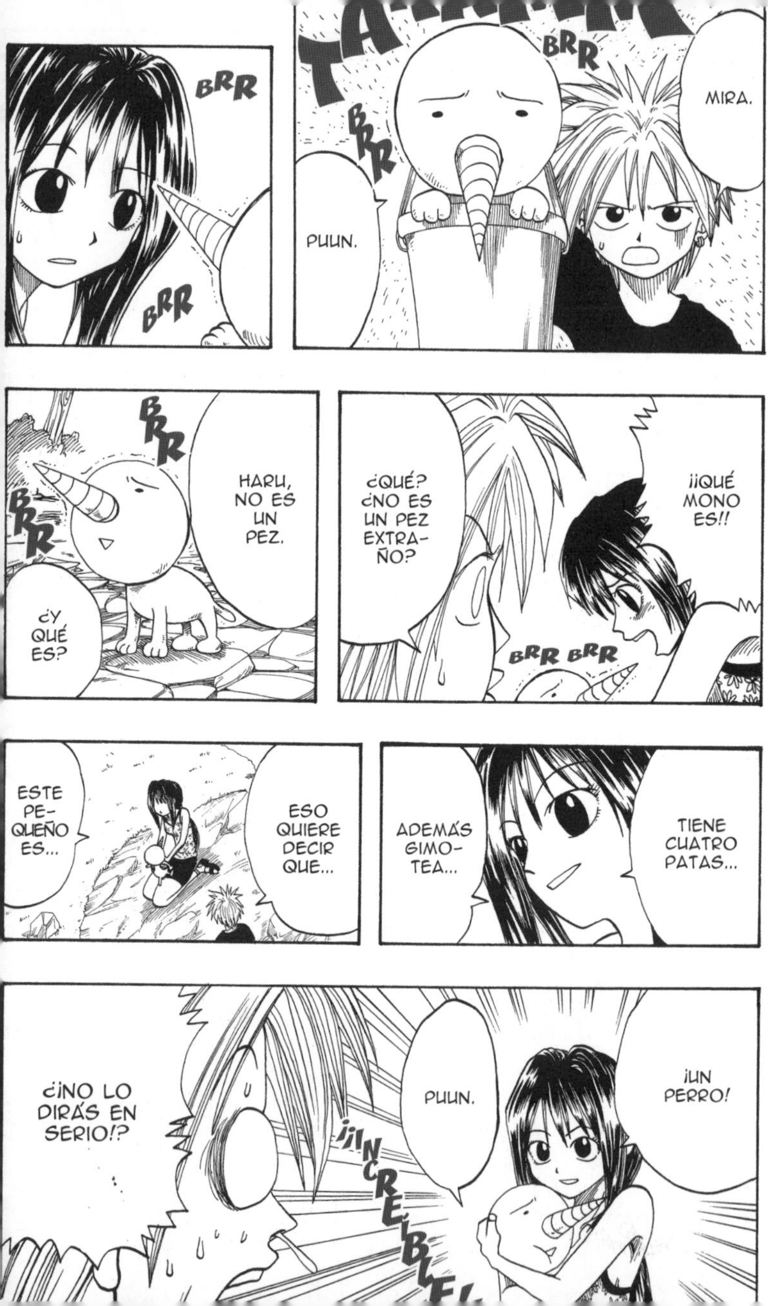
MIRA.
BRR
PUUN.
BRR
BRR
BRR
¡¡QUÉ MONO ES!!
¿QUÉ? ¿NO ES UN PEZ EXTRA-ÑO?
BRR BRR
HARU, NO ES UN PEZ.
¿Y QUÉ ES?
BRR
TIENE CUATRO PATAS...
ADEMÁS GIMOTEA...
ESO QUIERE DECIR QUE...
ESTE PE-QUEÑO ES...
¡UN PERRO!
PUUN.
¡¡INCREÍBLE!!
¿¡NO LO DIRÁS EN SERIO!?

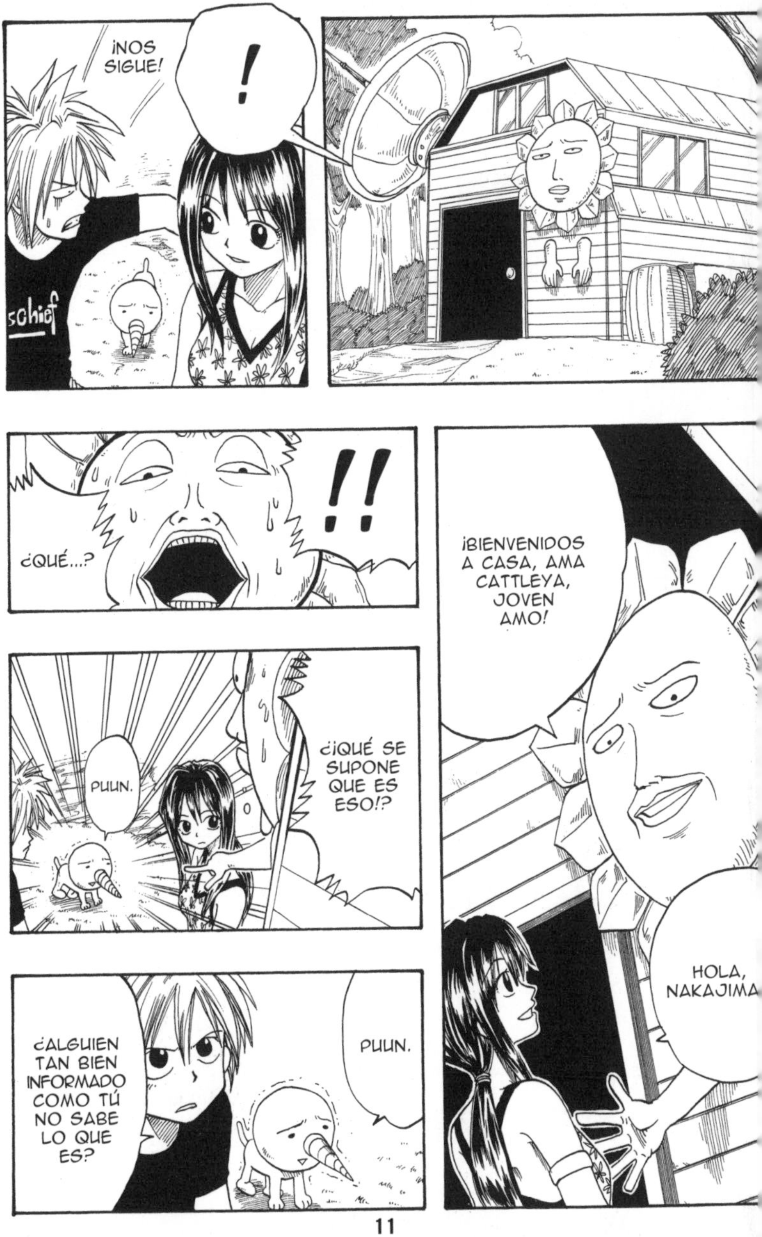
!
¡NOS SIGUE!
¡BIENVENIDOS A CASA, AMA CATTLEYA, JOVEN AMO!
!!
¿QUÉ...?
¿QUÉ SE SUPONE QUE ES ESO!?
PUUN.
HOLA, NAKAJIMA
PUUN.
¿ALGUIEN TAN BIEN INFORMADO COMO TÚ NO SABE LO QUE ES?

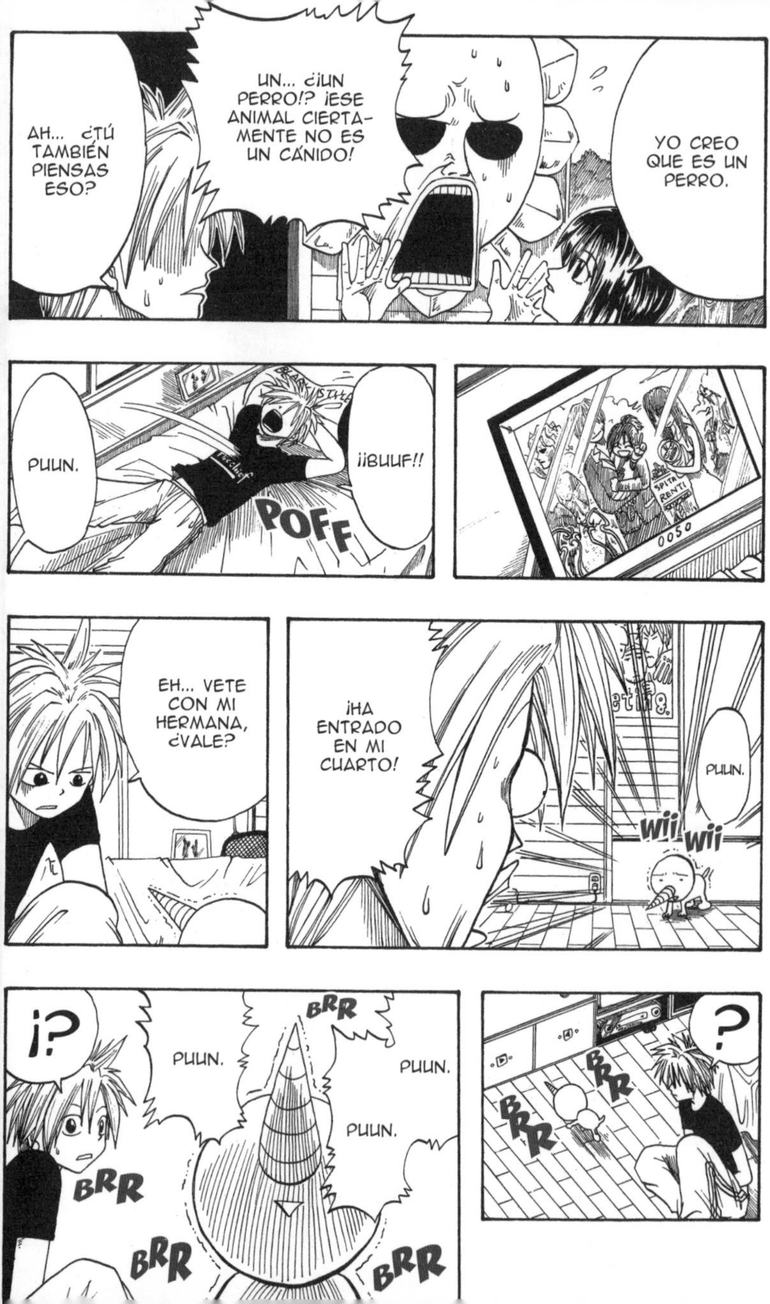
YO CREO QUE ES UN PERRO.
UN... ¿¡UN PERRO!? ¡ESE ANIMAL CIERTAMENTE NO ES UN CÁNIDO!
AH... ¿TÚ TAMBIÉN PIENSAS ESO?
¡¡BUUF!!
POFF
PUUN.
PUUN.
WII WII
¡HA ENTRADO EN MI CUARTO!
EH... VETE CON MI HERMANA, ¿VALE?
?
BRR
BRR
PUUN.
PUUN.
PUUN.
BRR
¡?
BRR
BRR
BRR

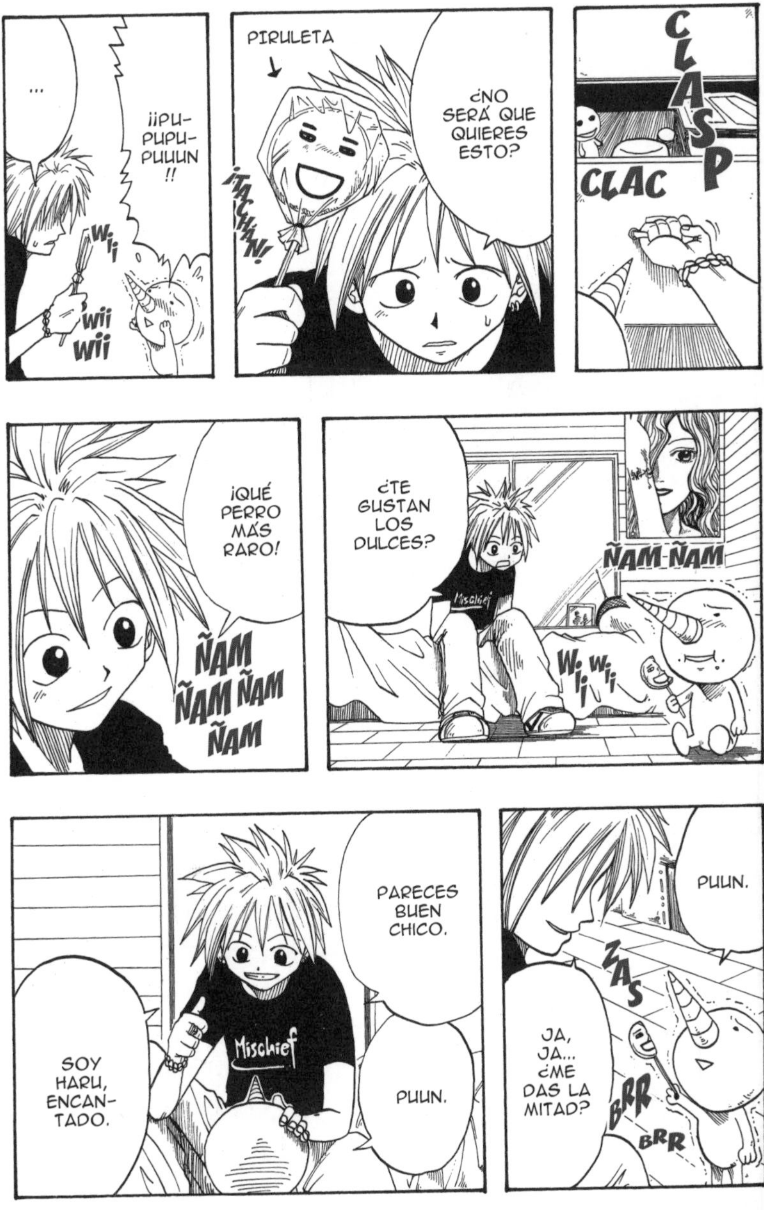
...
¡¡PUPUPUPU-PUUUN!!
WII
WII
WII
PIRULETA
¡TACHÁN!
¿NO SERÁ QUE QUIERES ESTO?
CLASP
CLAC
¡QUÉ PERRO MÁS RARO!
ÑAM ÑAM ÑAM ÑAM
¿TE GUSTAN LOS DULCES?
ÑAM-ÑAM
WII WII
Mischief
PARECES BUEN CHICO.
SOY HARU, ENCANTADO.
Mischief
PUUN.
PUUN.
ZAS
JA, JA... ¿ME DAS LA MITAD?
BRR
BRR

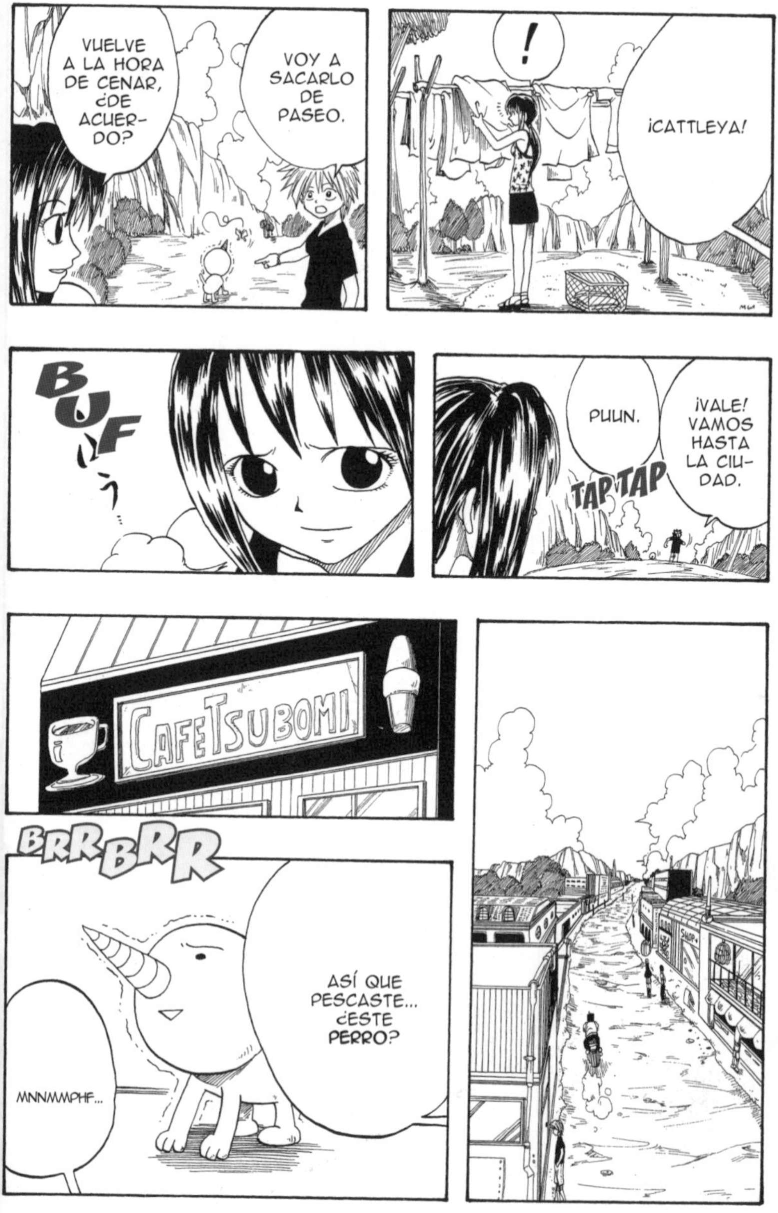
VUELVE A LA HORA DE CENAR, ¿DE ACUER-DO?
VOY A SACARLO DE PASEO.
!
¡CATTLEYA!
BUF
PUUN.
¡VALE! VAMOS HASTA LA CIU-DAD.
TAP TAP
CAFE TSUBOMI
BRRBRR
ASÍ QUE PESCASTE... ¿ESTE PERRO?
MNNMMPHF...

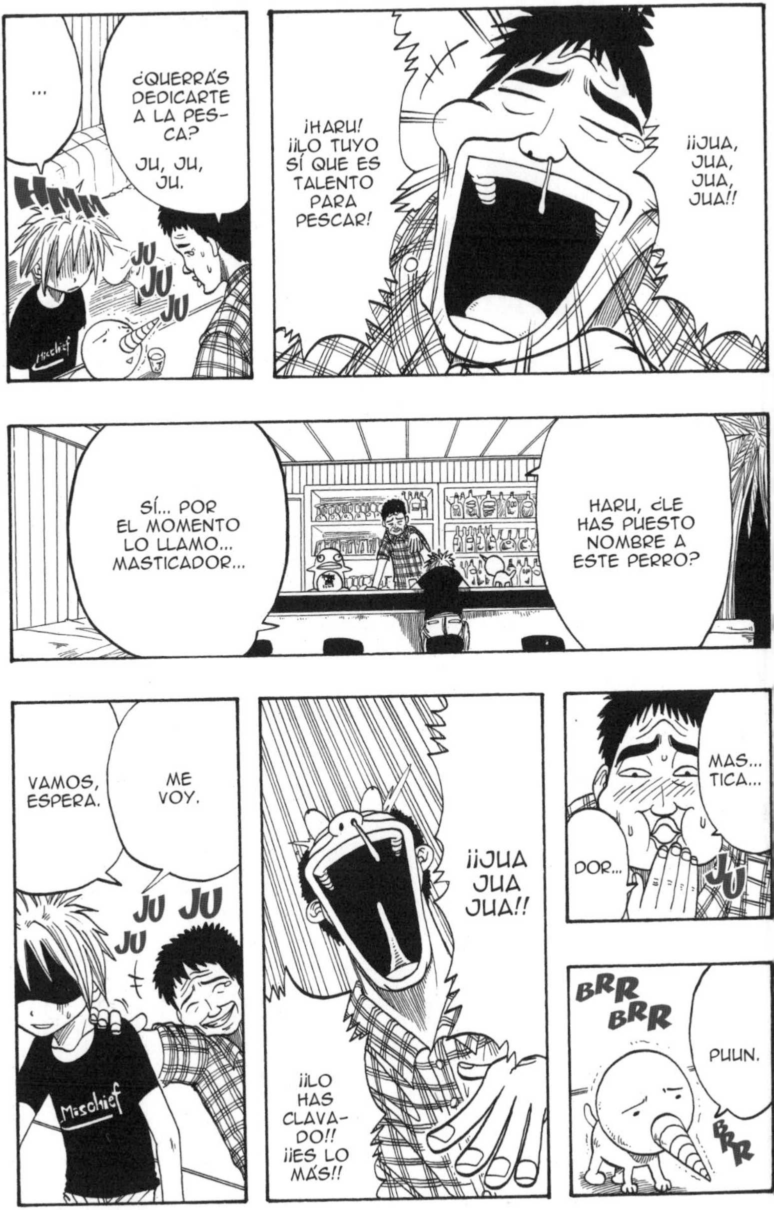
¡¡JUA, JUA, JUA, JUA!!
¡HARU! ¡¡LO TUYO SÍ QUE ES TALENTO PARA PESCAR!
¿QUERRÁS DEDICARTE A LA PESCA?
JU, JU, JU.
...
HMM
JU JU JU
HARU, ¿LE HAS PUESTO NOMBRE A ESTE PERRO?
SÍ... POR EL MOMENTO LO LLAMO... MASTICADOR...
MAS... TICA...
DOR...
JU
¡¡JUA JUA JUA!!
¡¡LO HAS CLAVADO!! ¡¡ES LO MÁS!!
ME VOY.
VAMOS, ESPERA.
JU JU JU
BRR BRR
PUUN.
BRR

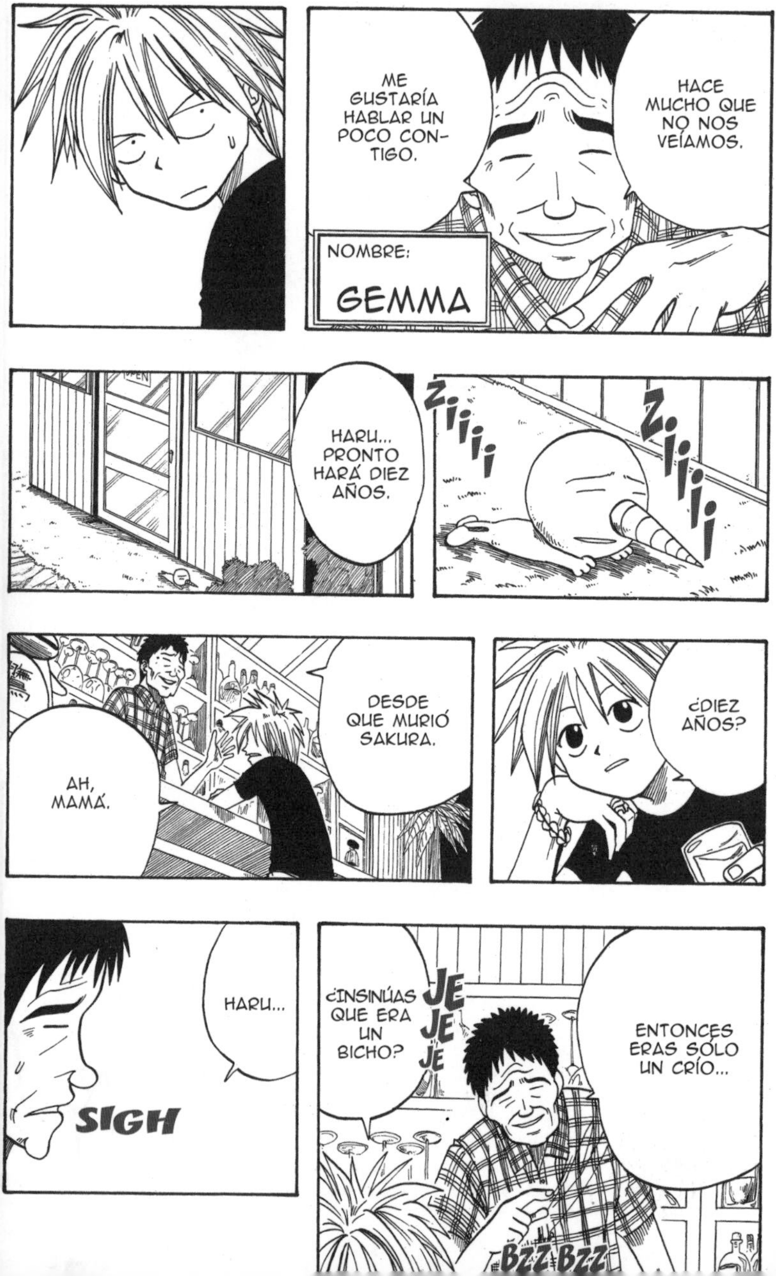

HACE MUCHO QUE NO NOS VEÍAMOS.
ME GUSTARÍA HABLAR UN POCO CON-TIGO.
NOMBRE:
GEMMA
ZIIII
ZIIII
HARU... PRONTO HARÁ DIEZ AÑOS.
¿DIEZ AÑOS?
DESDE QUE MURIÓ SAKURA.
AH, MAMÁ.
ENTONCES ERAS SÓLO UN CRÍO...
JE JE JE
¿INSINÚAS QUE ERA UN BICHO?
BZZ BZZ
HARU...
SIGH

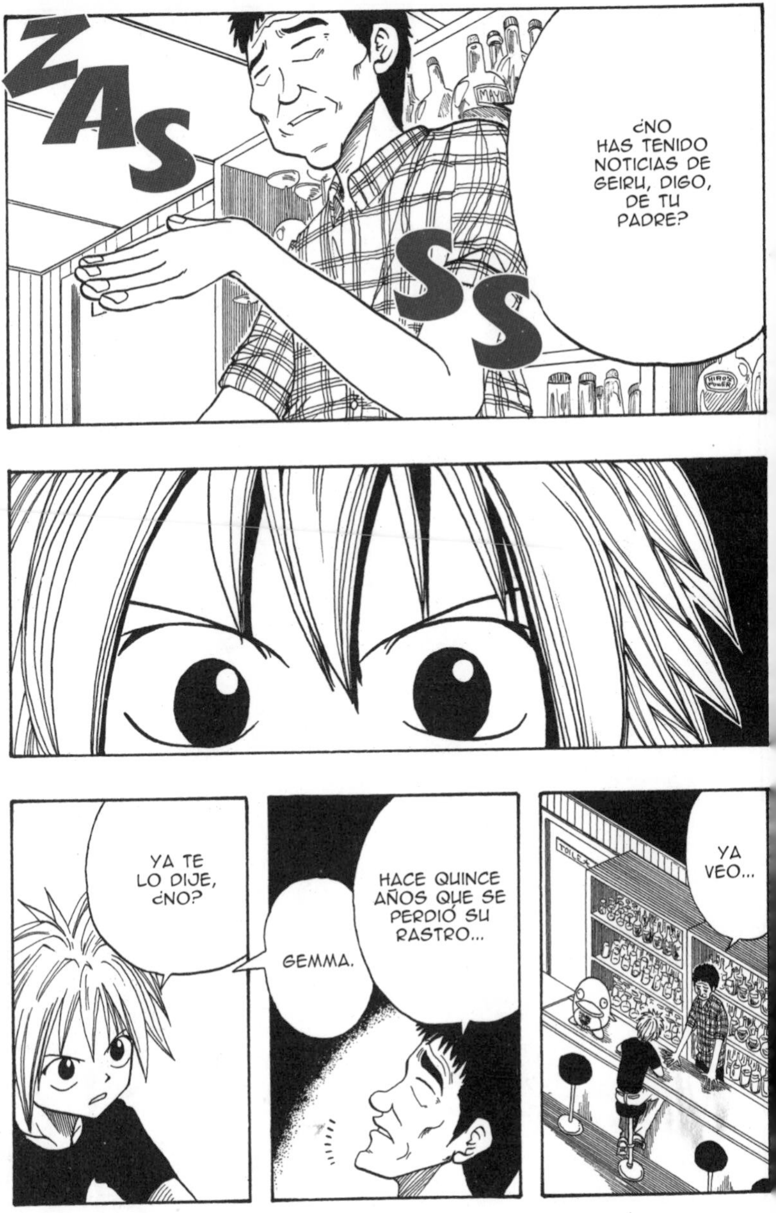
ZASSS
¿NO HAS TENIDO NOTICIAS DE GEIRU, DIGO, DE TU PADRE?
YA TE LO DIJE, ¿NO?
GEMMA.
HACE QUINCE AÑOS QUE SE PERDIÓ SU RASTRO...
YA VEO...

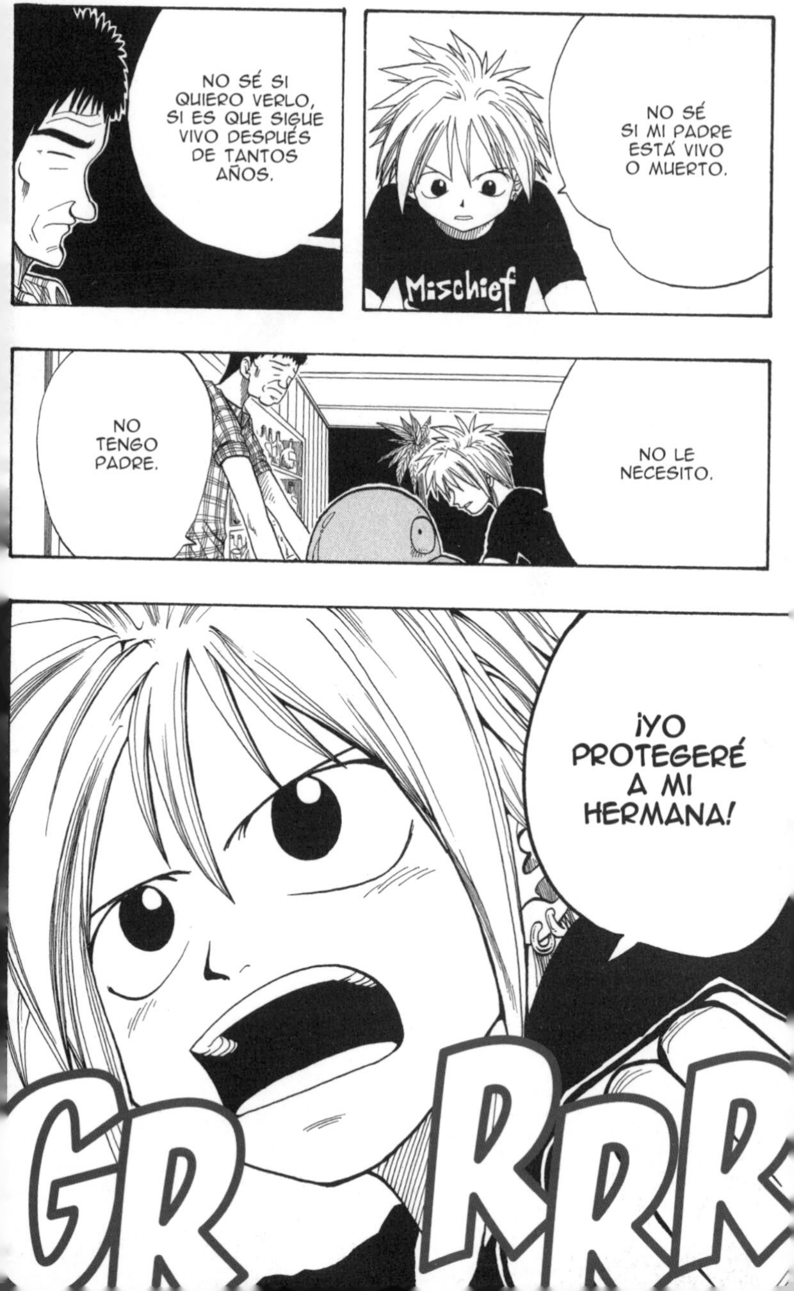
NO SÉ SI MI PADRE ESTÁ VIVO O MUERTO.
NO SÉ SI QUIERO VERLO, SI ES QUE SIGUE VIVO DESPUÉS DE TANTOS AÑOS.
Mischief
NO LE NECESITO.
NO TENGO PADRE.
¡YO PROTEGERÉ A MI HERMANA!
GRRRR

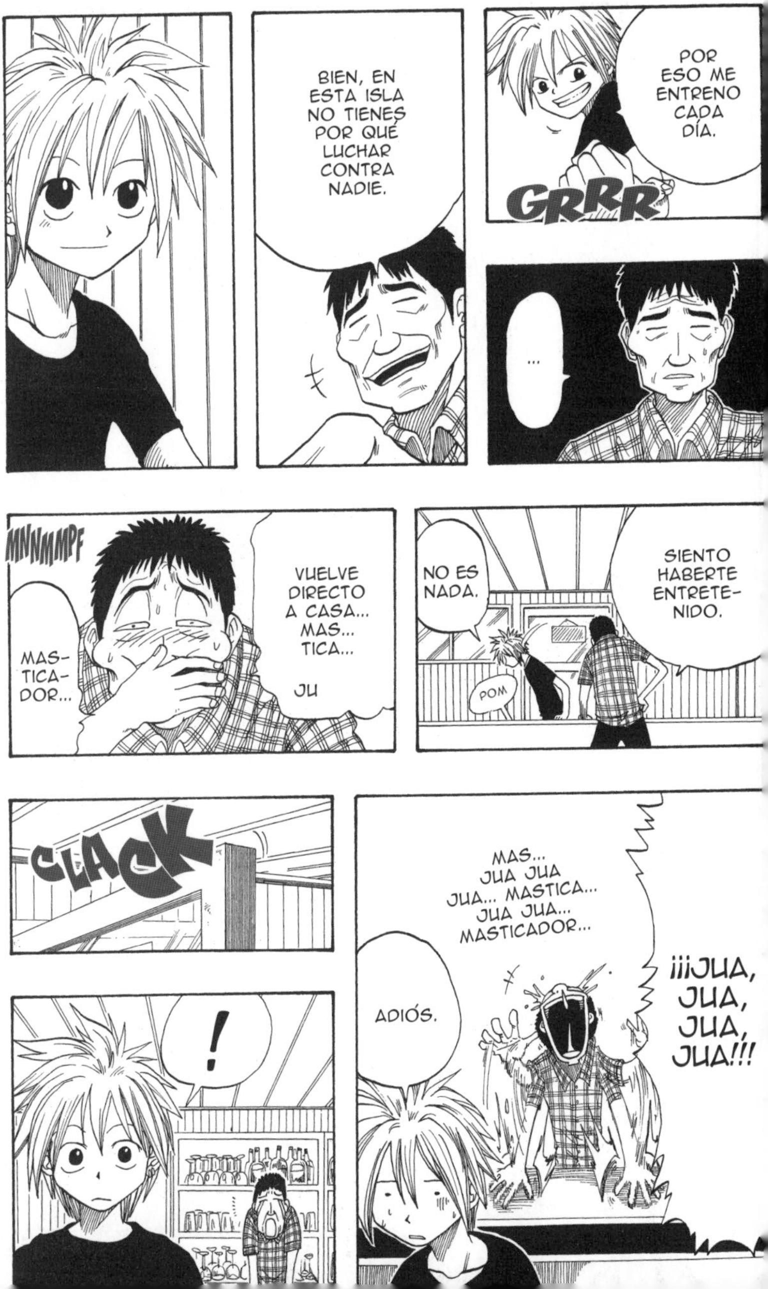

POR ESO ME ENTRENO CADA DÍA.
GRRR
BIEN, EN ESTA ISLA NO TIENES POR QUÉ LUCHAR CONTRA NADIE.
...
SIENTO HABERTE ENTRETE-NIDO.
NO ES NADA.
POM
VUELVE DIRECTO A CASA... MAS... TICA...
JU
MNNMMPF
MAS-TICA-DOR...
ADIÓS.
MAS... JUA JUA JUA... MASTICA... JUA JUA... MASTICADOR...
¡¡¡JUA, JUA, JUA, JUA!!!
CLACK
!

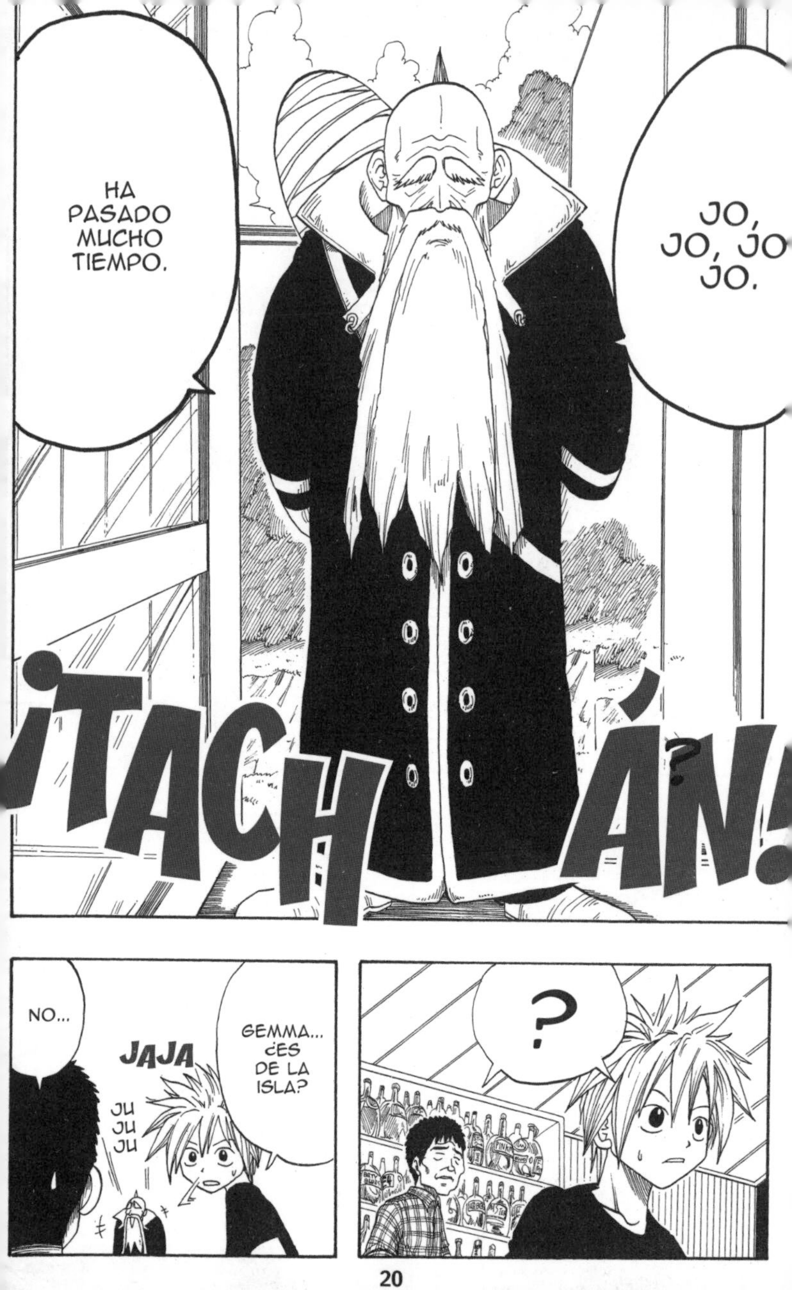
JO, JO, JO JO.
HA PASADO MUCHO TIEMPO.
¡TACHÁN!
?
?
GEMMA... ¿ES DE LA ISLA?
JAJA
JU JU JU
NO...

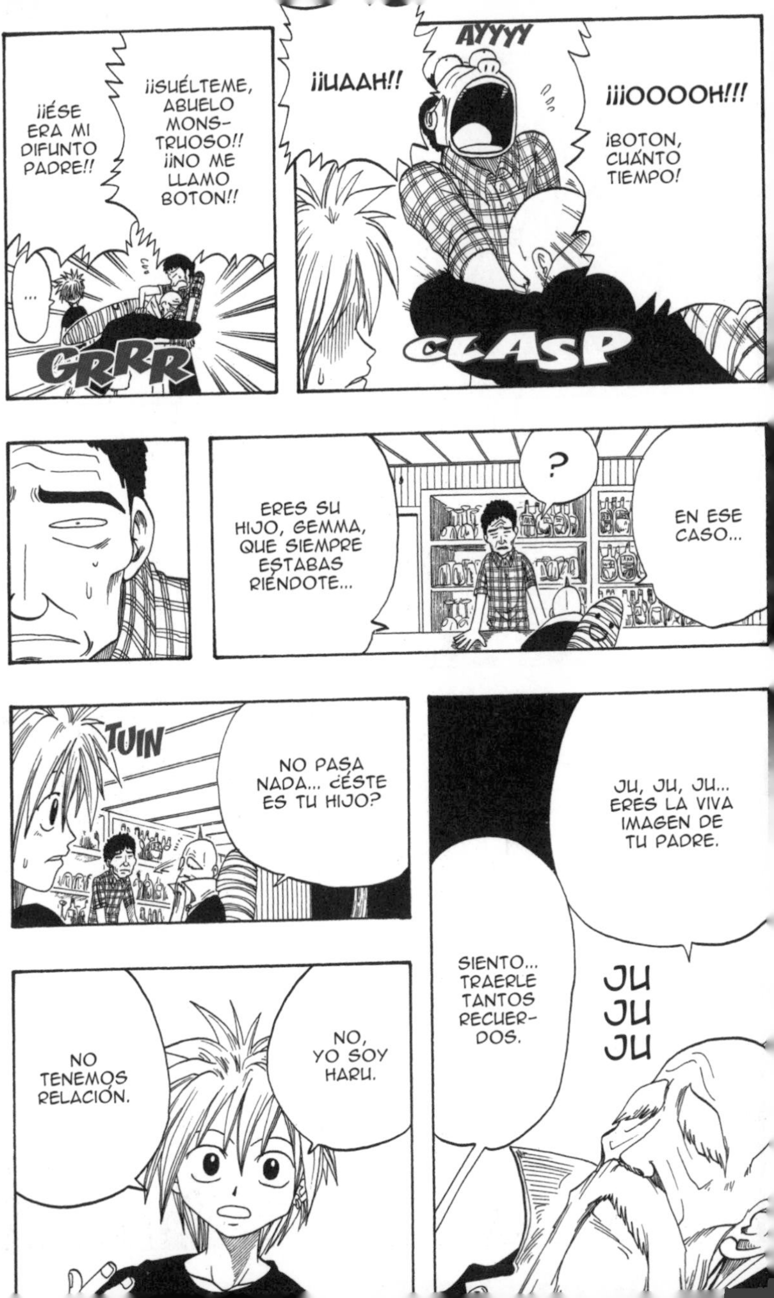
AYYYY
¡¡¡OOOOH!!!
¡BOTON, CUÁNTO TIEMPO!
¡¡UAAH!!
CLASP
¡¡SUÉLTEME, ABUELO MONS-TRUOSO!! ¡¡NO ME LLAMO BOTON!!
¡¡ÉSE ERA MI DIFUNTO PADRE!!
...
GRRR
EN ESE CASO...
?
ERES SU HIJO, GEMMA, QUE SIEMPRE ESTABAS RIÉNDOTE...
JU, JU, JU... ERES LA VIVA IMAGEN DE TU PADRE.
JU JU JU
SIENTO... TRAERLE TANTOS RECUER-DOS.
TUIN
NO PASA NADA... ¿ÉSTE ES TU HIJO?
NO, YO SOY HARU.
NO TENEMOS RELACIÓN.

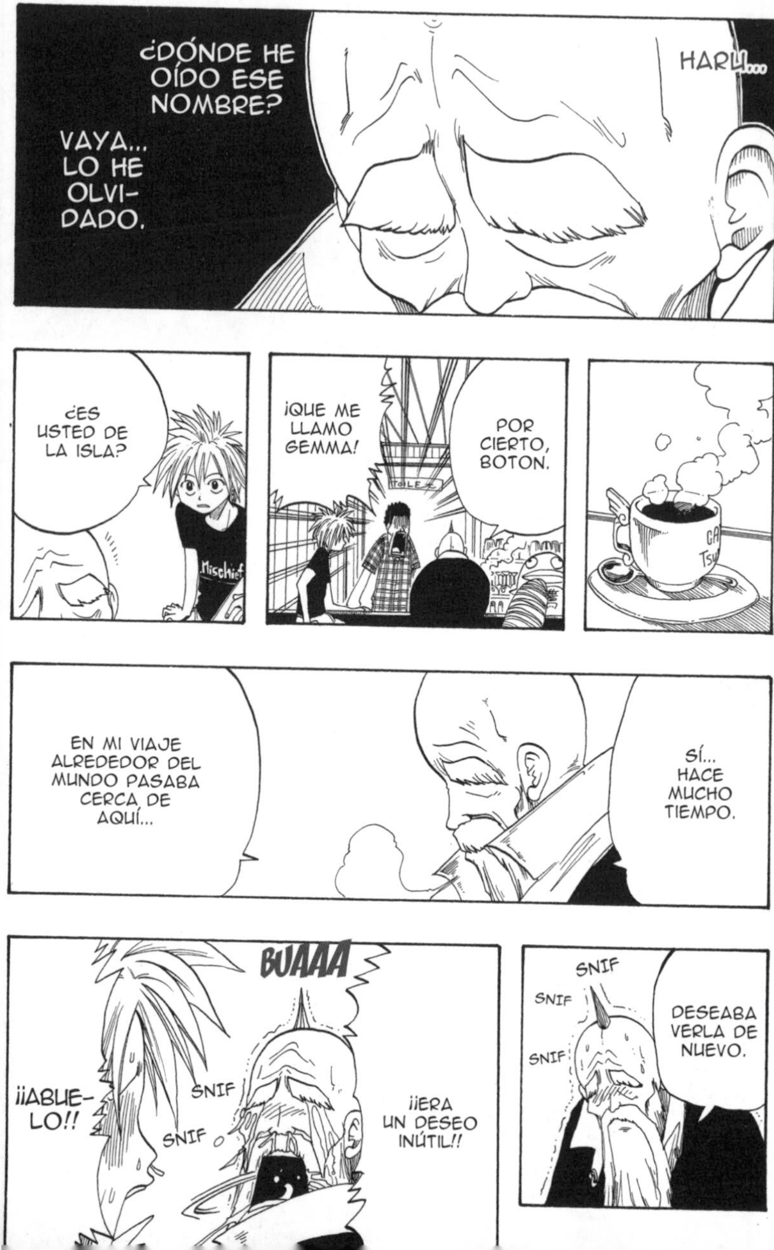
HARU...
¿DÓNDE HE OÍDO ESE NOMBRE?
VAYA... LO HE OLVIDADO.
POR CIERTO, BOTON.
¡QUE ME LLAMO GEMMA!
¿ES USTED DE LA ISLA?
SÍ... HACE MUCHO TIEMPO.
EN MI VIAJE ALREDEDOR DEL MUNDO PASABA CERCA DE AQUÍ...
DESEABA VERLA DE NUEVO.
SNIF
SNIF
SNIF
BUAAA
¡¡ERA UN DESEO INÚTIL!!
SNIF
SNIF
¡¡ABUELO!!

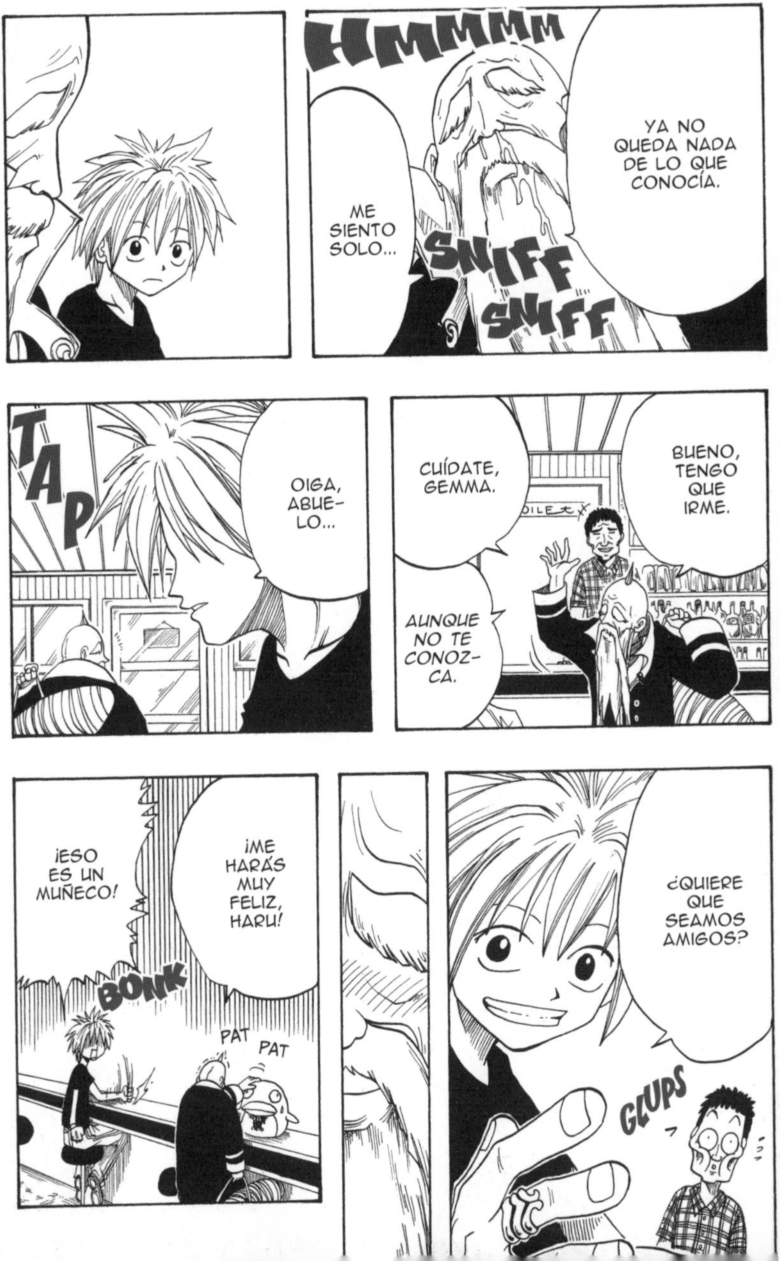
HMMMMM
YA NO QUEDA NADA DE LO QUE CONOCÍA.
ME SIENTO SOLO...
SNIFF
SNIFF
BUENO, TENGO QUE IRME.
CUÍDATE, GEMMA.
AUNQUE NO TE CONOZCA.
TAP
OIGA, ABUELO...
¿QUIERE QUE SEAMOS AMIGOS?
GLUPS
¡ME HARÁS MUY FELIZ, HARU!
¡ESO ES UN MUÑECO!
BONK
PAT
PAT

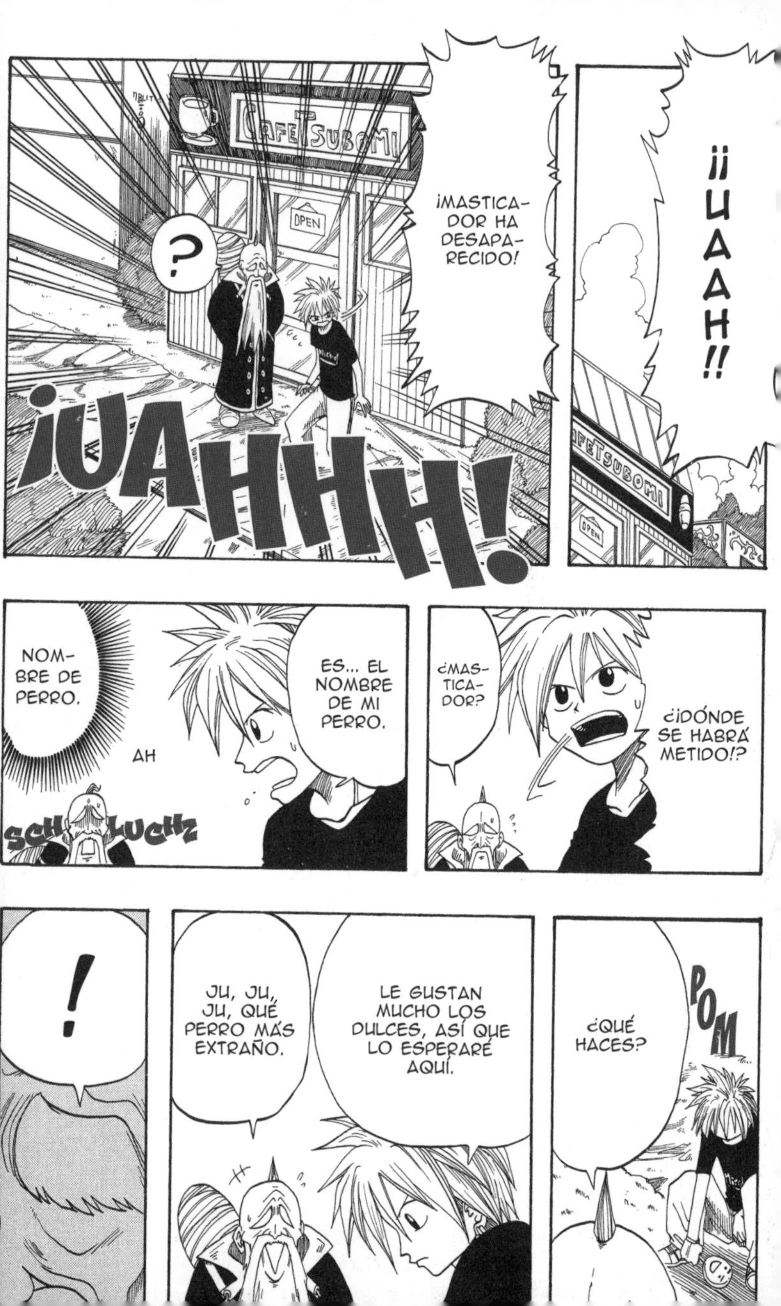
¡¡UAAAH!!
CAFE TSUBOMI
OPEN
¡MASTICADOR HA DESAPARECIDO!
?
¡UAHHH!
CAFE TSUBOMI
OPEN
¿¡DÓNDE SE HABRÁ METIDO!?
¿MASTICADOR?
ES... EL NOMBRE DE MI PERRO.
AH
NOMBRE DE PERRO.
SCH
LUCHZ
POM
¿QUÉ HACES?
LE GUSTAN MUCHO LOS DULCES, ASÍ QUE LO ESPERARÉ AQUÍ.
JU, JU, JU, QUÉ PERRO MÁS EXTRAÑO.
!

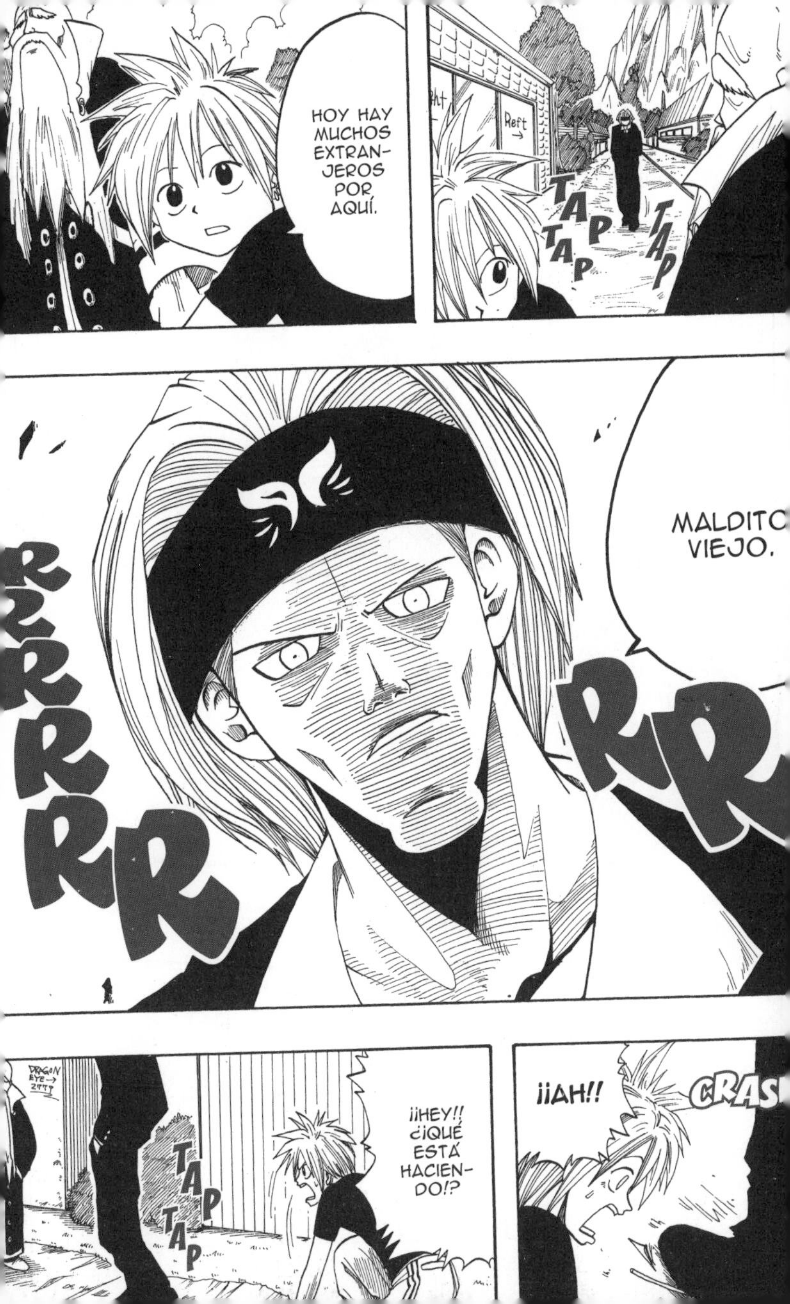
TAP
TAP
TAP
TAP
HOY HAY MUCHOS EXTRANJEROS POR AQUÍ.
Reft →
MALDITO VIEJO.
RRRRRR
RR
CRAS
¡¡AH!!
¡¡HEY!! ¿¡QUÉ ESTÁ HACIENDO!?
TAP
TAP
DRAGON EYE → ???

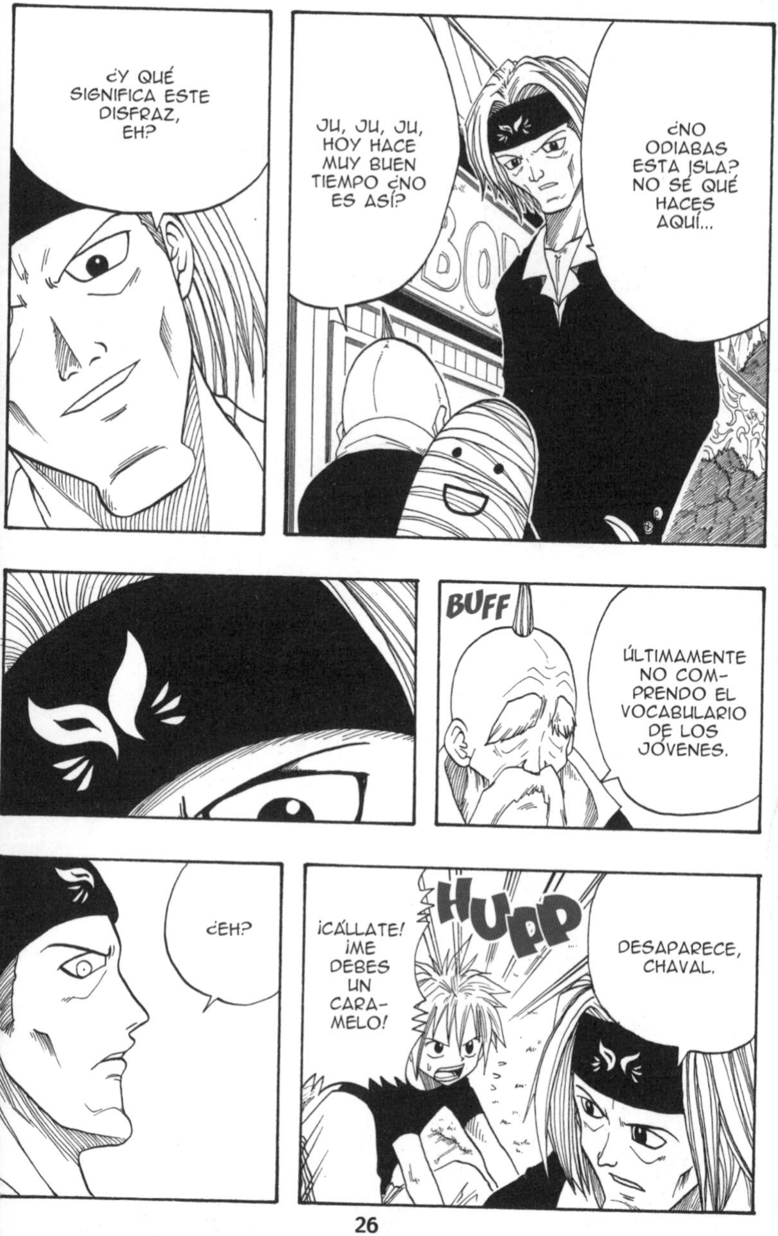
¿NO ODIABAS ESTA ISLA? NO SÉ QUÉ HACES AQUÍ...
JU, JU, JU, HOY HACE MUY BUEN TIEMPO ¿NO ES ASÍ?
¿Y QUÉ SIGNIFICA ESTE DISFRAZ, EH?
BUFF
ÚLTIMAMENTE NO COMPRENDO EL VOCABULARIO DE LOS JÓVENES.
DESAPARECE, CHAVAL.
HUPP
¡CÁLLATE! ¡ME DEBES UN CARAMELO!
¿EH?

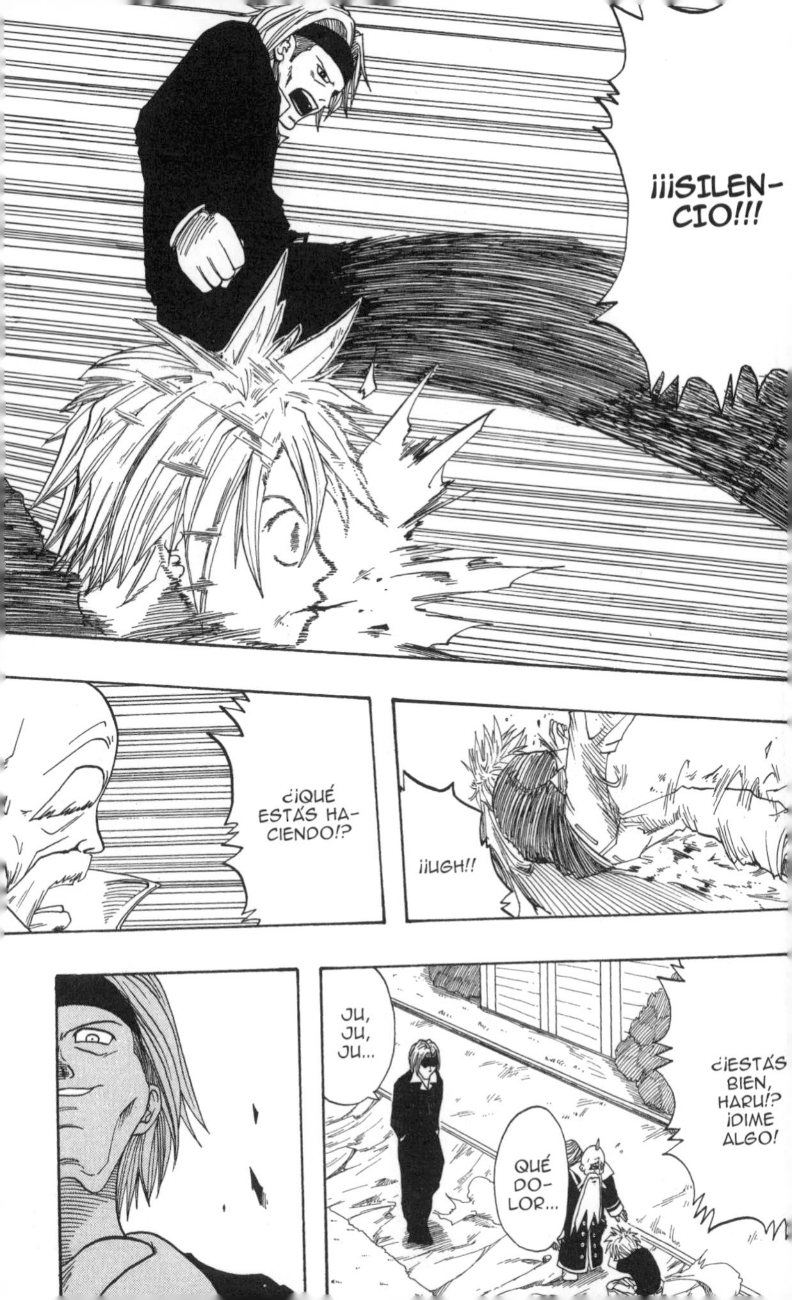
¡¡¡SILEN-
CIO!!!
¡¡UGH!!
¿¡QUÉ ESTÁS HA-CIENDO!?
¿¡ESTÁS BIEN, HARU!? ¡DIME ALGO!
QUÉ DO-LOR...
JU, JU, JU...

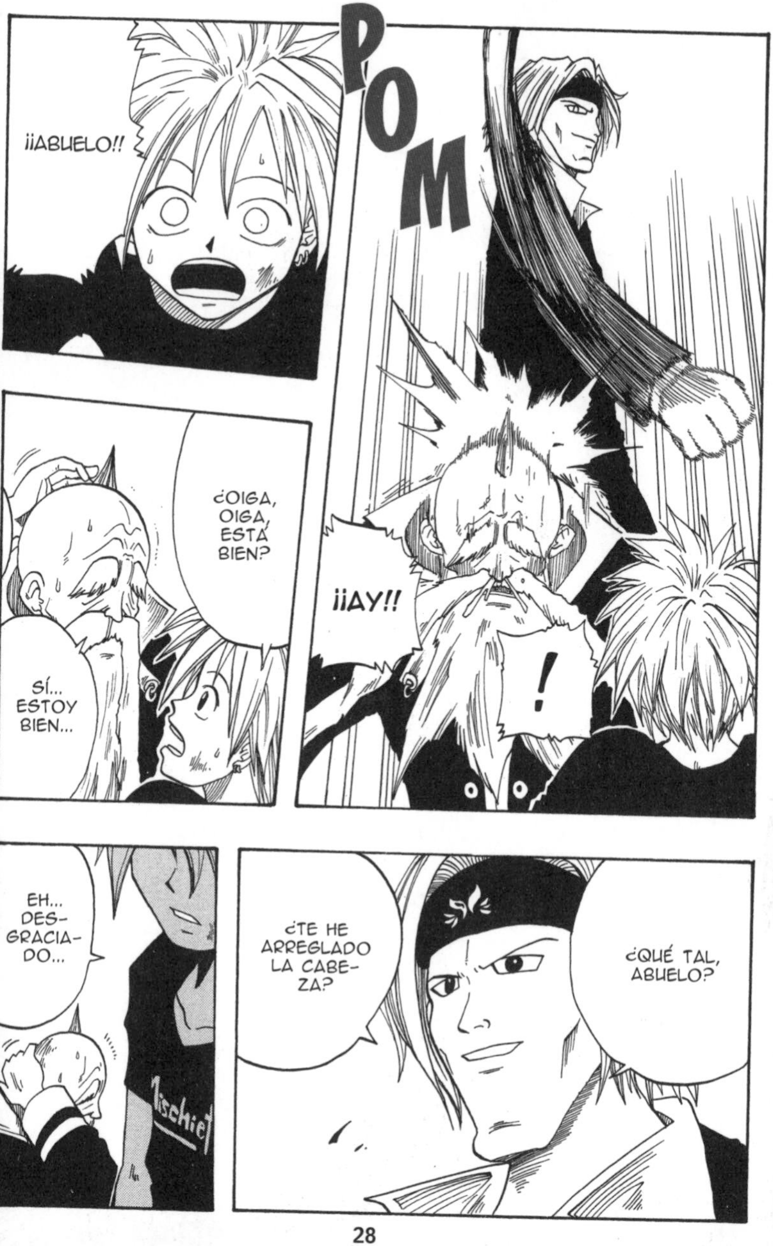
POM
¡¡AY!!
!
¡¡ABUELO!!
¿OIGA, OIGA, ESTÁ BIEN?
SÍ... ESTOY BIEN...
¿QUÉ TAL, ABUELO?
¿TE HE ARREGLADO LA CABEZA?
EH... DESGRACIADO...
Mischief

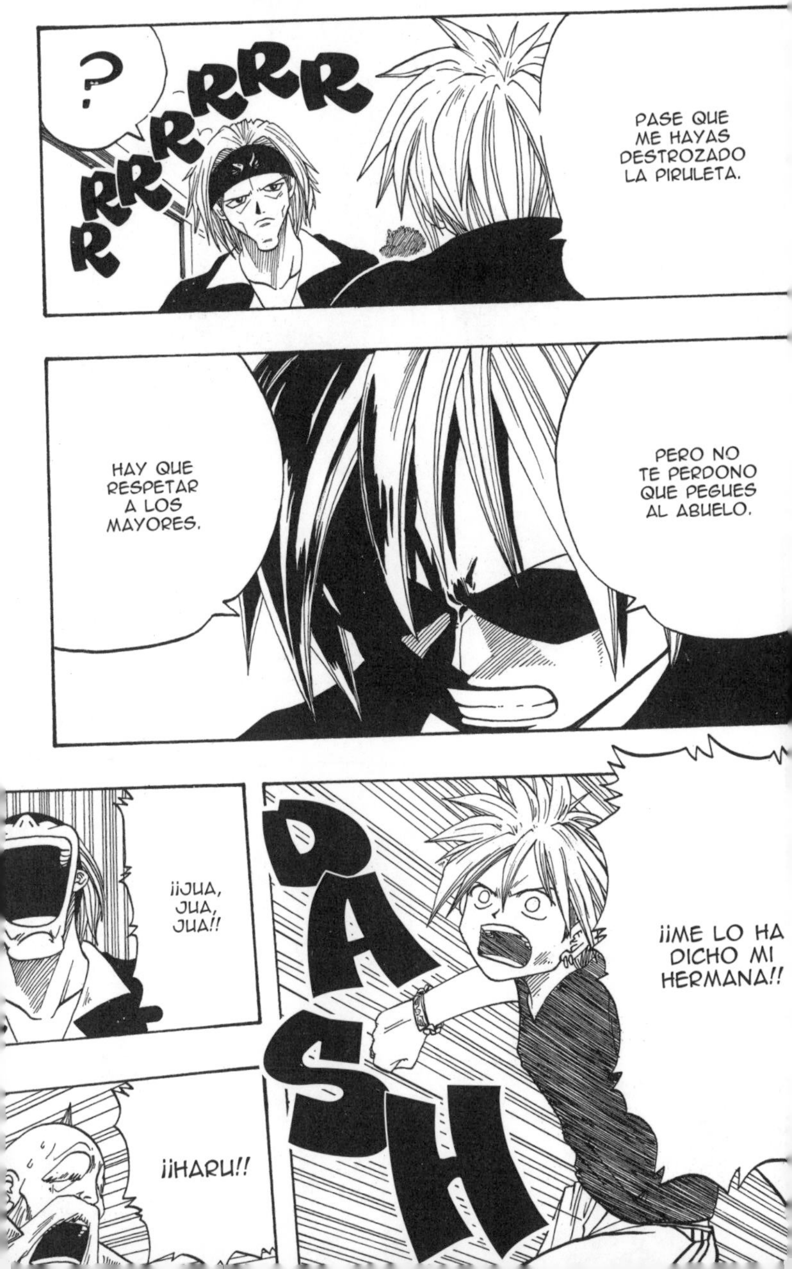
PASE QUE ME HAYAS DESTROZADO LA PIRULETA.
?
RRRRRRRRR
PERO NO TE PERDONO QUE PEGUES AL ABUELO.
HAY QUE RESPETAR A LOS MAYORES.
¡¡ME LO HA DICHO MI HERMANA!!
DASH
¡¡JUA, JUA, JUA!!
¡¡HARU!!

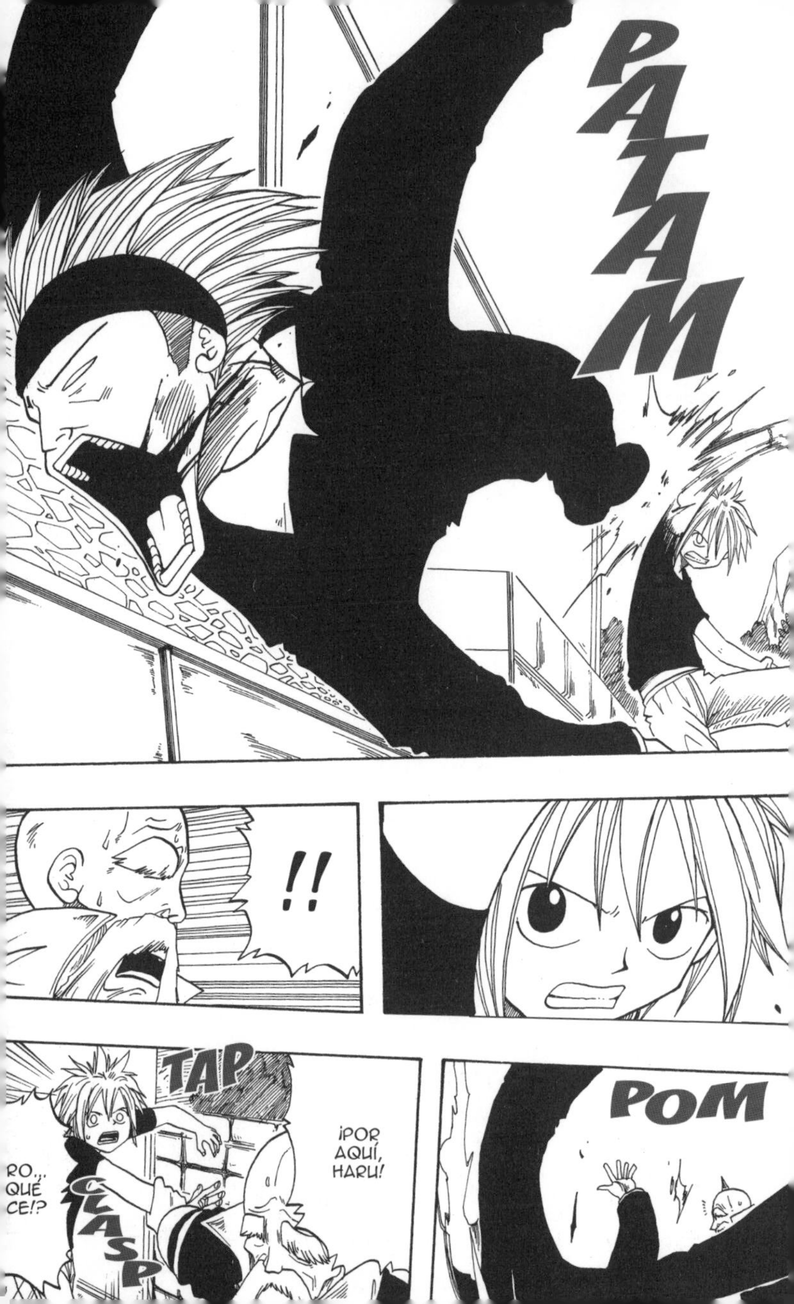
PATAM
!!
POM
TAP
¡POR AQUÍ, HARU!
CLASP
RO... QUÉ CE!?

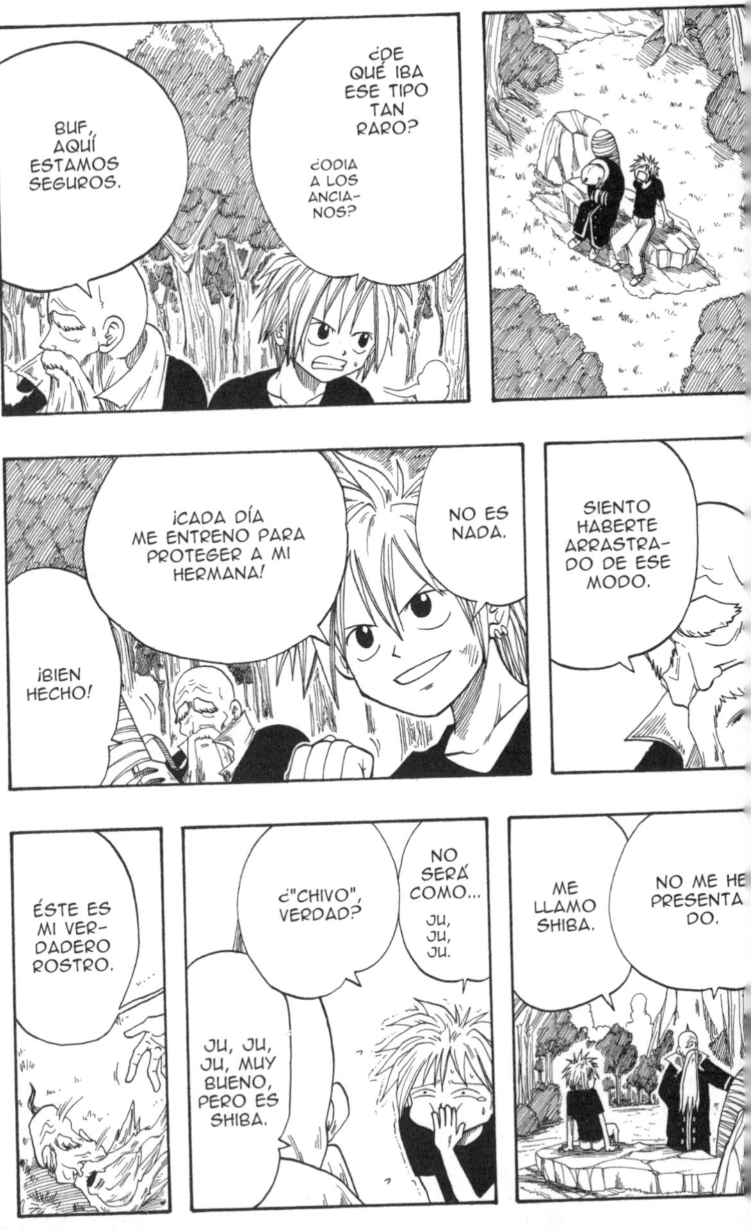
¿DE QUÉ IBA ESE TIPO TAN RARO?
¿ODIA A LOS ANCIANOS?
BUF, AQUÍ ESTAMOS SEGUROS.
SIENTO HABERTE ARRASTRADO DE ESE MODO.
NO ES NADA.
¡CADA DÍA ME ENTRENO PARA PROTEGER A MI HERMANA!
¡BIEN HECHO!
NO ME HE PRESENTADO.
ME LLAMO SHIBA.
NO SERÁ COMO...
JU, JU, JU.
¿"CHIVO", VERDAD?
JU, JU, JU, MUY BUENO, PERO ES SHIBA.
ÉSTE ES MI VERDADERO ROSTRO.

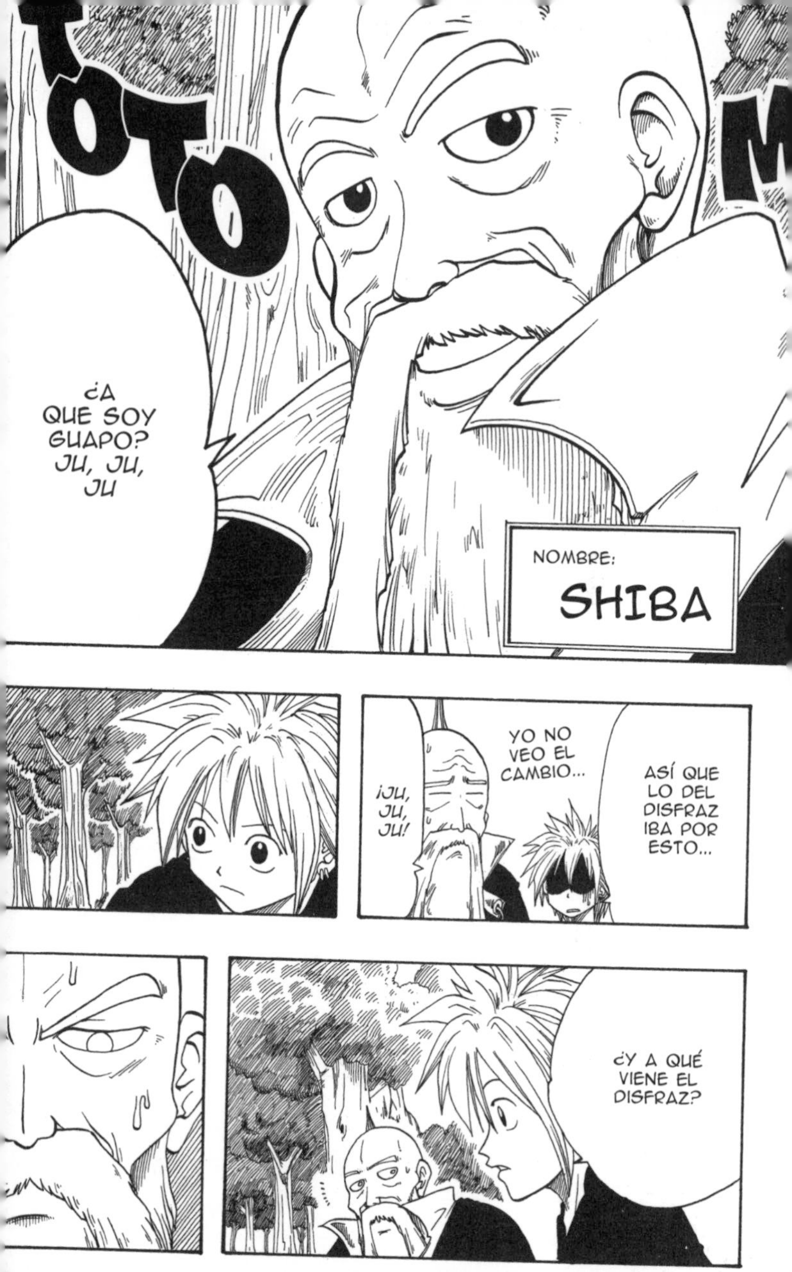
NOMBRE:
SHIBA
¿A QUE SOY GUAPO? JU, JU, JU
ASÍ QUE LO DEL DISFRAZ IBA POR ESTO...
YO NO VEO EL CAMBIO...
¡JU, JU, JU!
¿Y A QUÉ VIENE EL DISFRAZ?

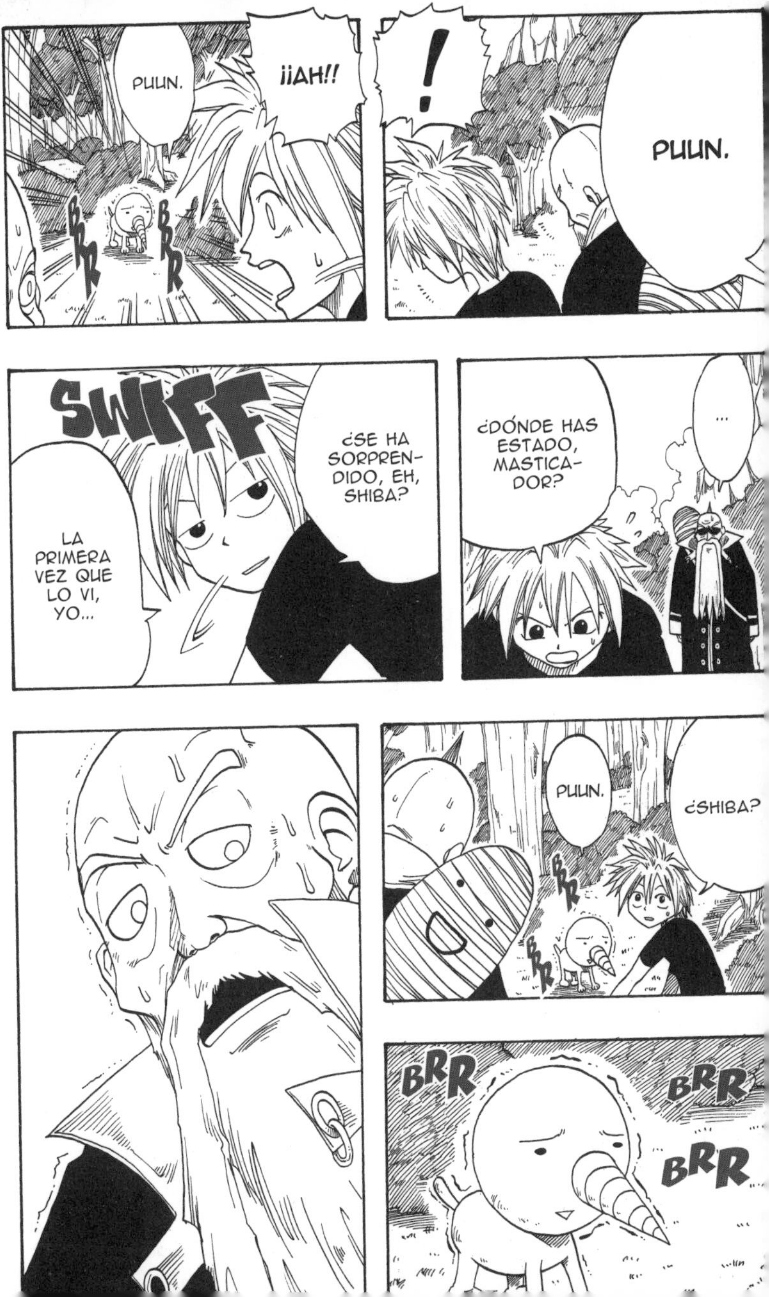
PUUN.
!
¡¡AH!!
PUUN.
BRR
BRR
...
¿DÓNDE HAS ESTADO, MASTICADOR?
¿SE HA SORPRENDIDO, EH, SHIBA?
LA PRIMERA VEZ QUE LO VI, YO...
SWIFF
¿SHIBA?
PUUN.
BRR
BRR
BRR
BRR
BRR

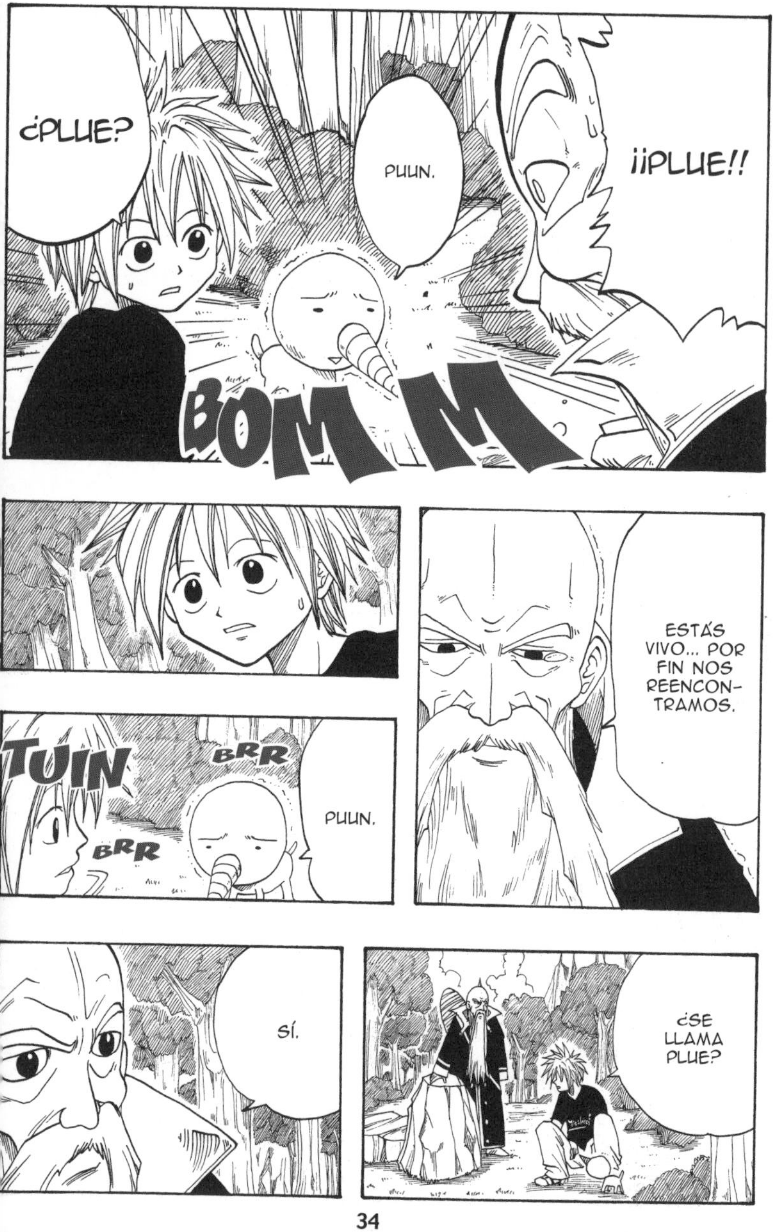
¡¡PLUE!!
PUUN.
¿PLUE?
BOMM
ESTÁS VIVO... POR FIN NOS REENCONTRAMOS.
PUUN.
BRR
TUIN
BRR
¿SE LLAMA PLUE?
SÍ.

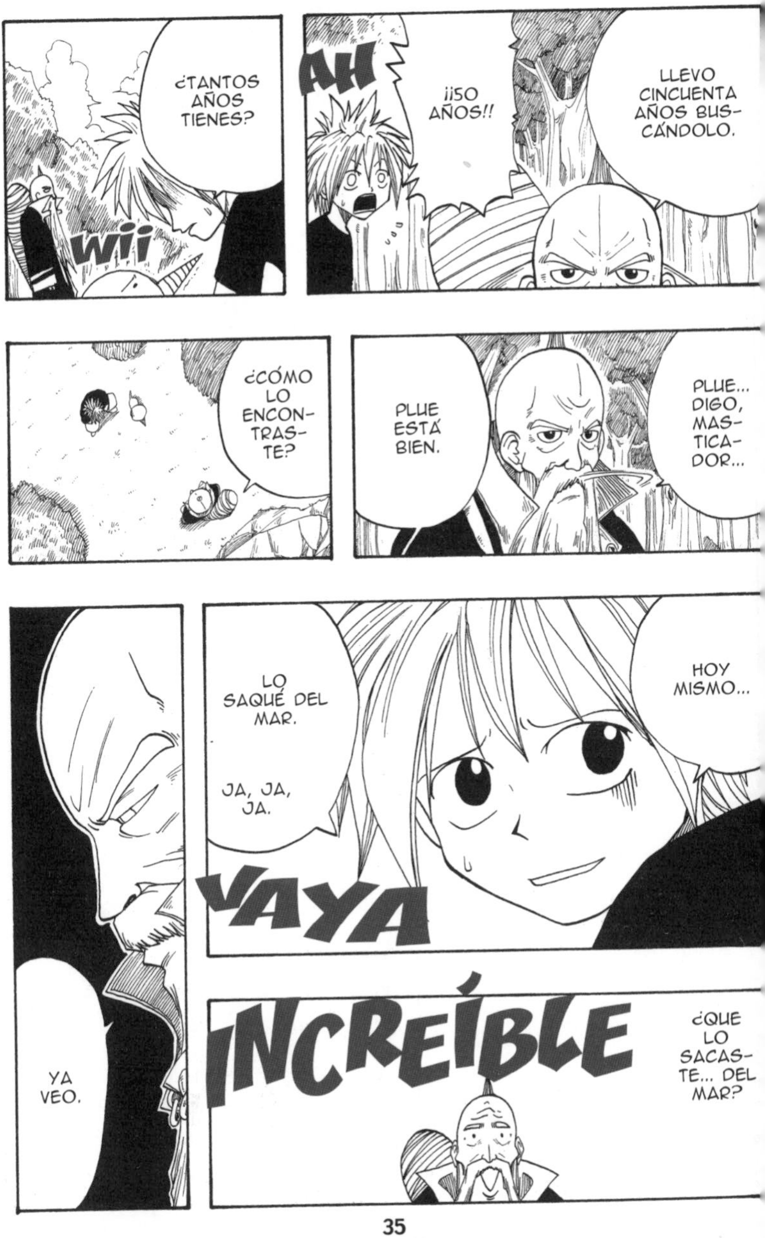
LLEVO CINCUENTA AÑOS BUSCÁNDOLO.
¡¡5O AÑOS!!
AH
¿TANTOS AÑOS TIENES?
WII
PLUE... DIGO, MASTICADOR...
PLUE ESTÁ BIEN.
¿CÓMO LO ENCONTRASTE?
HOY MISMO...
LO SAQUÉ DEL MAR.
JA, JA, JA.
VAYA
¿QUE LO SACASTE... DEL MAR?
INCREÍBLE
YA VEO.

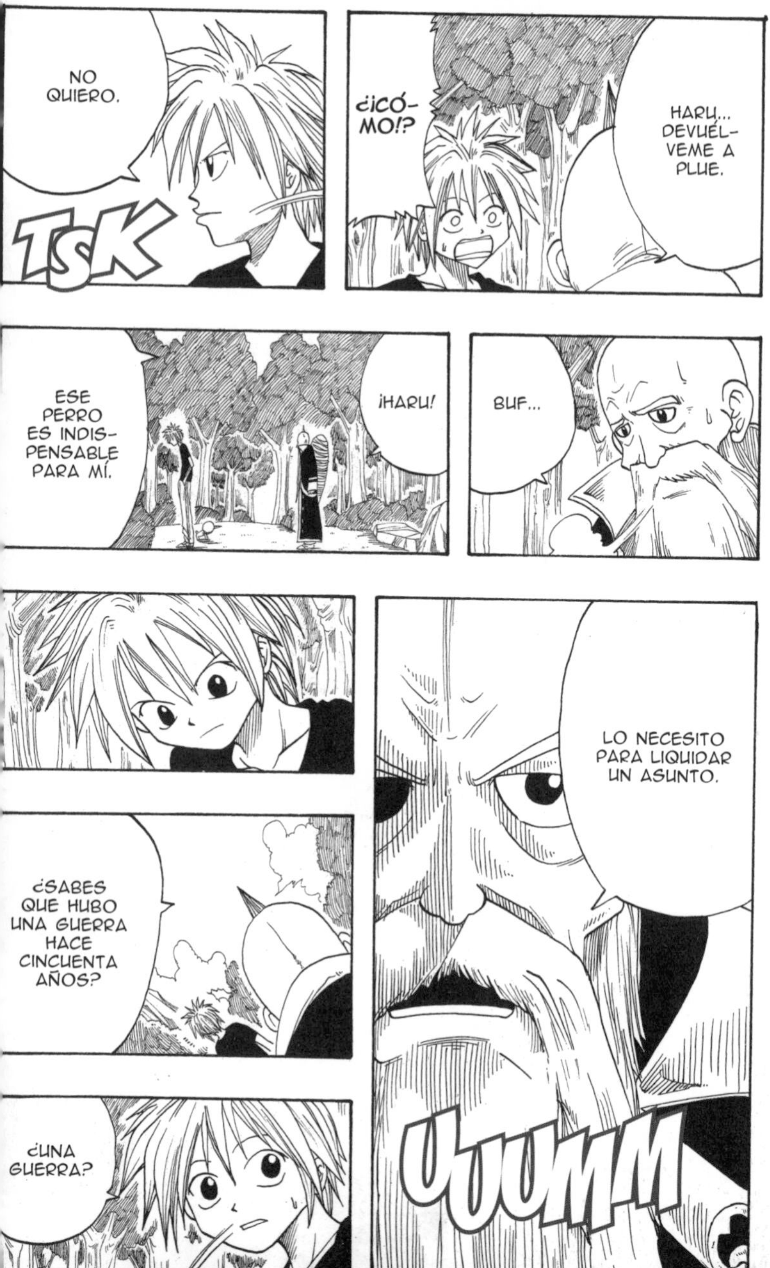
HARU... DEVUÉLVEME A PLUE.
¿¡CÓMO!?
NO QUIERO.
TSK
BUF...
¡HARU!
ESE PERRO ES INDISPENSABLE PARA MÍ.
LO NECESITO PARA LIQUIDAR UN ASUNTO.
UUUMM
¿SABES QUE HUBO UNA GUERRA HACE CINCUENTA AÑOS?
¿UNA GUERRA?

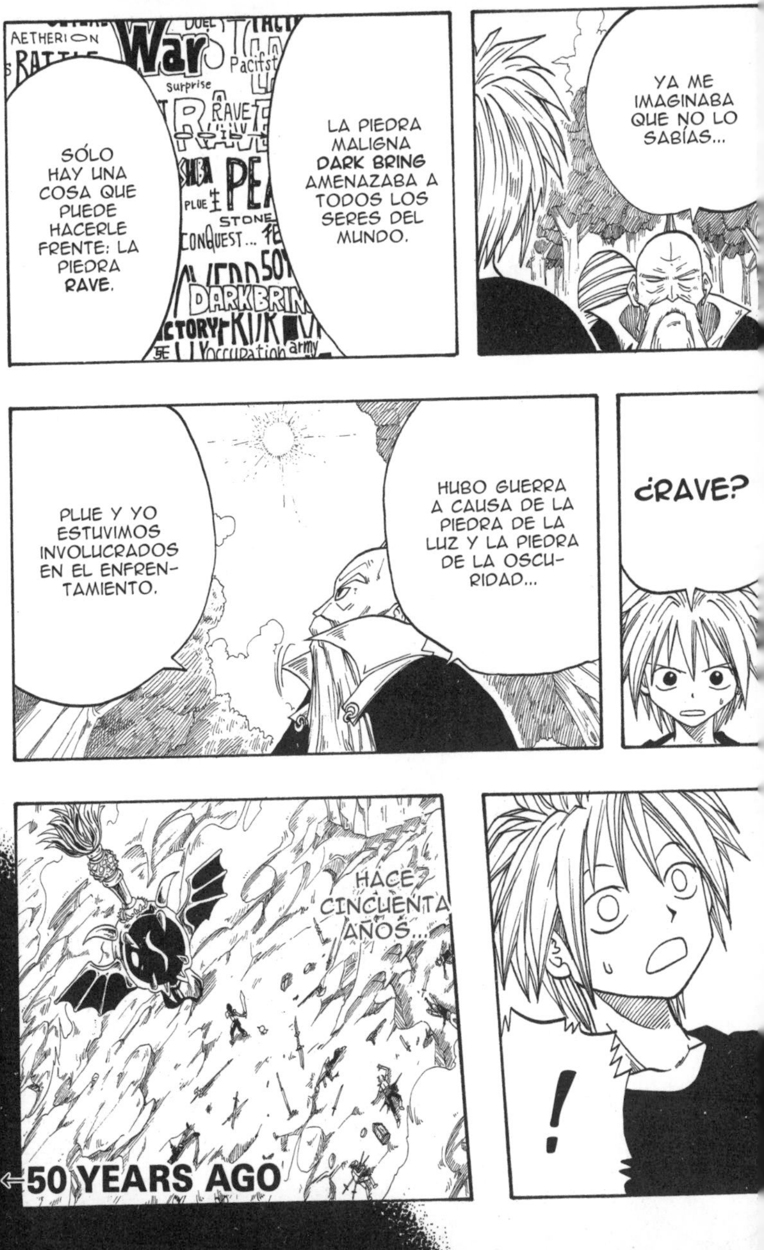
YA ME IMAGINABA QUE NO LO SABÍAS...
LA PIEDRA MALIGNA DARK BRING AMENAZABA A TODOS LOS SERES DEL MUNDO.
SÓLO HAY UNA COSA QUE PUEDE HACERLE FRENTE: LA PIEDRA RAVE.
AETHERION
War
surprise
RAVE
PLUE
STONE
CONQUEST...
army
¿RAVE?
HUBO GUERRA A CAUSA DE LA PIEDRA DE LA LUZ Y LA PIEDRA DE LA OSCURIDAD...
PLUE Y YO ESTUVIMOS INVOLUCRADOS EN EL ENFRENTAMIENTO.
!
HACE CINCUENTA AÑOS...
←50 YEARS AGO

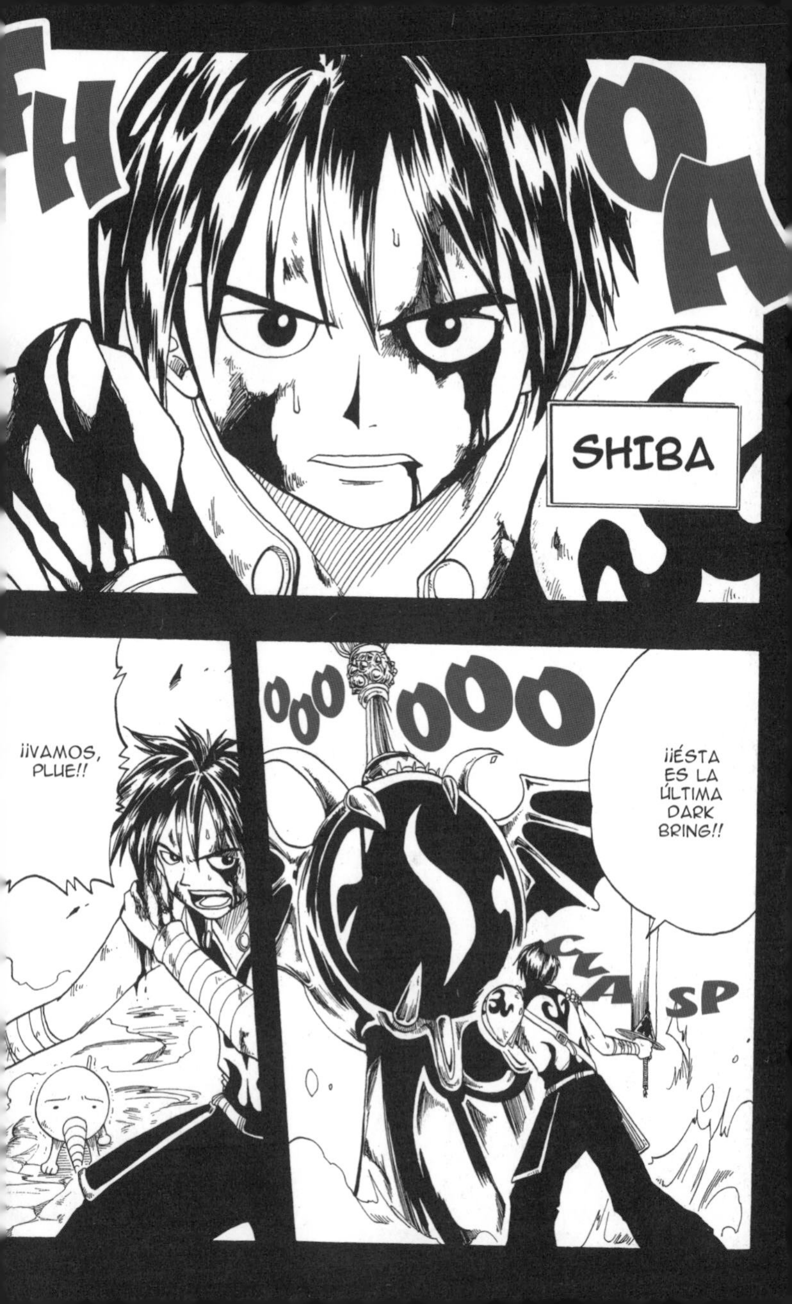
FH
OA
SHIBA
¡¡ÉSTA ES LA ÚLTIMA DARK BRING!!
OOO OOO
CLA SP
¡¡VAMOS, PLUE!!

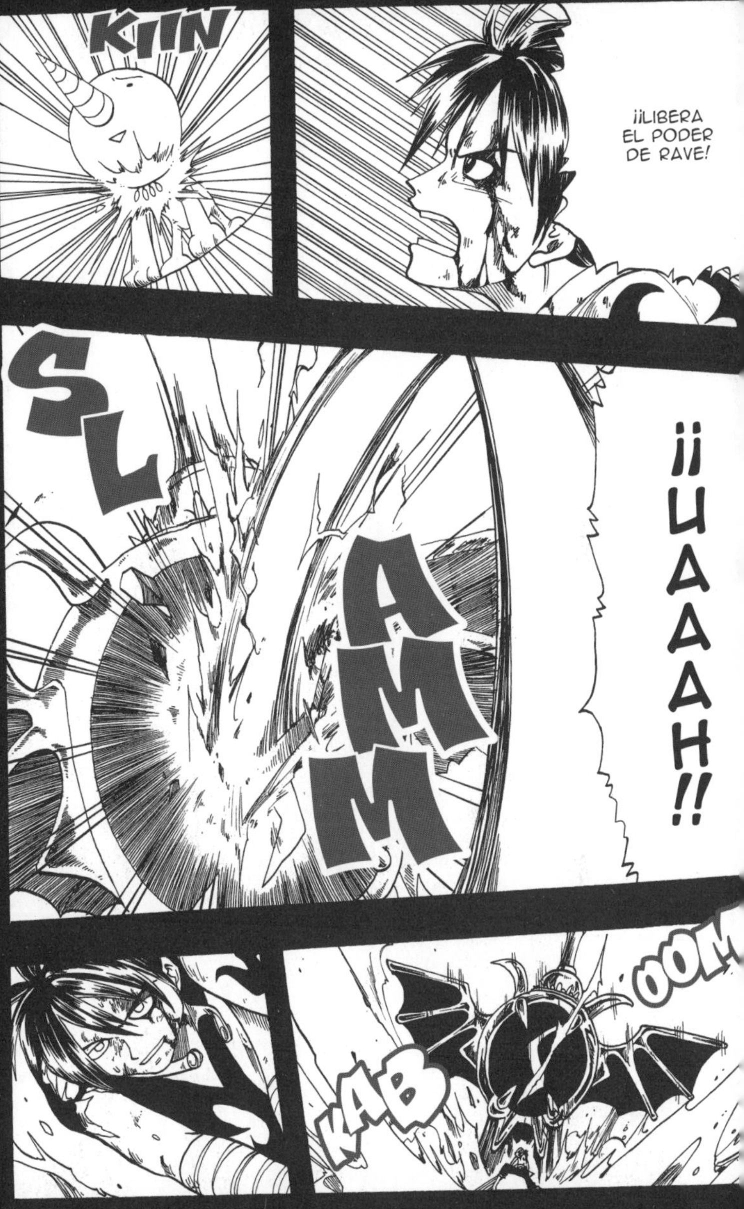
¡¡LIBERA
EL PODER
DE RAVE!
KIIN
¡¡UAAAAH!!
SLAMM
OOM
KAB

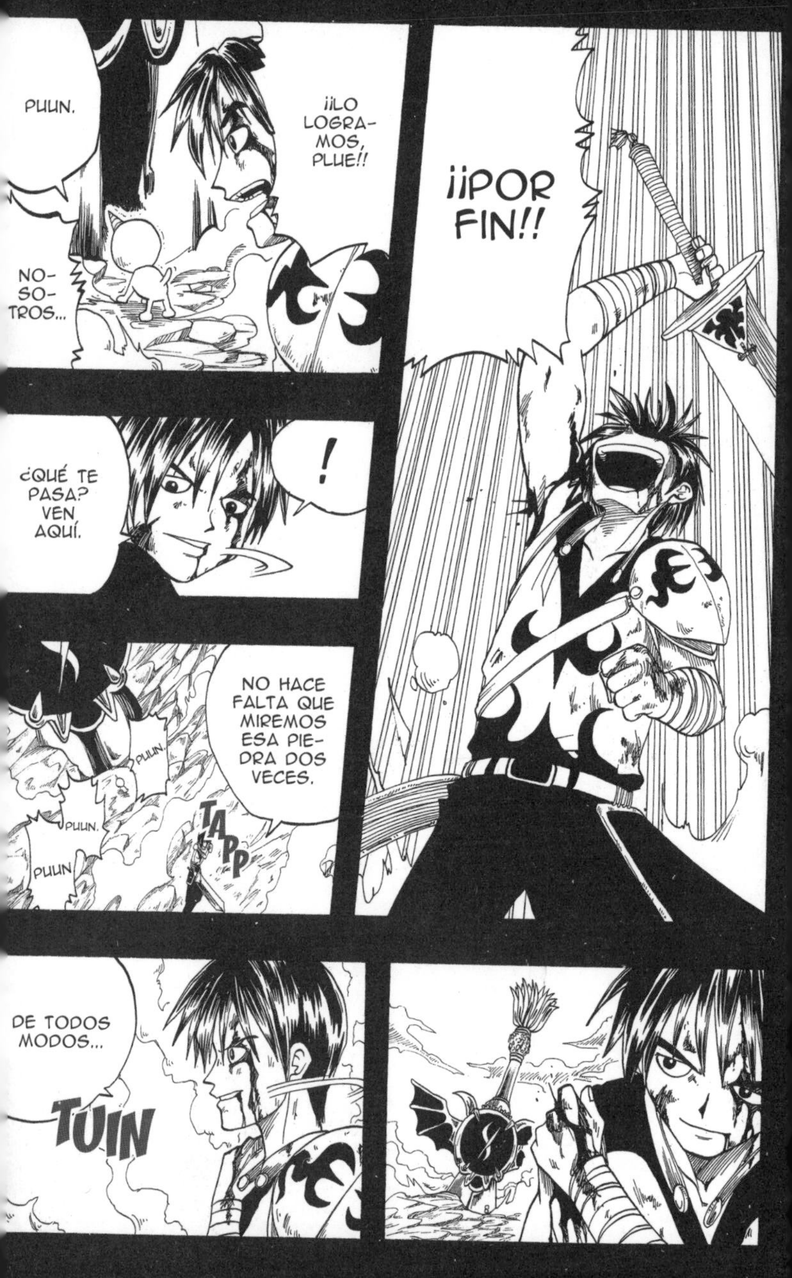
PUUN.
¡¡LO LOGRA-MOS, PLUE!!
NO-SO-TROS...
¡¡POR FIN!!
¿QUÉ TE PASA? VEN AQUÍ.
!
NO HACE FALTA QUE MIREMOS ESA PIE-DRA DOS VECES.
PUUN.
PUUN.
PUUN
TAPP
DE TODOS MODOS...
TUIN

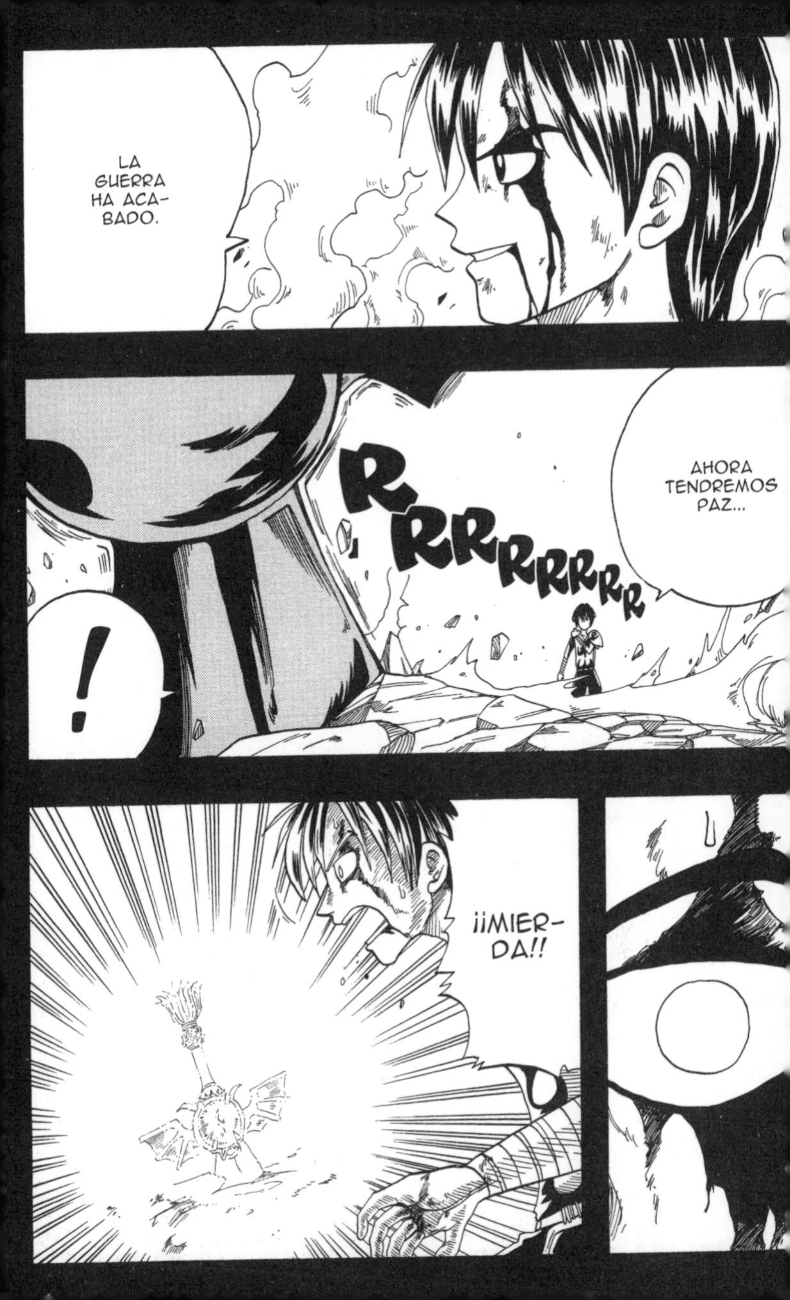
LA GUERRA HA ACABADO.
AHORA TENDREMOS PAZ...
RRRRRRRRR
!
¡¡MIERDA!!

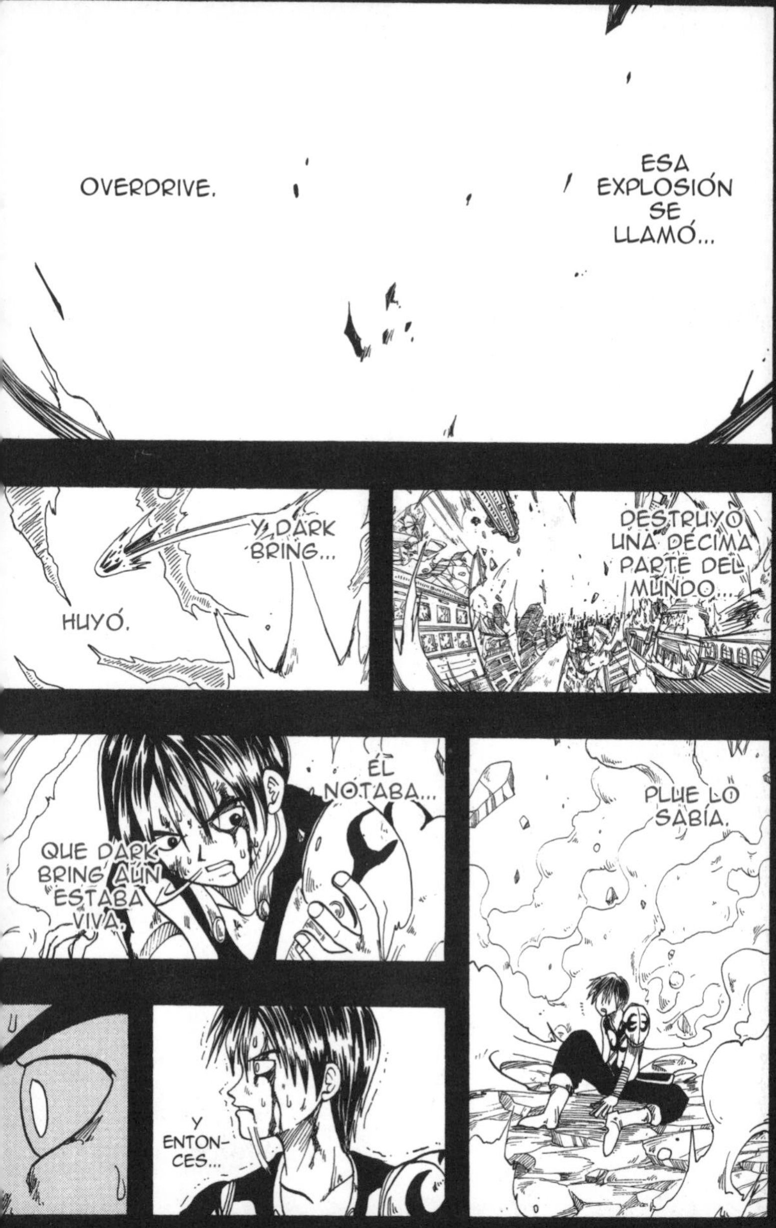
ESA EXPLOSIÓN SE LLAMÓ...
OVERDRIVE.
DESTRUYÓ UNA DÉCIMA PARTE DEL MUNDO...
Y DARK BRING...
HUYÓ.
PLUE LO SABÍA.
ÉL NOTABA...
QUE DARK BRING AÚN ESTABA VIVA.
Y ENTONCES...

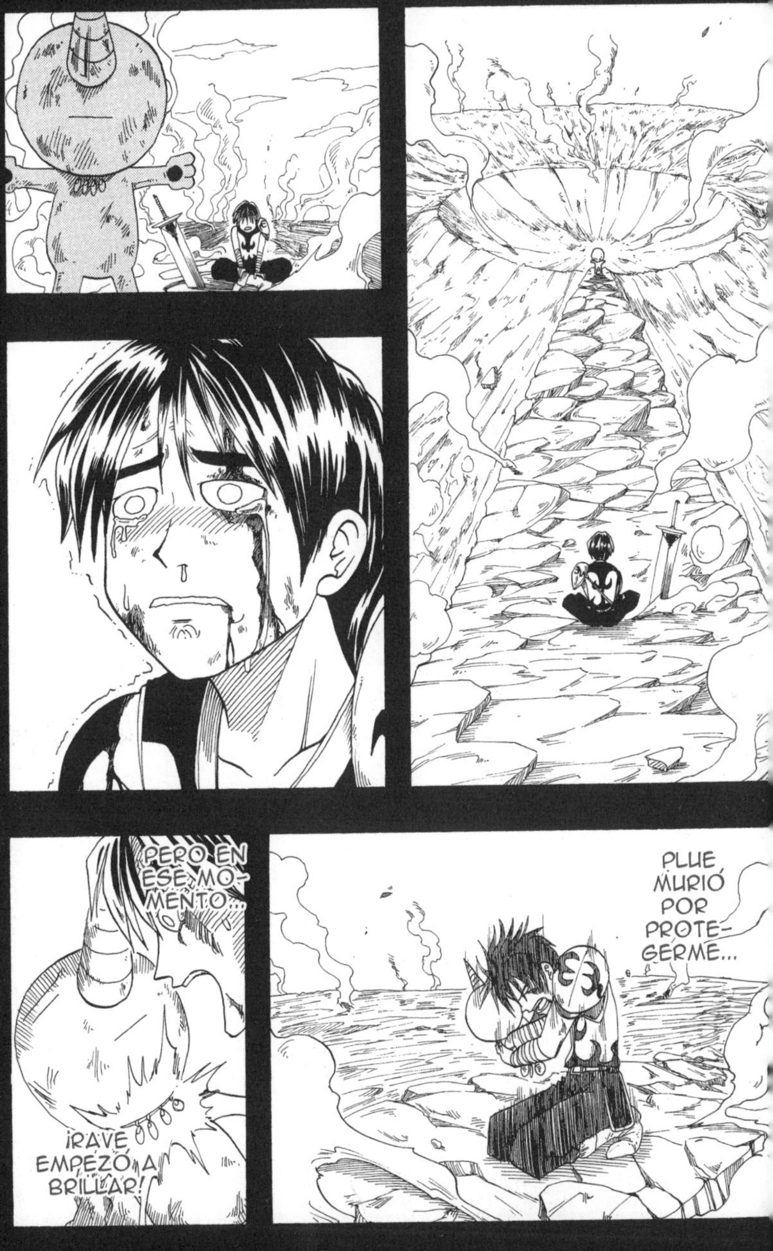
PERO EN ESE MO-MENTO...
¡RAVE EMPEZÓ A BRILLAR!
PLUE MURIÓ POR PROTE-GERME...

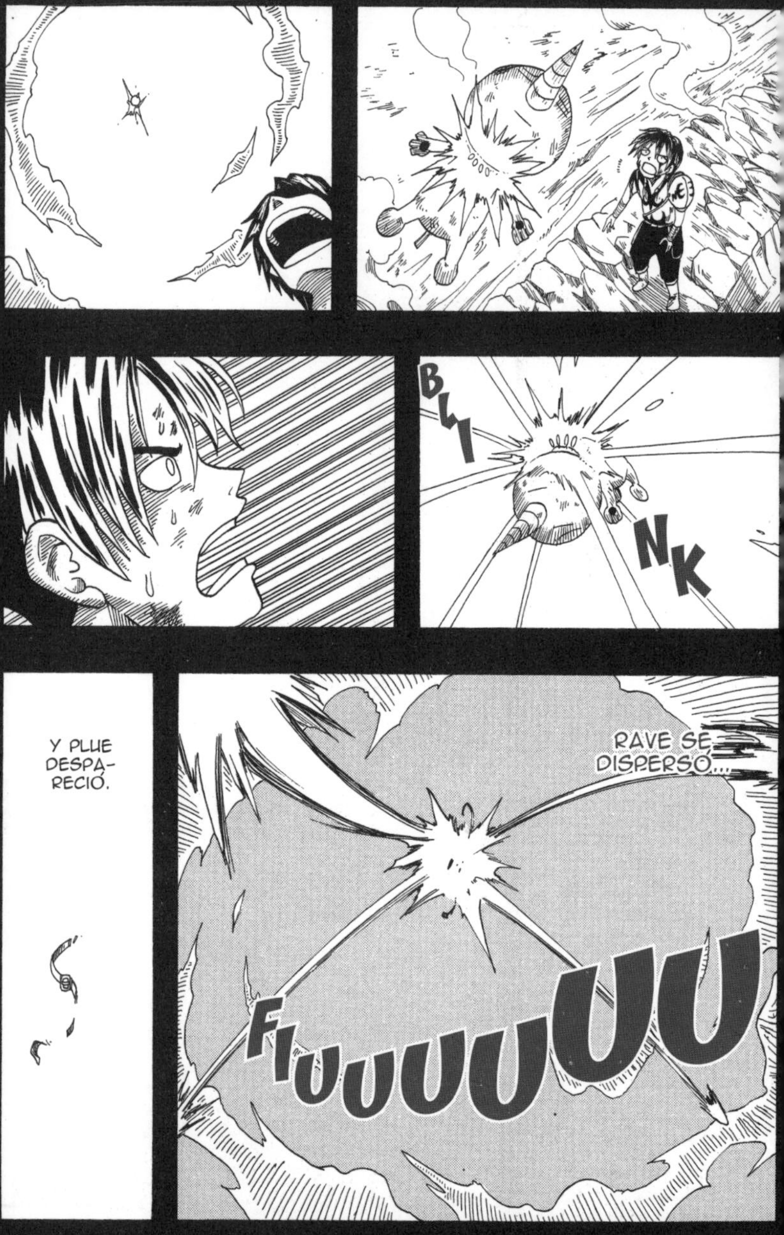
BLINK
RAVE SE DISPERSÓ...
Y PLUE DESPA-RECIÓ.
FIUUUUUUUU

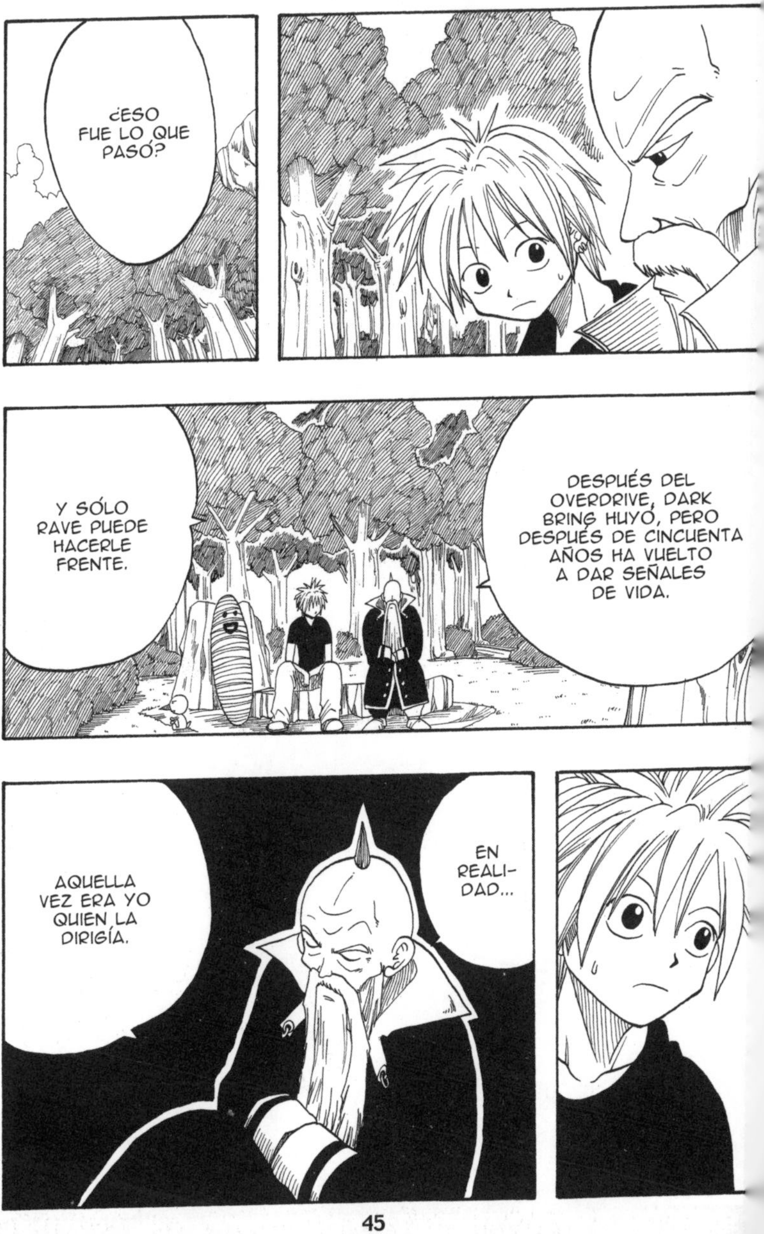
¿ESO FUE LO QUE PASÓ?
DESPUÉS DEL OVERDRIVE, DARK BRING HUYÓ, PERO DESPUÉS DE CINCUENTA AÑOS HA VUELTO A DAR SEÑALES DE VIDA.
Y SÓLO RAVE PUEDE HACERLE FRENTE.
EN REALI-DAD...
AQUELLA VEZ ERA YO QUIEN LA DIRIGÍA.

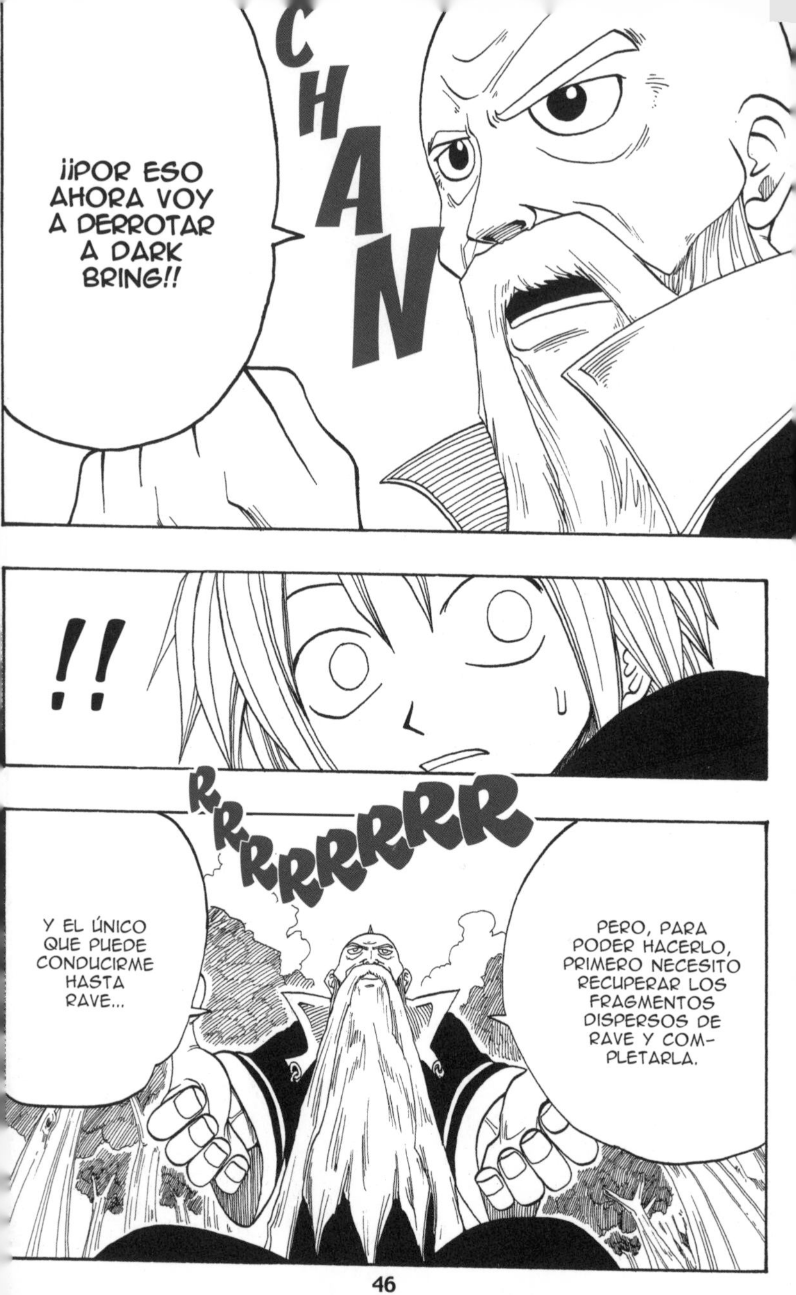
¡¡POR ESO AHORA VOY A DERROTAR A DARK BRING!!
CHAN
!!
RRRRRRRRR
Y EL ÚNICO QUE PUEDE CONDUCIRME HASTA RAVE...
PERO, PARA PODER HACERLO, PRIMERO NECESITO RECUPERAR LOS FRAGMENTOS DISPERSOS DE RAVE Y COMPLETARLA.

¿¡EH!?
¡¡¡ÉSTE!!?

PLUMP

PUUN.

¡ES
PLUE!

WIII

¿¡EL
PORTADOR
DE RAVE!?

PLUE ES EL
PORTADOR
DE RAVE.

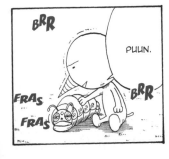

BRR

PUUN.

FRAS
FRAS

BRR

YA...
POR ESO
BUSCABA
A PLUE...

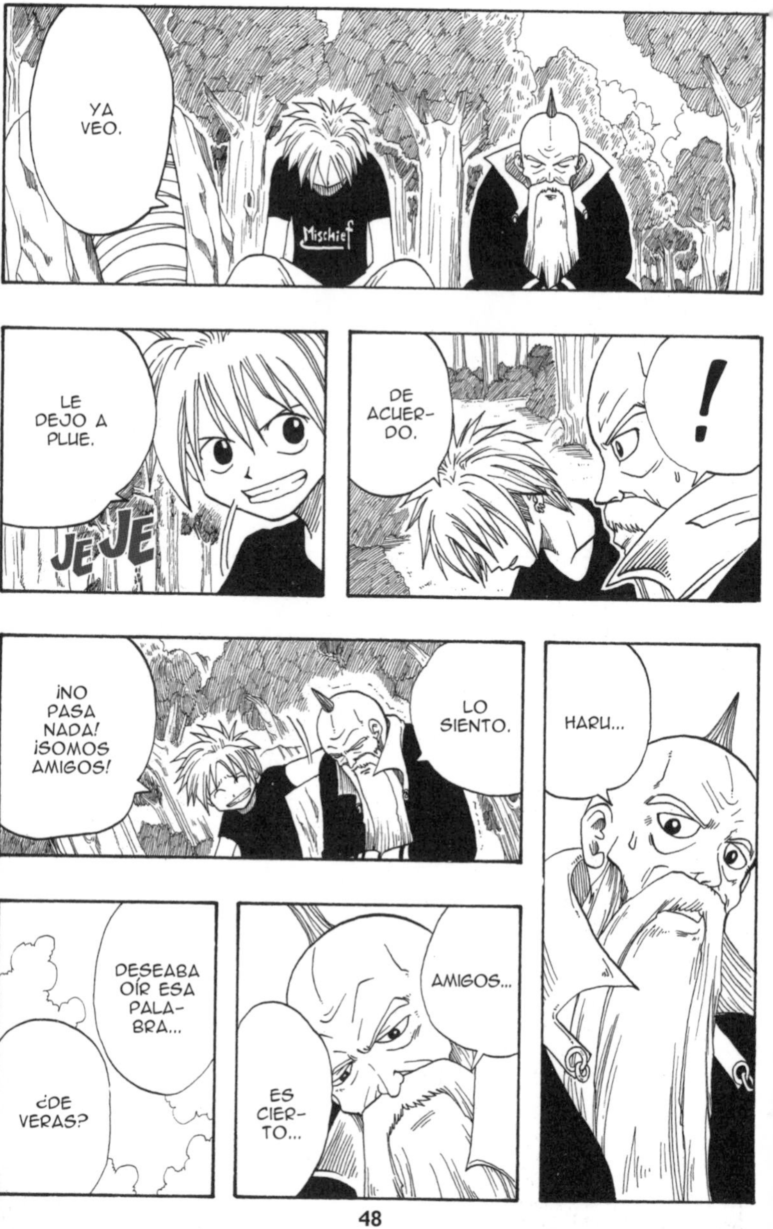

YA VEO.
LE DEJO A PLUE.
JE JE
DE ACUER-DO.
!
¡NO PASA NADA! ¡SOMOS AMIGOS!
LO SIENTO.
HARU...
DESEABA OÍR ESA PALABRA...
¿DE VERAS?
AMIGOS...
ES CIER-TO...

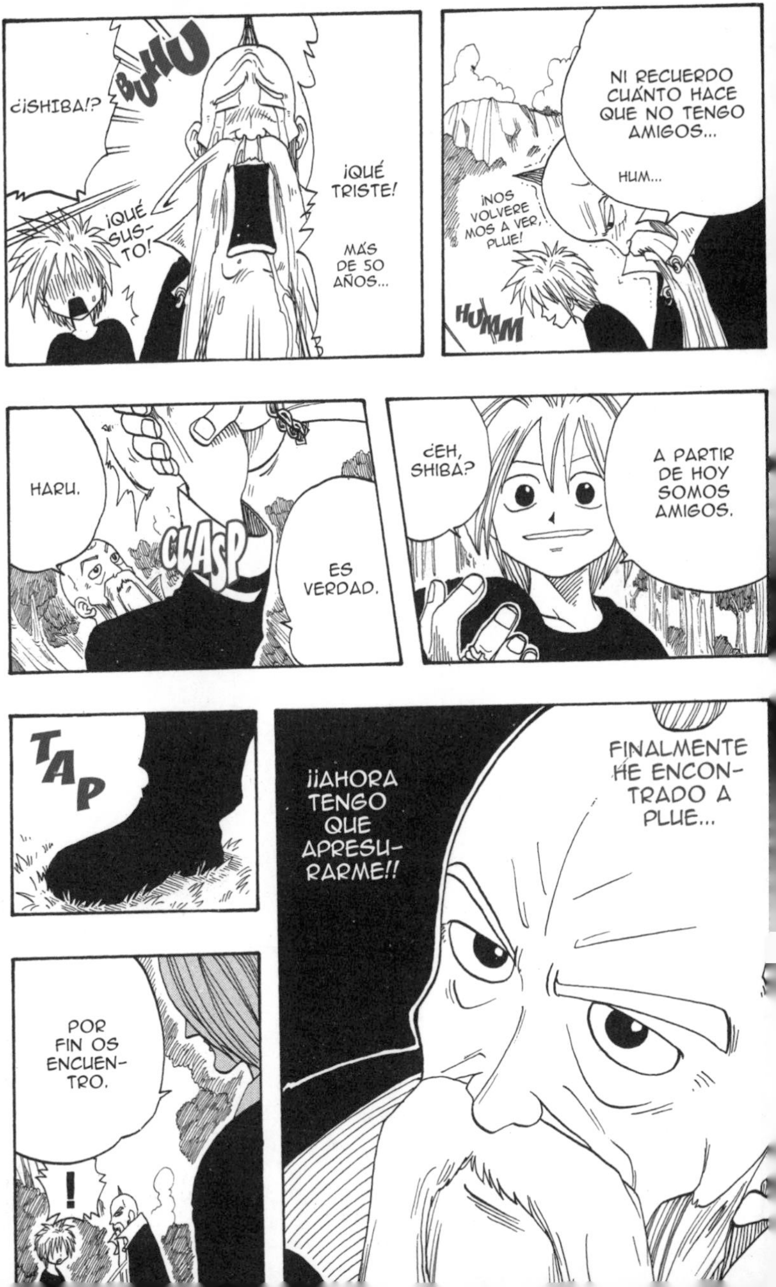
NI RECUERDO CUÁNTO HACE QUE NO TENGO AMIGOS...
HUM...
¡NOS VOLVEREMOS A VER, PLUE!
HUMM
¿SHIBA!?
BUHU
¡QUÉ SUSTO!
¡QUÉ TRISTE!
MÁS DE 50 AÑOS...
¿EH, SHIBA?
A PARTIR DE HOY SOMOS AMIGOS.
HARU.
CLASP
ES VERDAD.
FINALMENTE HE ENCONTRADO A PLUE...
¡¡AHORA TENGO QUE APRESURARME!!
TAP
POR FIN OS ENCUENTRO.
!

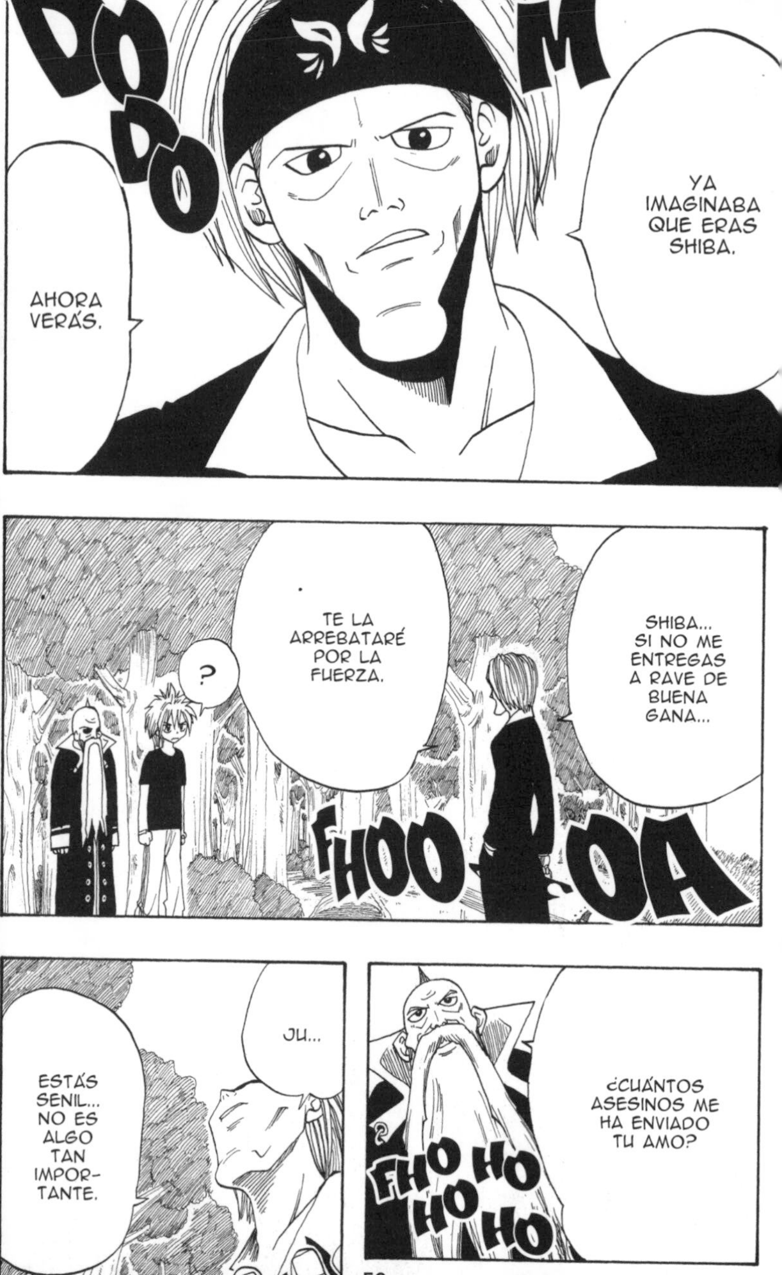
DODODOM
YA IMAGINABA QUE ERAS SHIBA.
AHORA VERÁS.
SHIBA... SI NO ME ENTREGAS A RAVE DE BUENA GANA...
TE LA ARREBATARÉ POR LA FUERZA.
?
FHOOOA
¿CUÁNTOS ASESINOS ME HA ENVIADO TU AMO?
FHO HO HO HO
JU...
ESTÁS SENIL... NO ES ALGO TAN IMPORTANTE.

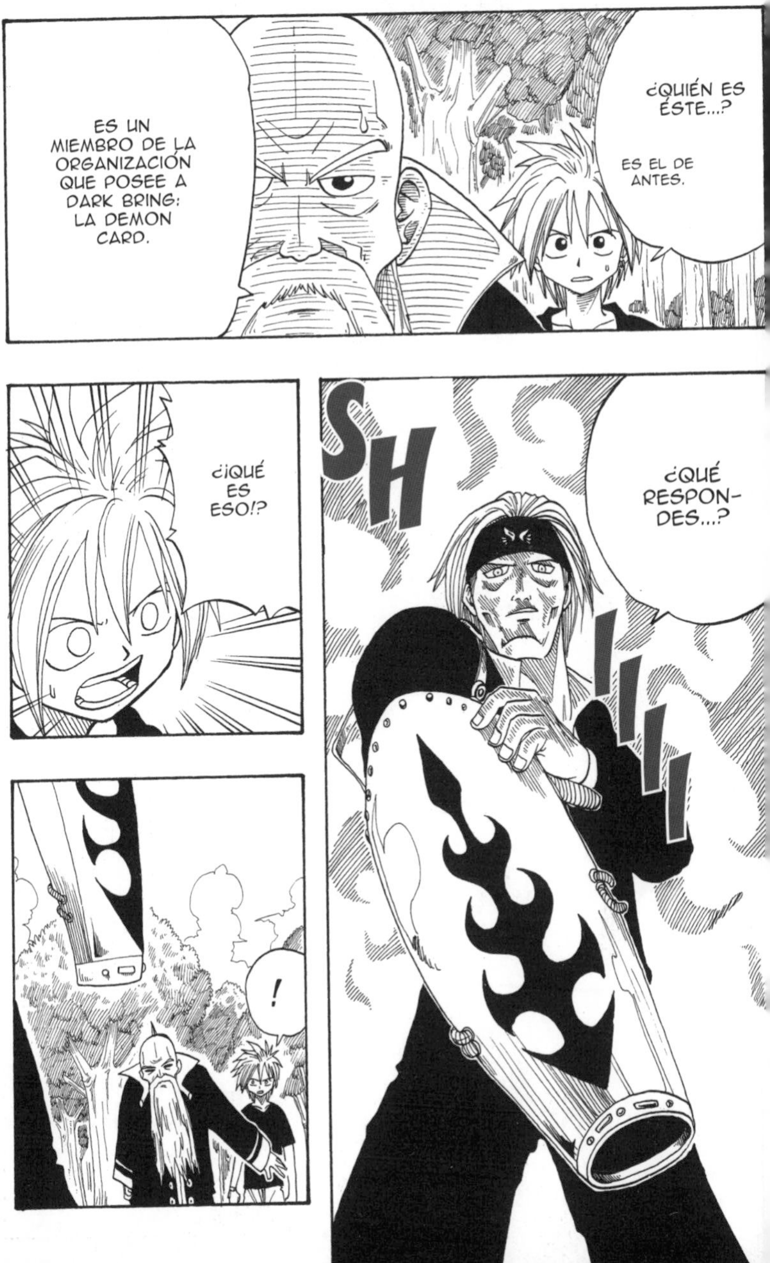
¿QUIÉN ES ÉSTE...?
ES EL DE ANTES.
ES UN MIEMBRO DE LA ORGANIZACIÓN QUE POSEE A DARK BRING: LA DEMON CARD.
SH
¿QUÉ RESPONDES...?
¿QUÉ ES ESO!?
!

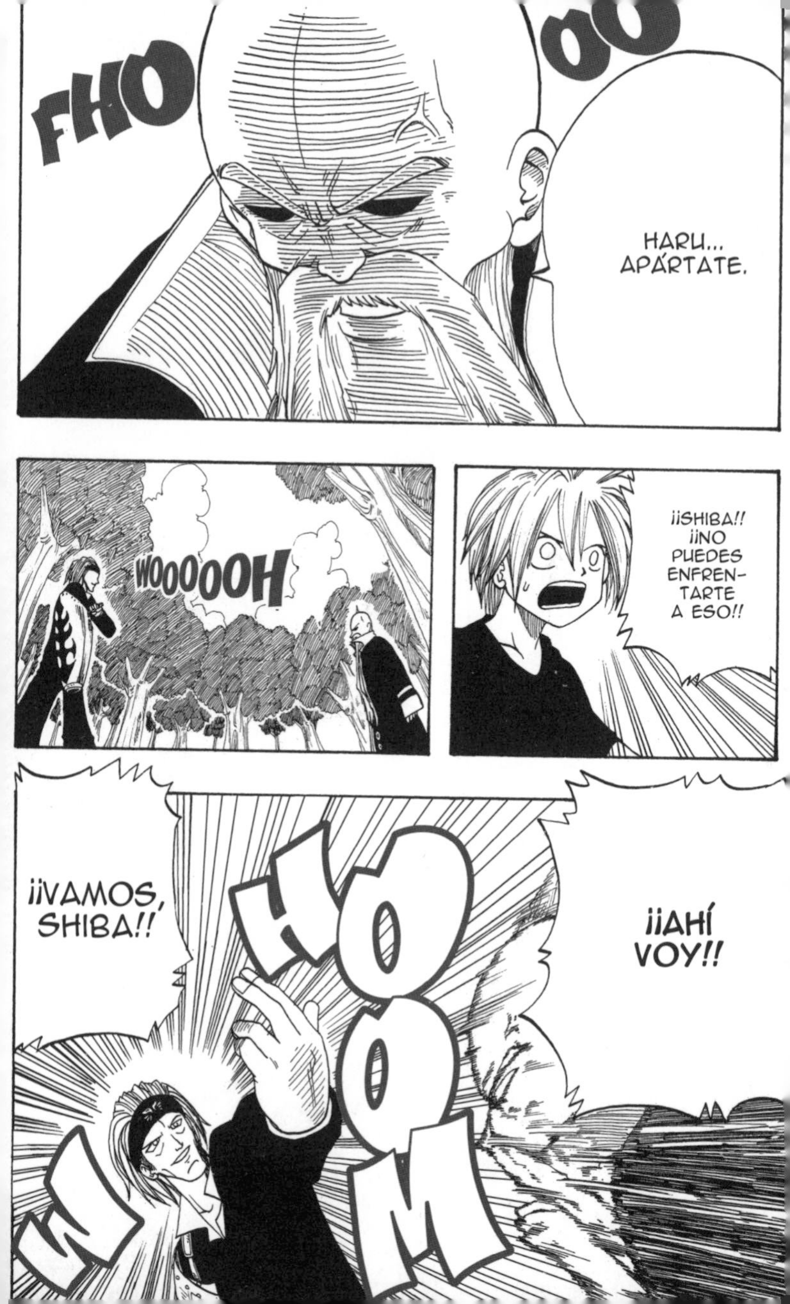
FHO
OO
HARU... APÁRTATE.
¡¡SHIBA!! ¡¡NO PUEDES ENFRENTARTE A ESO!!
WOOOOOH
¡¡AHÍ VOY!!
¡¡VAMOS, SHIBA!!
HOOM

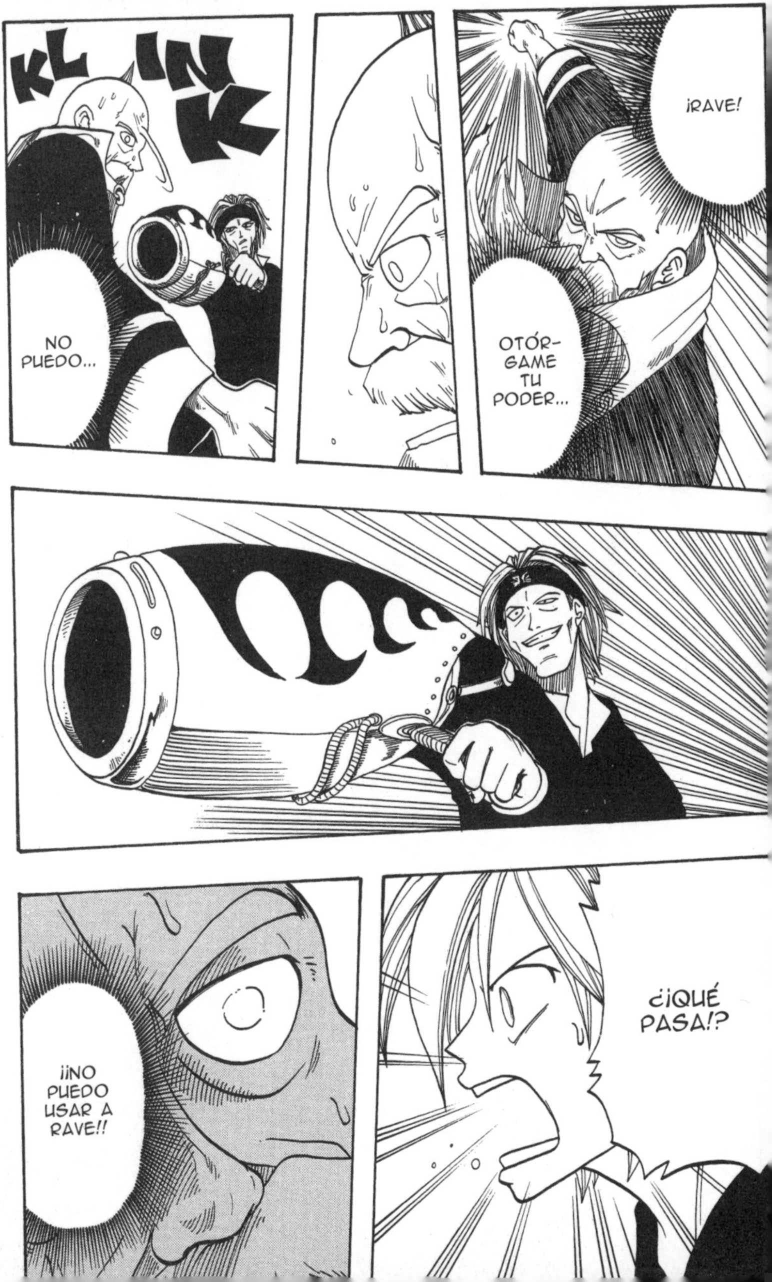
¡RAVE!
OTÓRGAME TU PODER...
KLINK
NO PUEDO...
¿¡QUÉ PASA!?
¡¡NO PUEDO USAR A RAVE!!

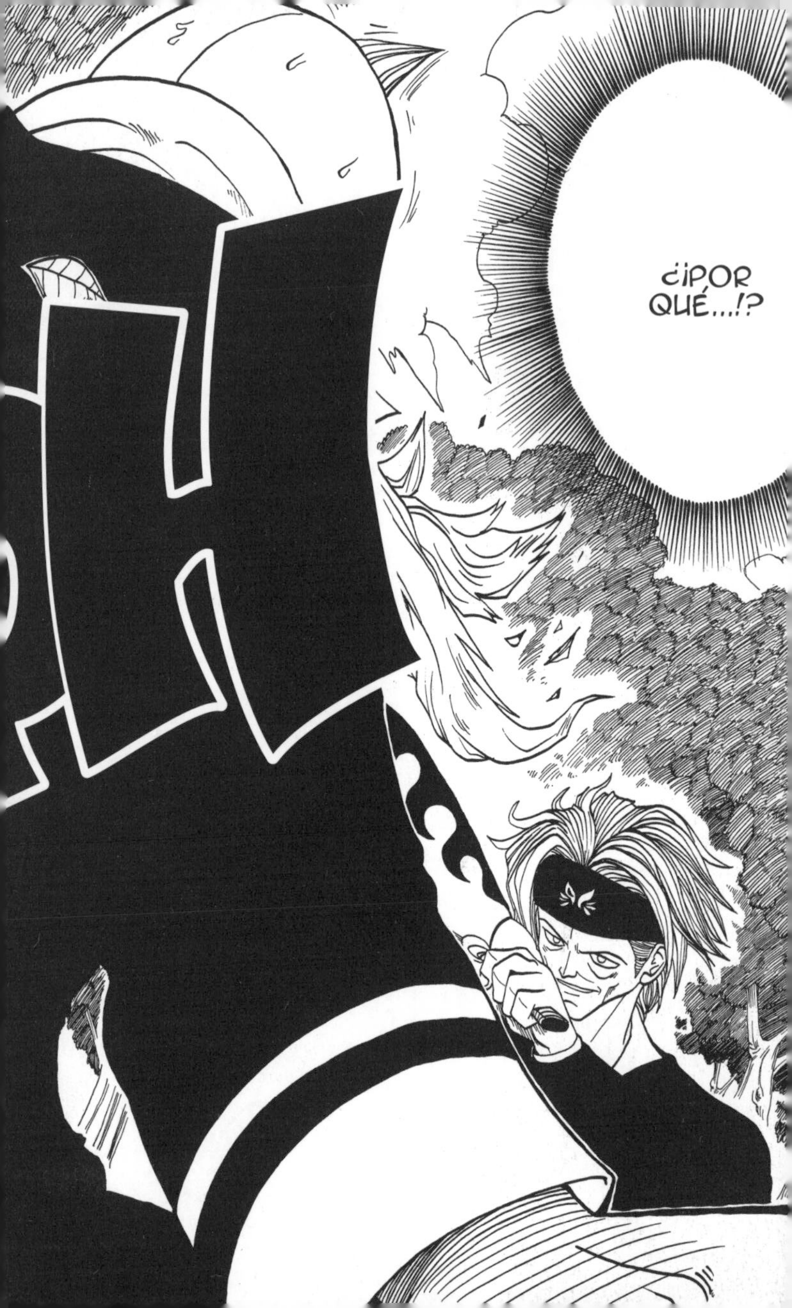
¿¡POR QUÉ...!?

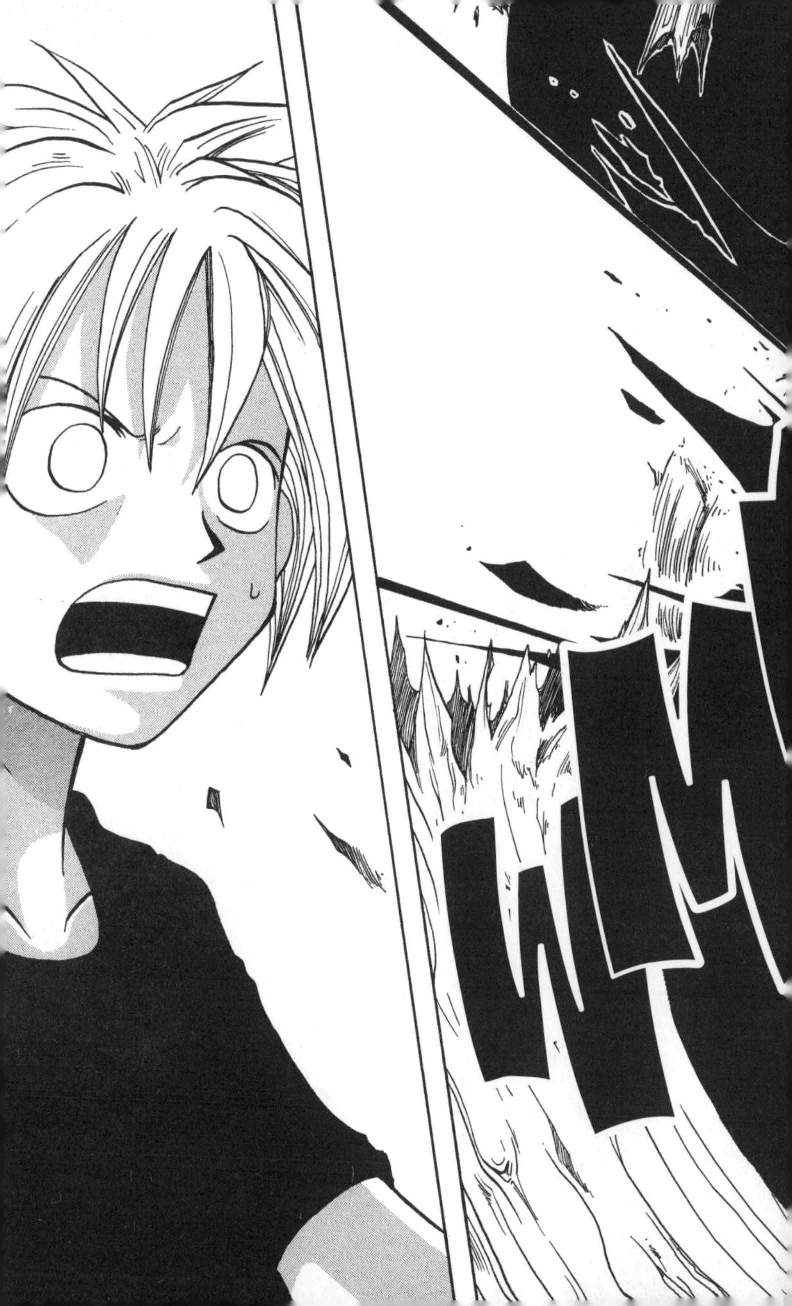

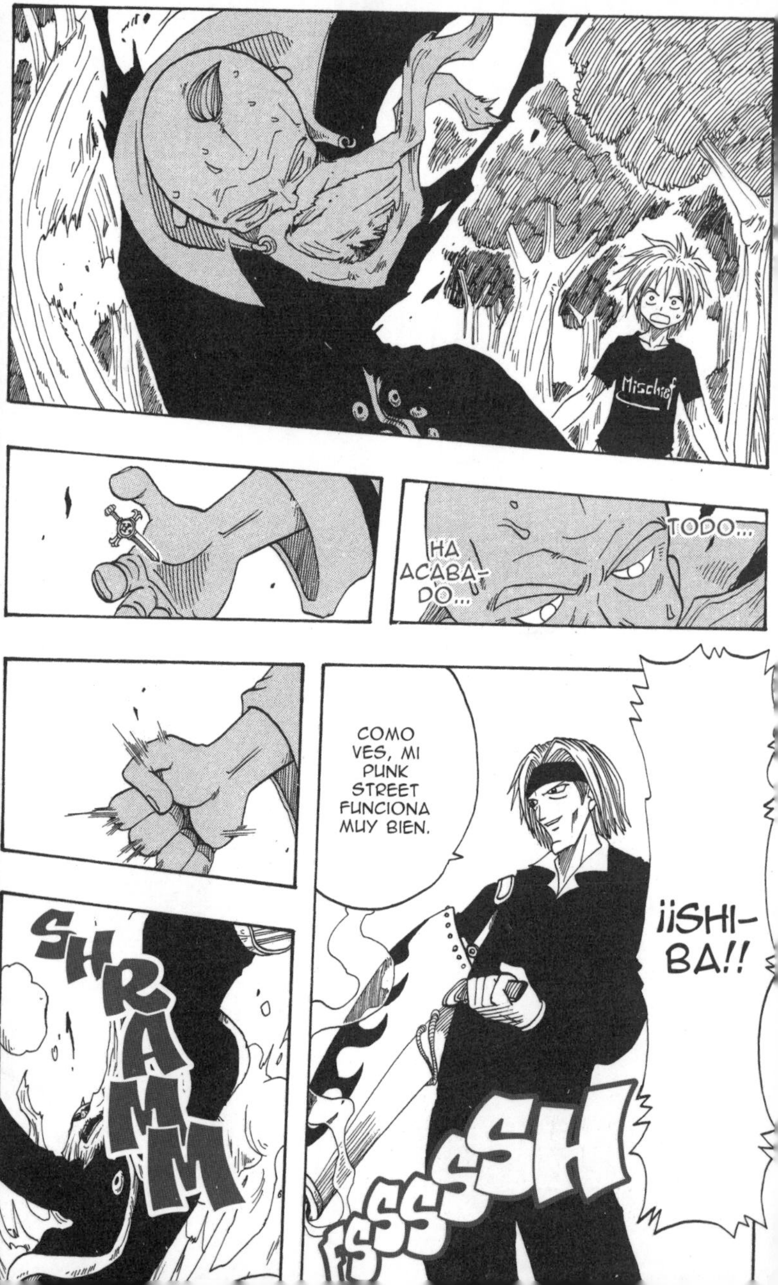
TODO...
HA ACABADO...
¡¡SHIBA!!
COMO VES, MI PUNK STREET FUNCIONA MUY BIEN.
FSSSSH
SHRAMMM

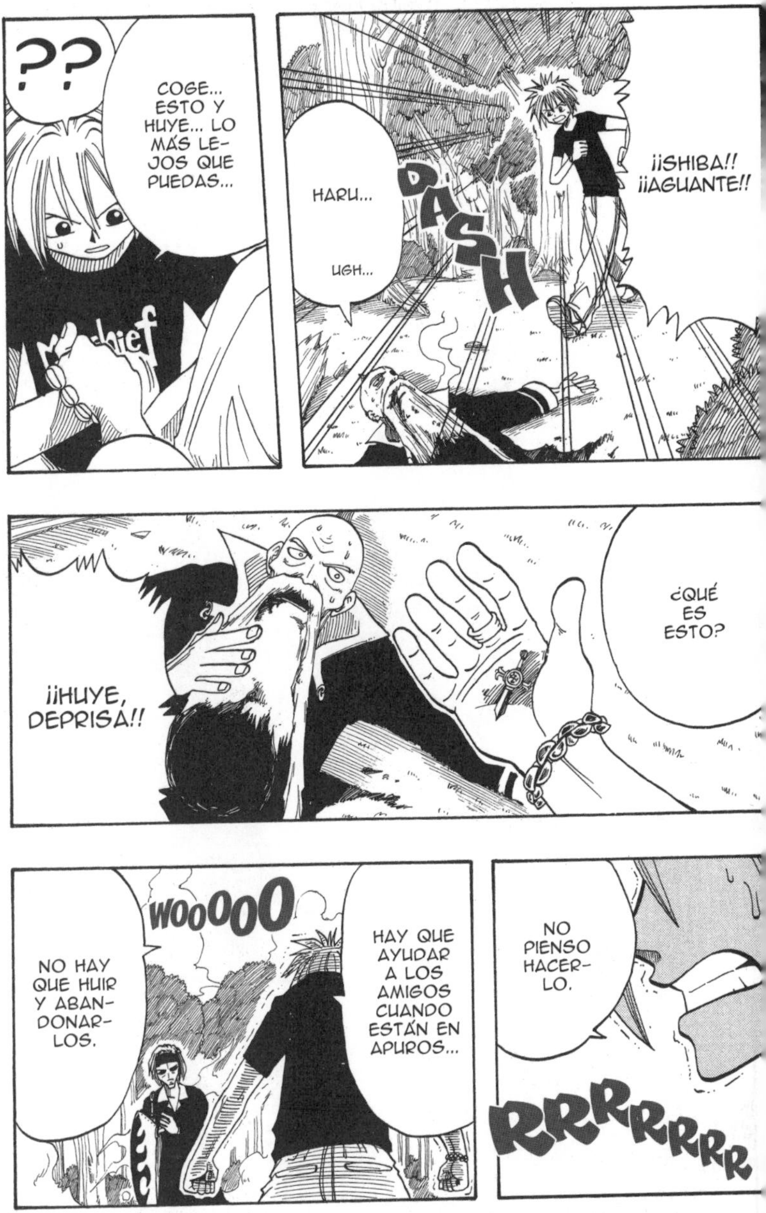
¡¡SHIBA!!
¡¡AGUANTE!!
DASH
HARU...
UGH...
COGE... ESTO Y HUYE... LO MÁS LEJOS QUE PUEDAS...
??
¿QUÉ ES ESTO?
¡¡HUYE, DEPRISA!!
NO PIENSO HACERLO.
RRRRRRRR
HAY QUE AYUDAR A LOS AMIGOS CUANDO ESTÁN EN APUROS...
WOOOOO
NO HAY QUE HUIR Y ABANDONARLOS.

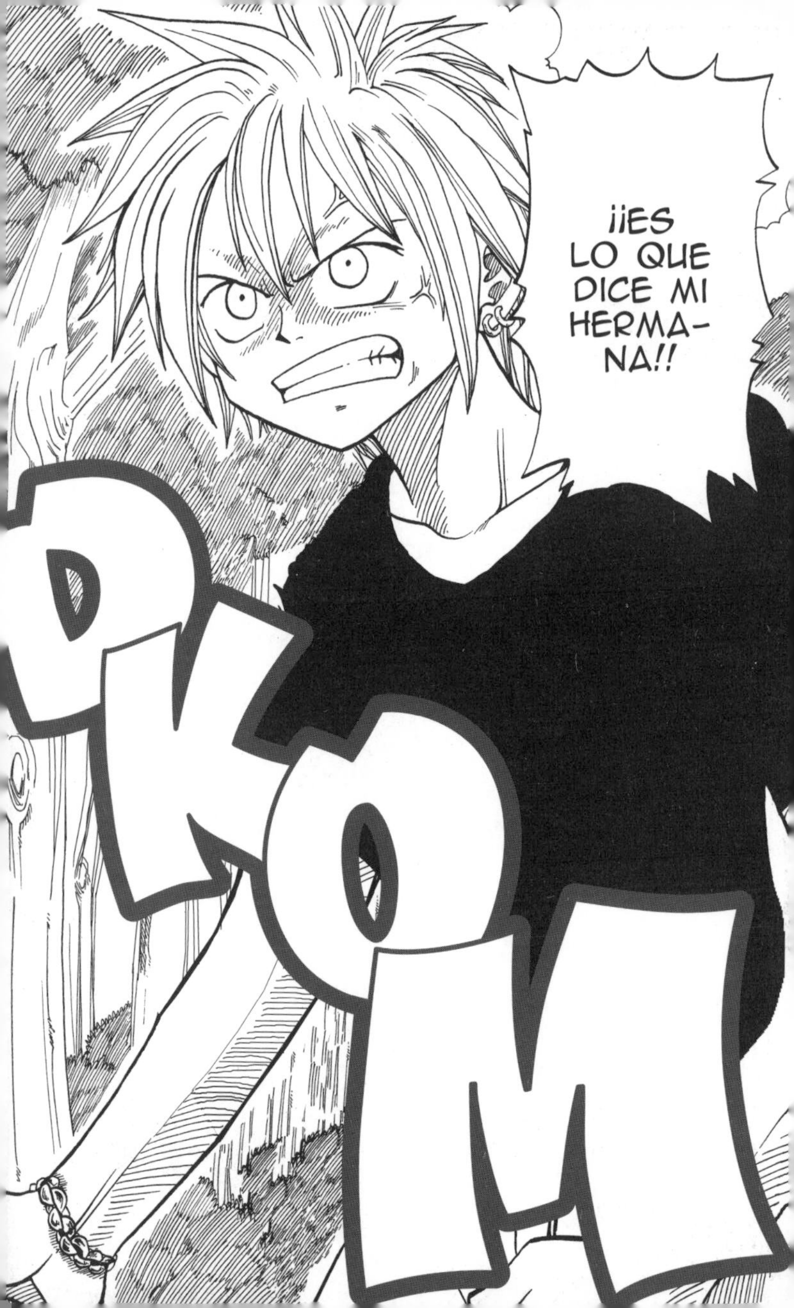
¡¡ES LO QUE DICE MI HERMANA!!

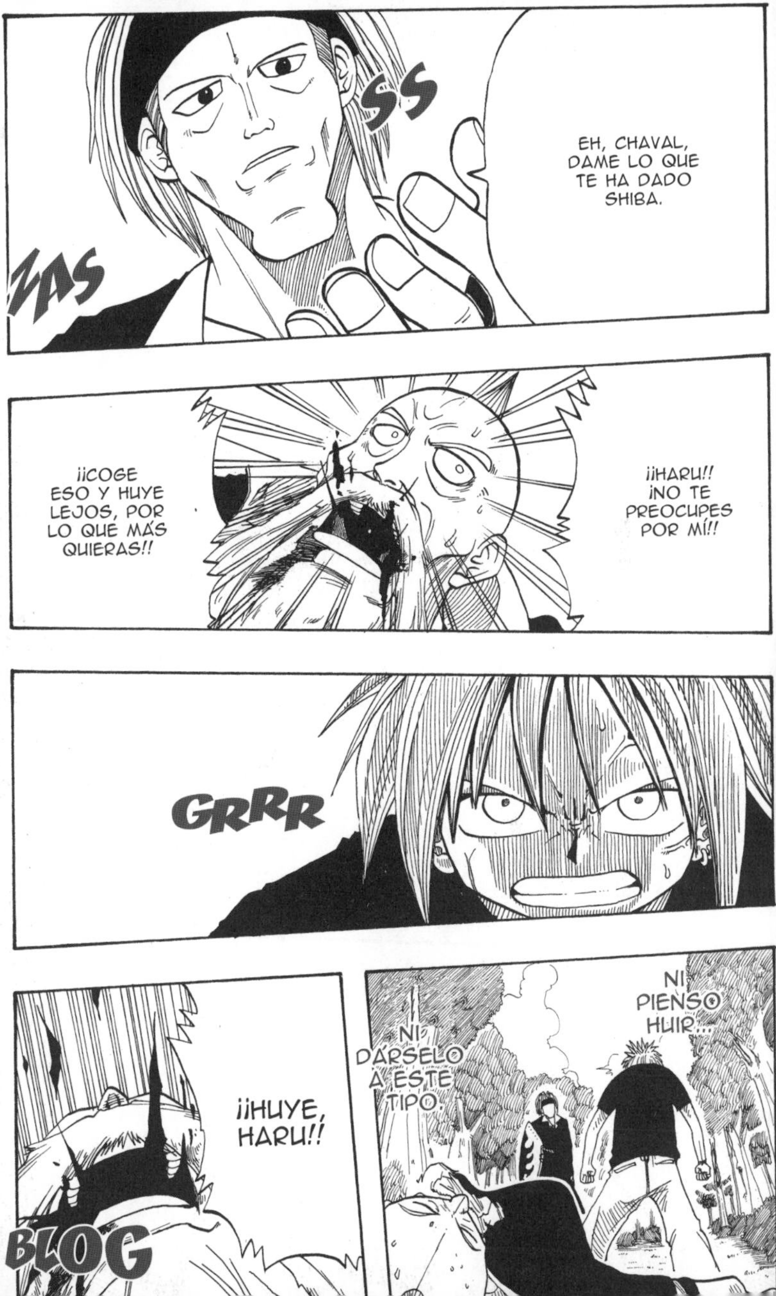
ZAS
SS
EH, CHAVAL, DAME LO QUE TE HA DADO SHIBA.
¡¡COGE ESO Y HUYE LEJOS, POR LO QUE MÁS QUIERAS!!
¡¡HARU!! ¡NO TE PREOCUPES POR MÍ!!
GRRR
BLOG
¡¡HUYE, HARU!!
NI PIENSO HUIR...
NI DÁRSELO A ESTE TIPO.

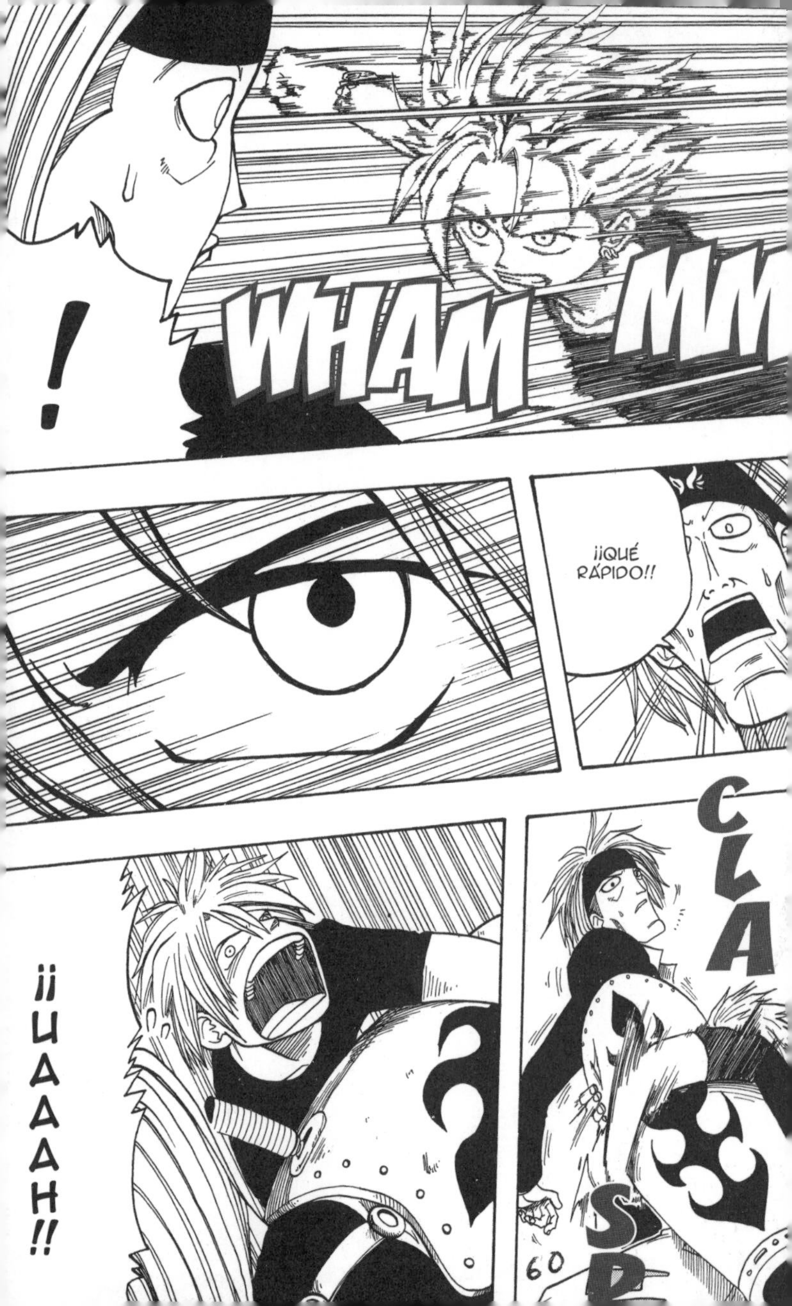
WHAM
MM
!
¡¡QUÉ RÁPIDO!!
CLA
¡¡UAAAAH!!

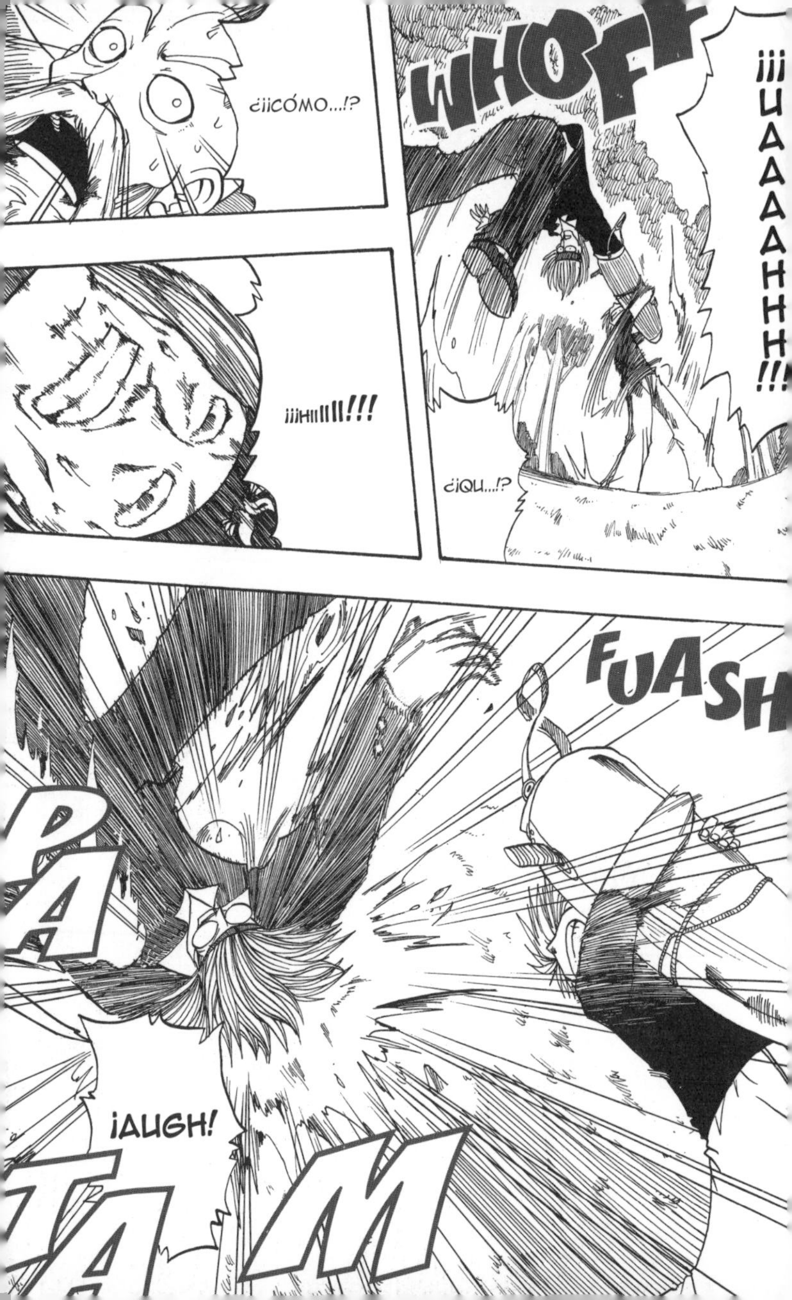
WHOFF
¡¡¡UAAAAAAHHH!!!
¿¡QU...!?
¿¡¡CÓMO...!?
¡¡¡HIIIII!!!
FUASH
PA
TAM
¡AUGH!

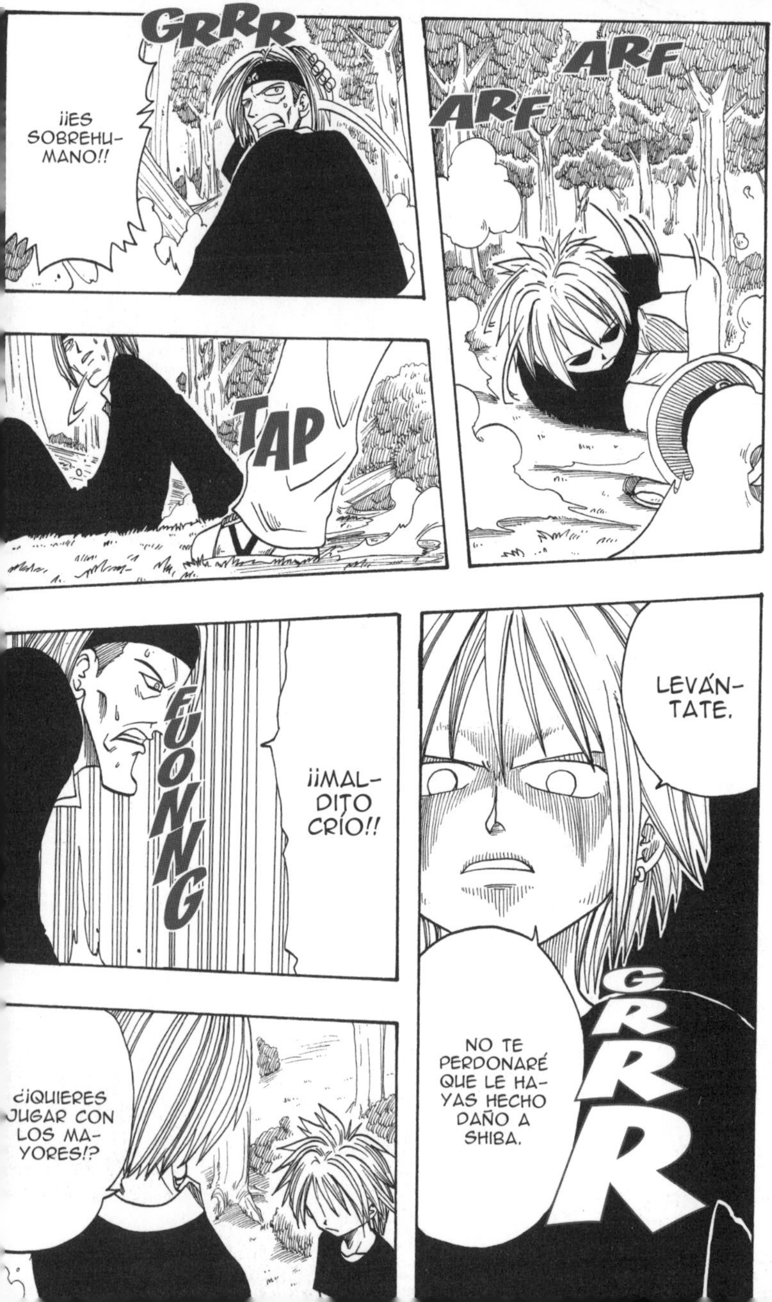
GRRR
¡¡ES SOBREHUMANO!!
ARF
ARF
TAP
FUONNG
¡¡MALDITO CRÍO!!
¿QUIERES JUGAR CON LOS MAYORES!?
LEVÁNTATE.
NO TE PERDONARÉ QUE LE HAYAS HECHO DAÑO A SHIBA.
GRRR

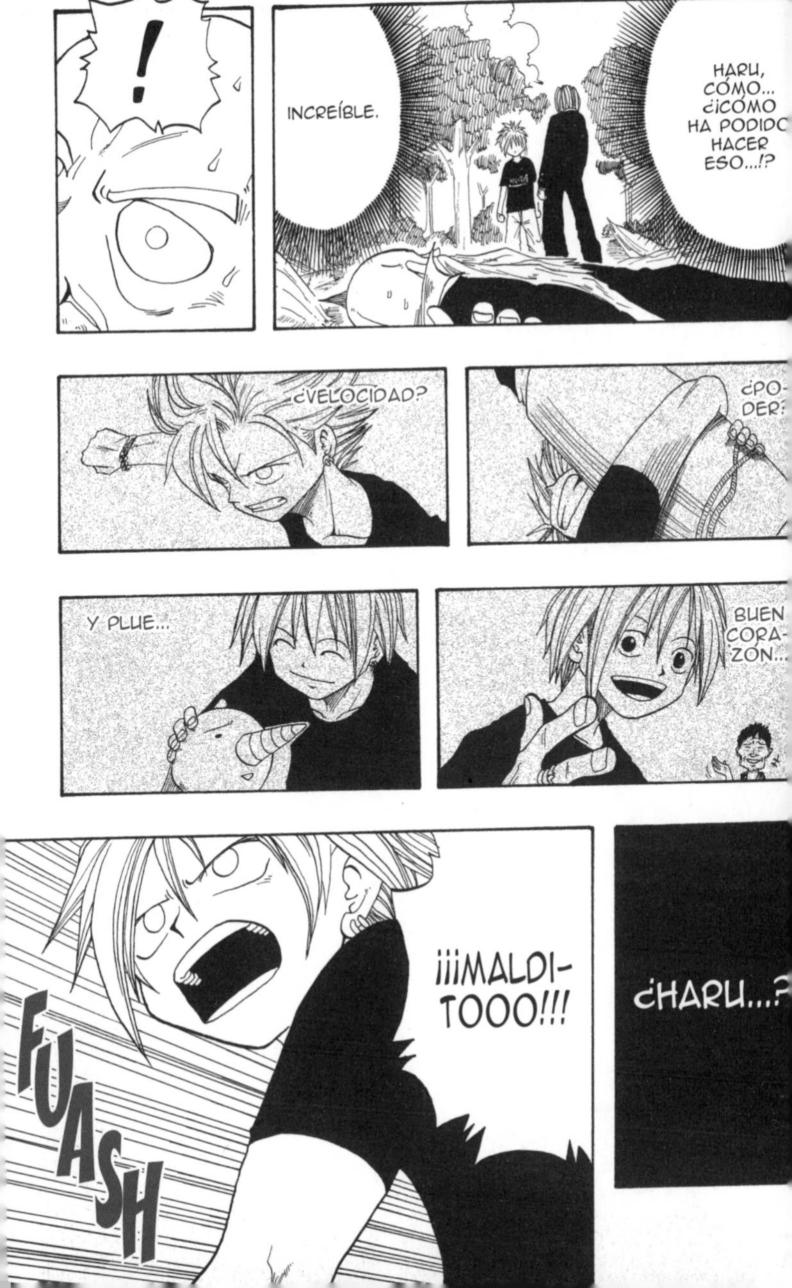
!
INCREÍBLE.
HARU, CÓMO... ¿¡CÓMO HA PODIDO HACER ESO...!?
¿VELOCIDAD?
¿PO-DER?
Y PLUE...
BUEN CORA-ZÓN...
¡¡¡MALDI-TOOO!!!
FUASH
¿HARU...?

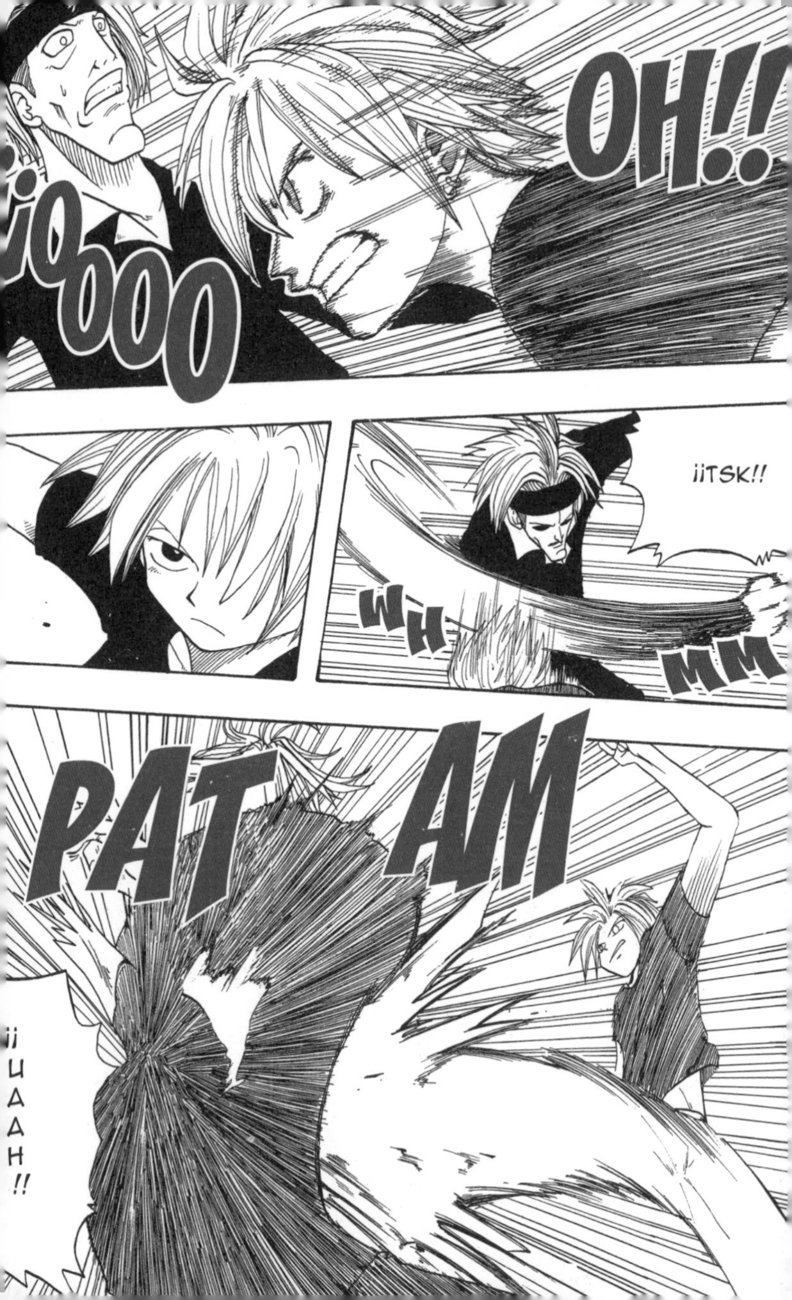
¡OOOO
OH!!
¡¡TSK!!
WH
MM
PAT
AM
¡¡UAAAH!!

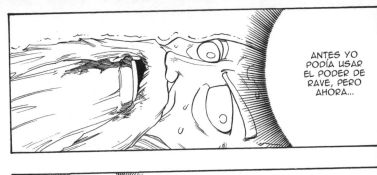

ANTES YO PODÍA USAR EL PODER DE RAVE, PERO AHORA...

QUIZÁ...

KRAH
KRAH
KRAH
KRAH

¡¡¡UUUAAAH!!!

OOOOU

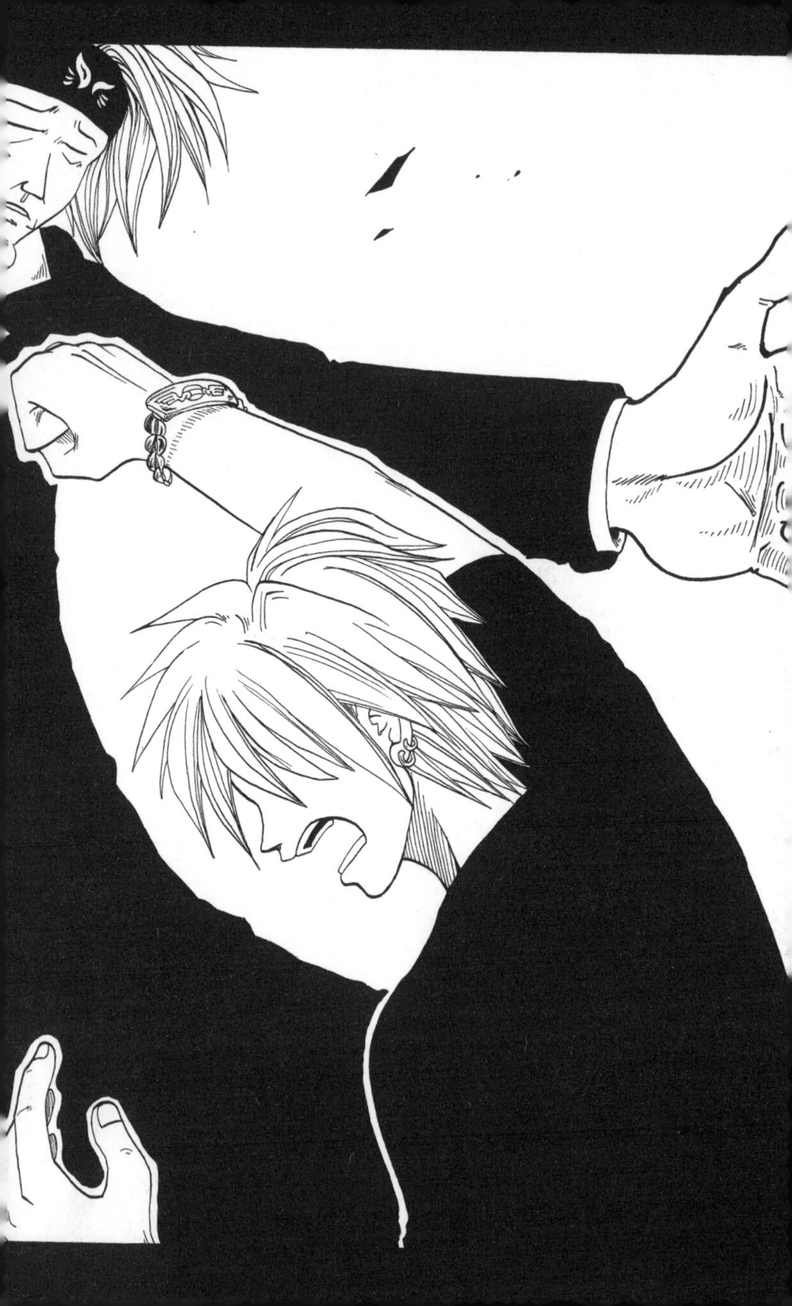

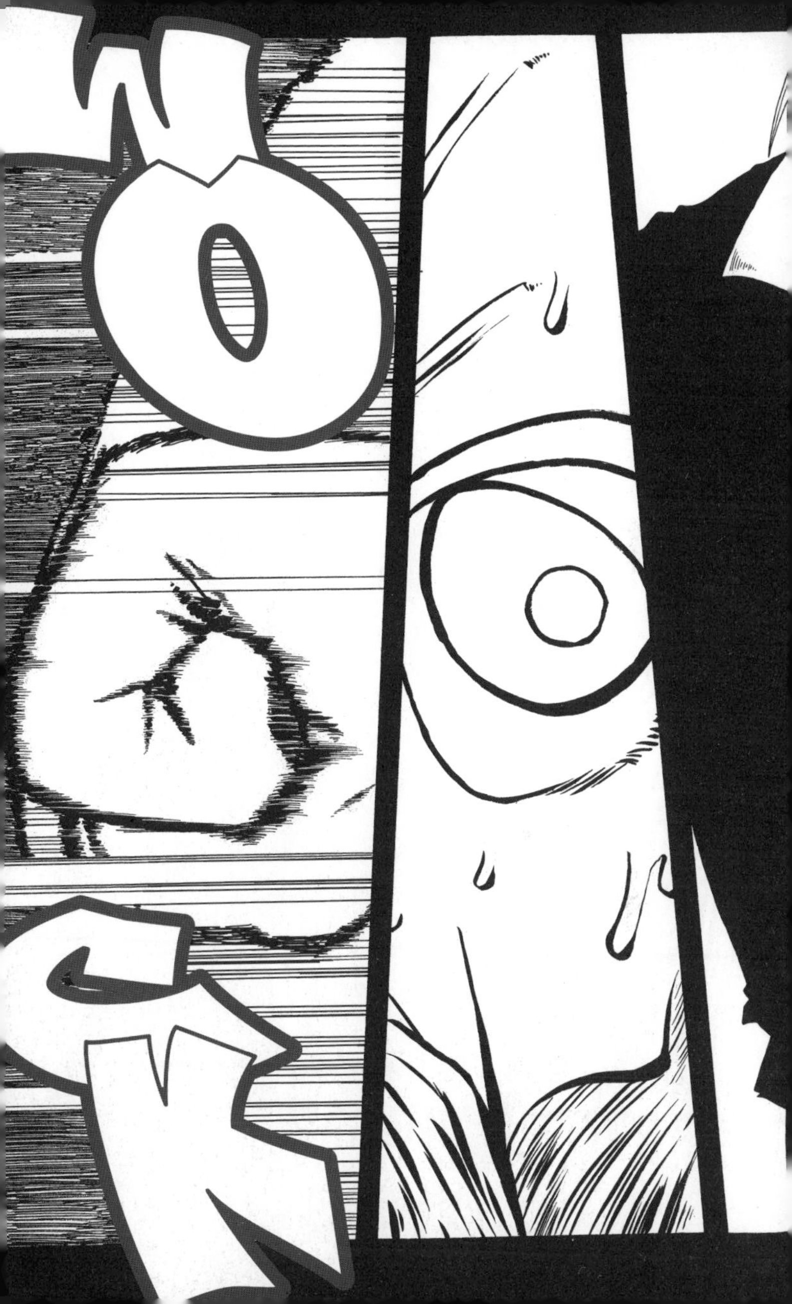

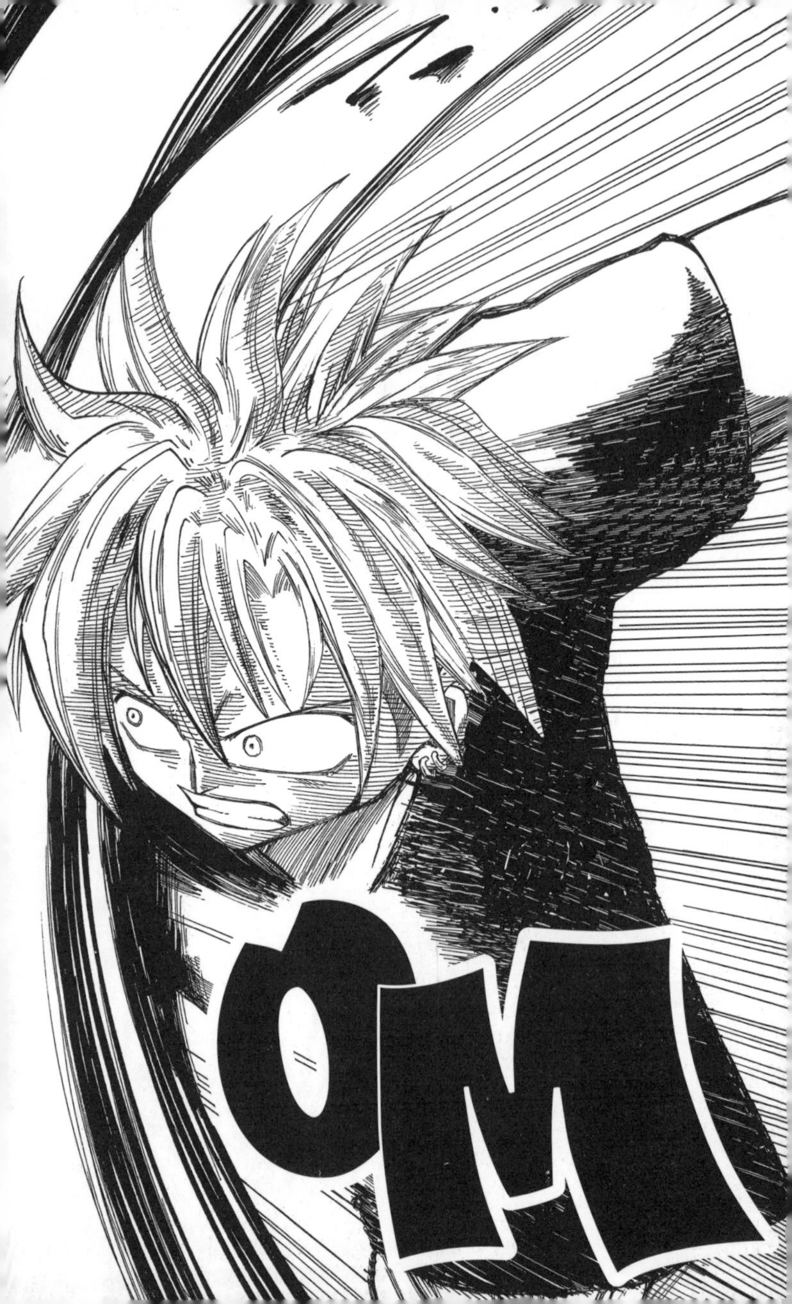
OM

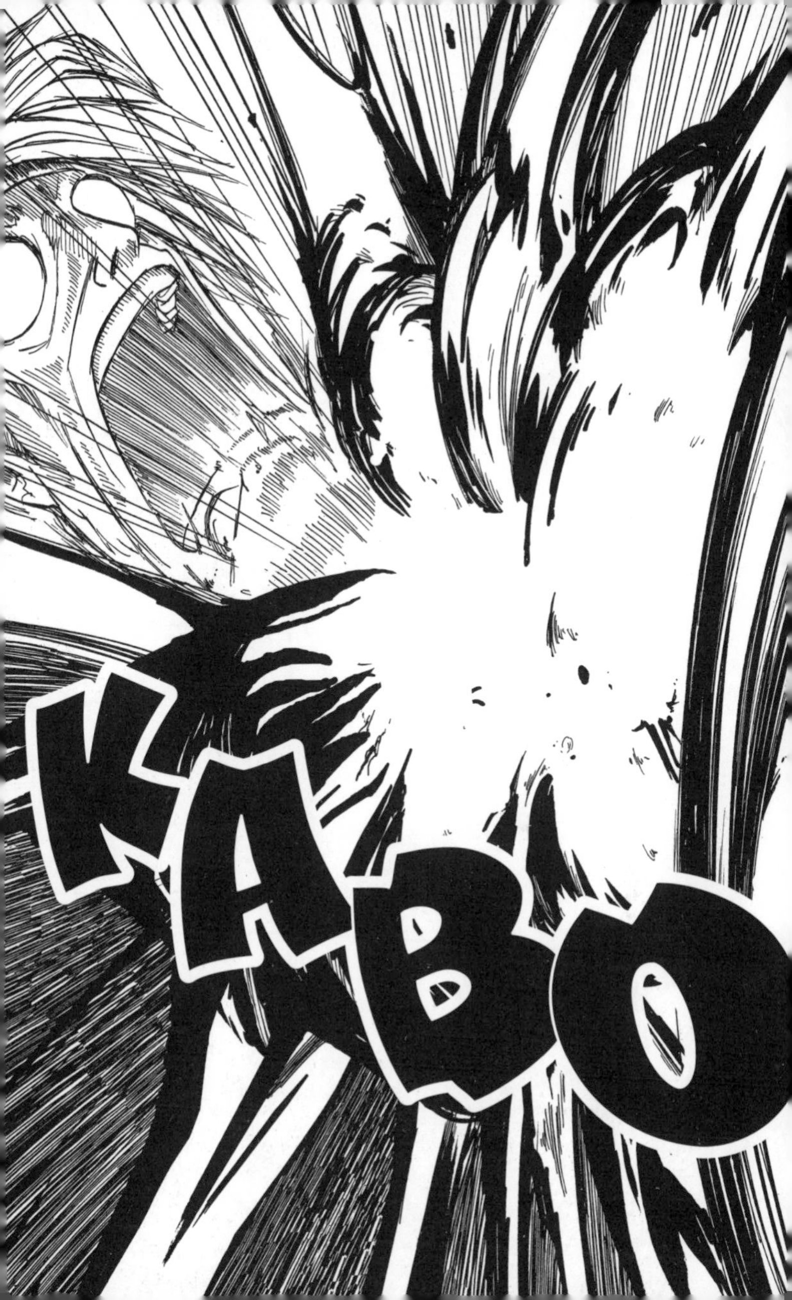
KABOOM

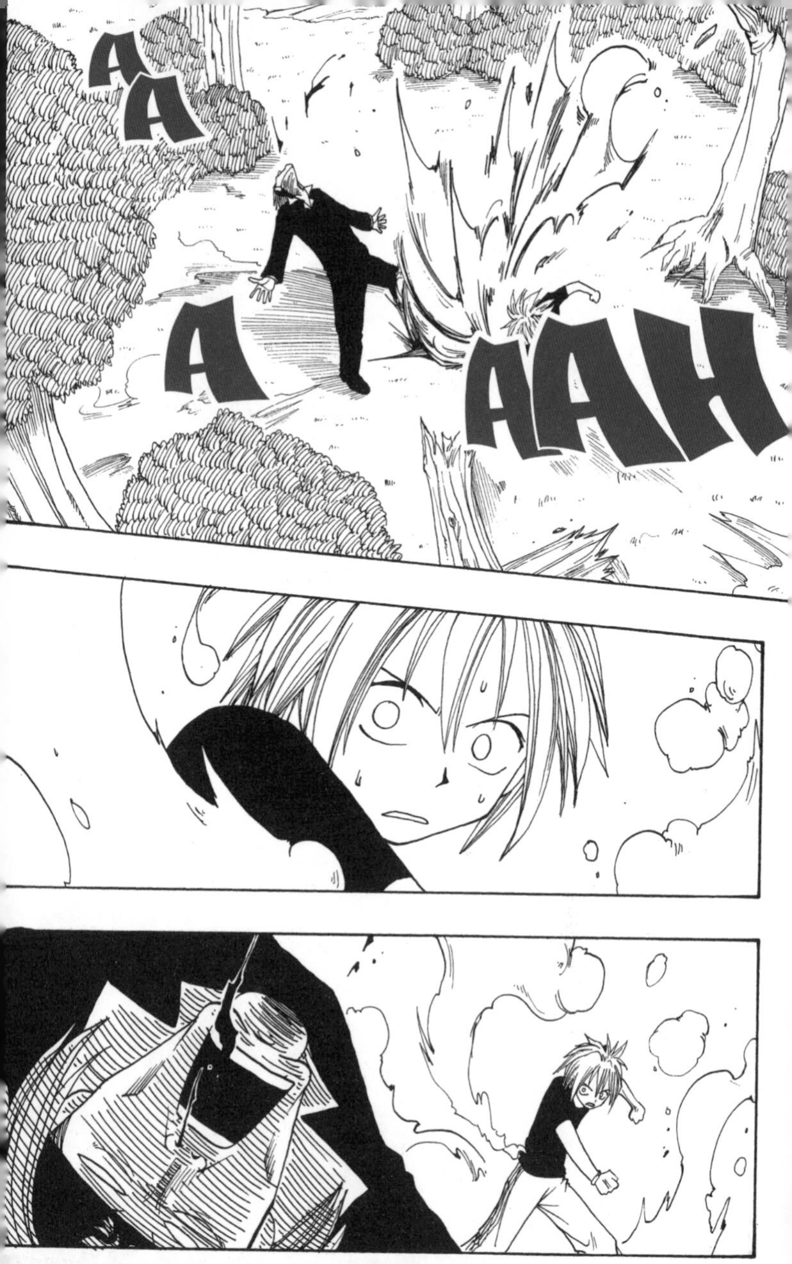
AAAAAH

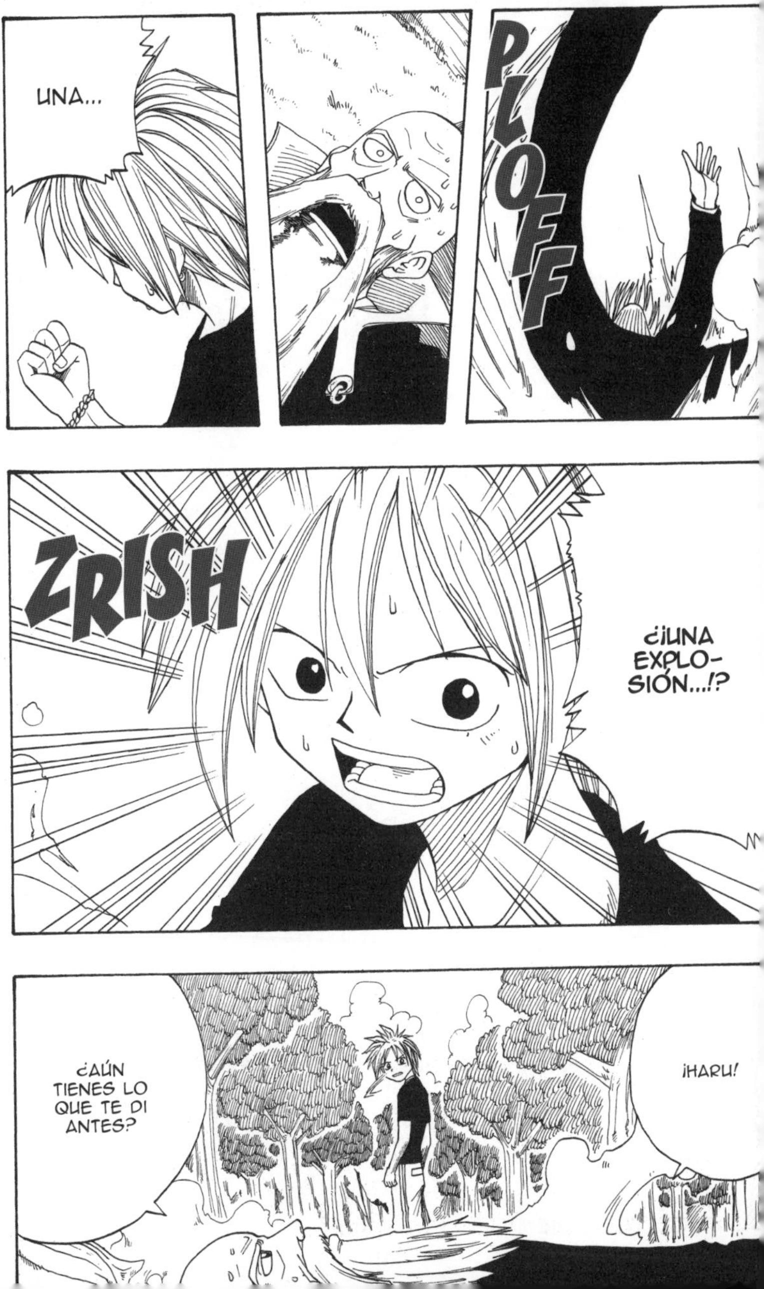
PLOFF
UNA...
¿¡UNA EXPLOSIÓN...!?
ZRISH
¡HARU!
¿AÚN TIENES LO QUE TE DI ANTES?

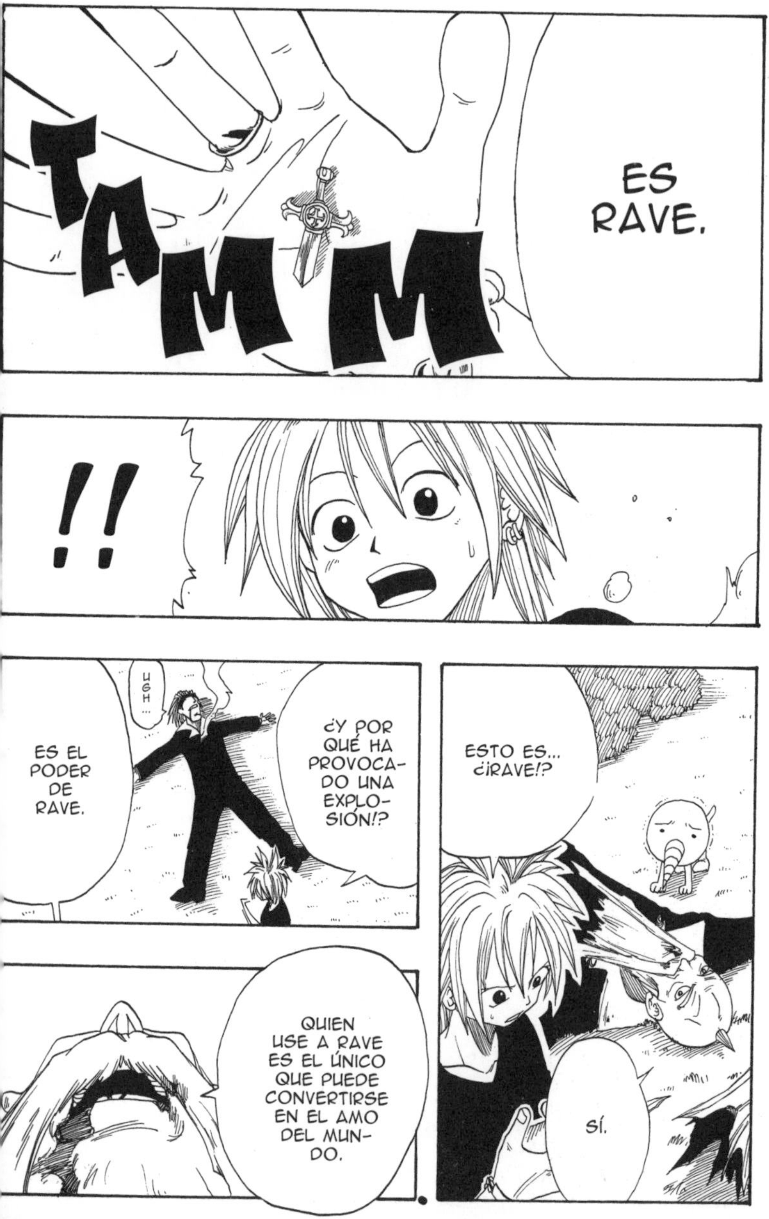
ES RAVE.
TAMM
!!
ESTO ES... ¿RAVE!?
SÍ.
UGH...
¿Y POR QUÉ HA PROVOCADO UNA EXPLOSIÓN!?
ES EL PODER DE RAVE.
QUIEN USE A RAVE ES EL ÚNICO QUE PUEDE CONVERTIRSE EN EL AMO DEL MUNDO.

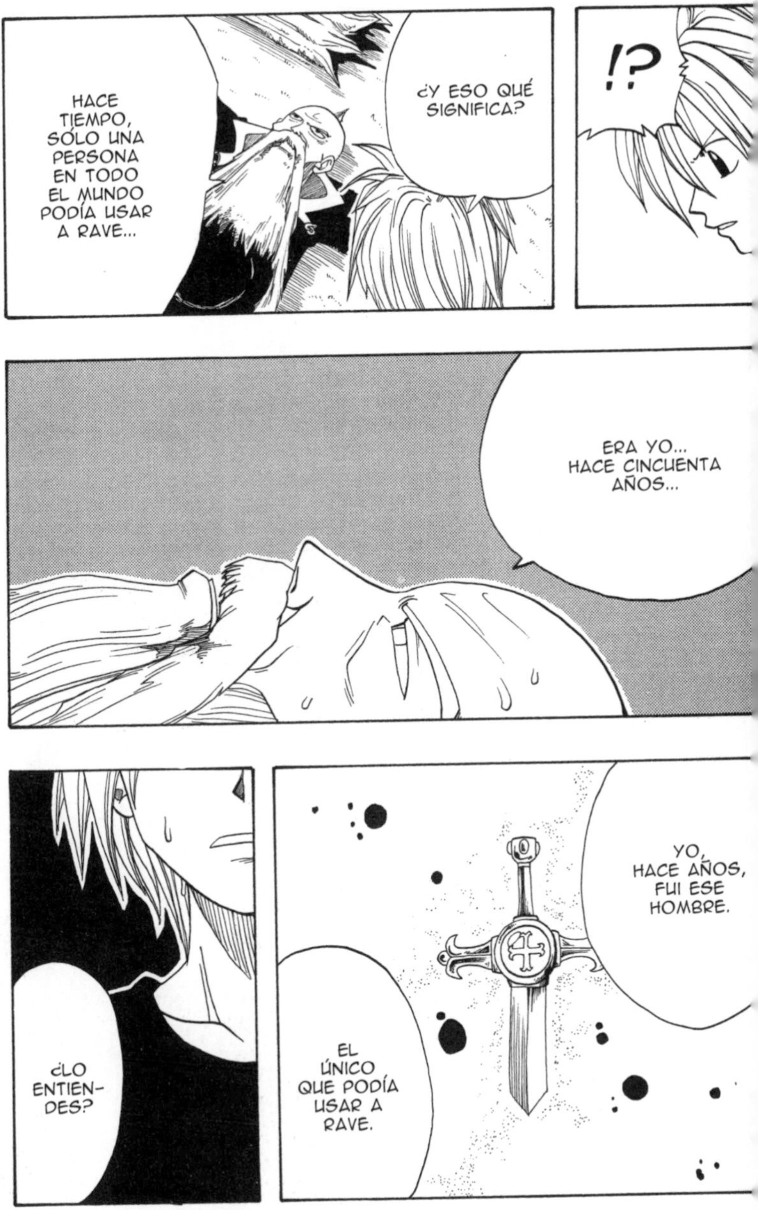
!?
¿Y ESO QUÉ SIGNIFICA?
HACE TIEMPO, SÓLO UNA PERSONA EN TODO EL MUNDO PODÍA USAR A RAVE...
ERA YO... HACE CINCUENTA AÑOS...
YO, HACE AÑOS, FUI ESE HOMBRE.
EL ÚNICO QUE PODÍA USAR A RAVE.
¿LO ENTIEN-DES?

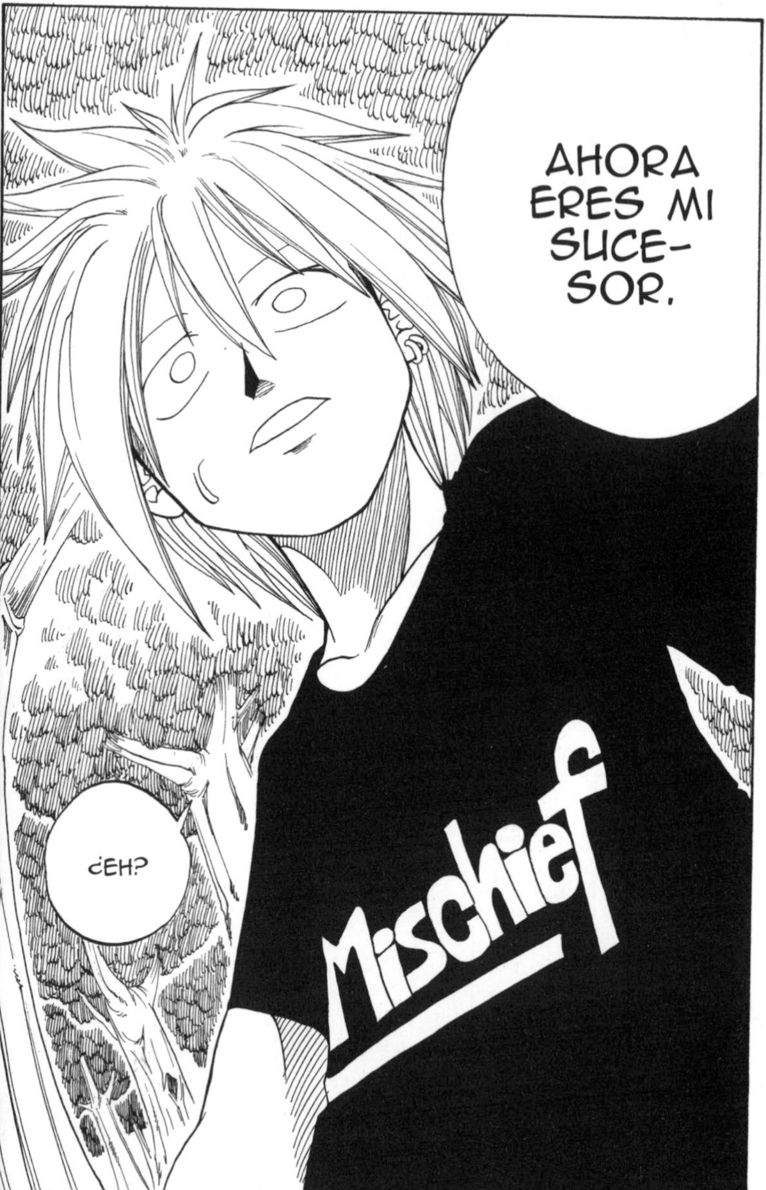
AHORA ERES MI SUCE- SOR.
¿EH?
Mischief

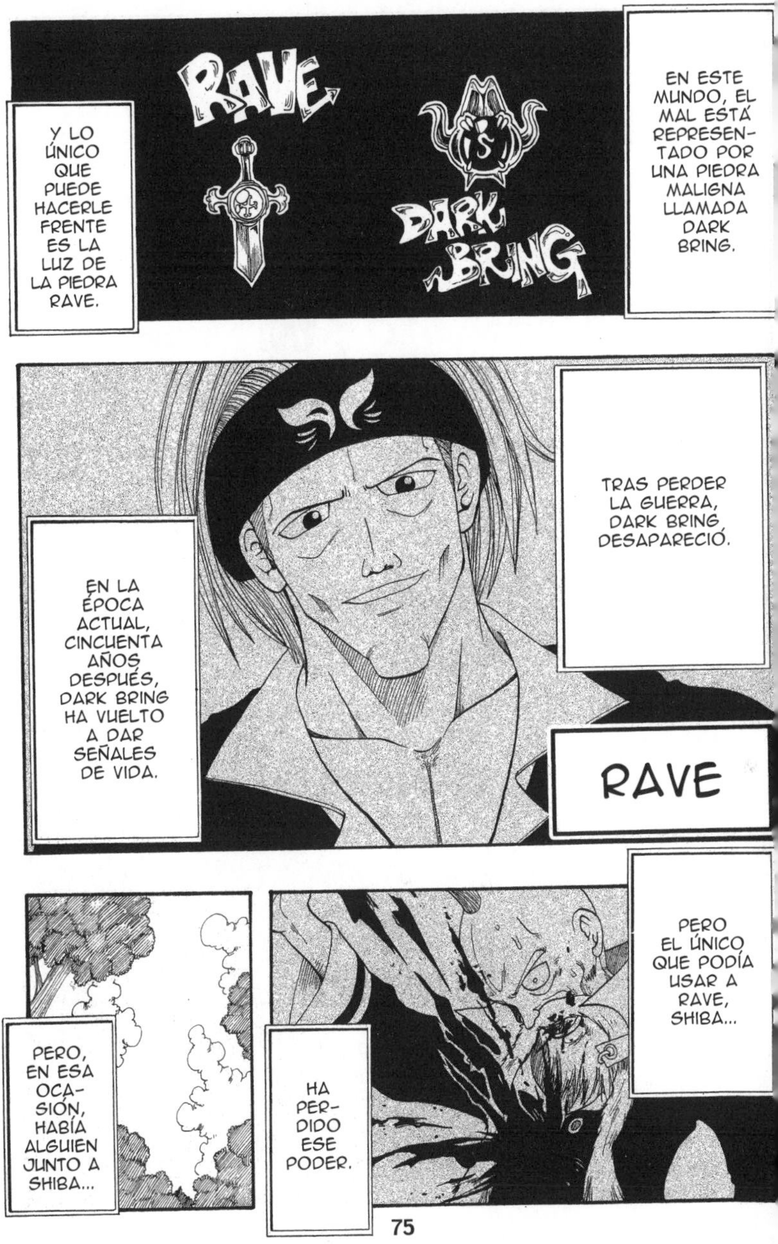
EN ESTE MUNDO, EL MAL ESTÁ REPRESEN-TADO POR UNA PIEDRA MALIGNA LLAMADA DARK BRING.
RAVE
DARK BRING
Y LO ÚNICO QUE PUEDE HACERLE FRENTE ES LA LUZ DE LA PIEDRA RAVE.
TRAS PERDER LA GUERRA, DARK BRING DESAPARECIÓ.
EN LA ÉPOCA ACTUAL, CINCUENTA AÑOS DESPUÉS, DARK BRING HA VUELTO A DAR SEÑALES DE VIDA.
RAVE
PERO EL ÚNICO QUE PODÍA USAR A RAVE, SHIBA...
HA PER-DIDO ESE PODER.
PERO, EN ESA OCA-SIÓN, HABÍA ALGUIEN JUNTO A SHIBA...

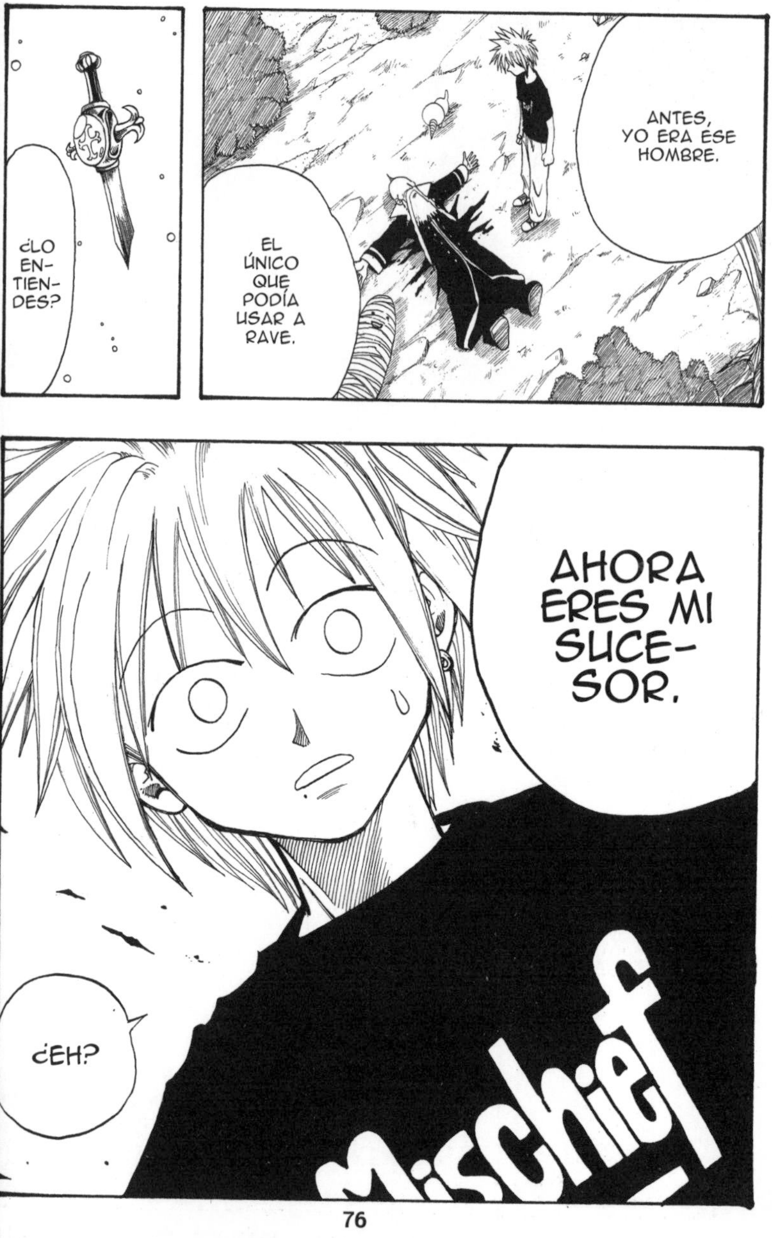
ANTES, YO ERA ESE HOMBRE.
EL ÚNICO QUE PODÍA USAR A RAVE.
¿LO EN- TIEN- DES?
AHORA ERES MI SUCE- SOR.
¿EH?
Mischief

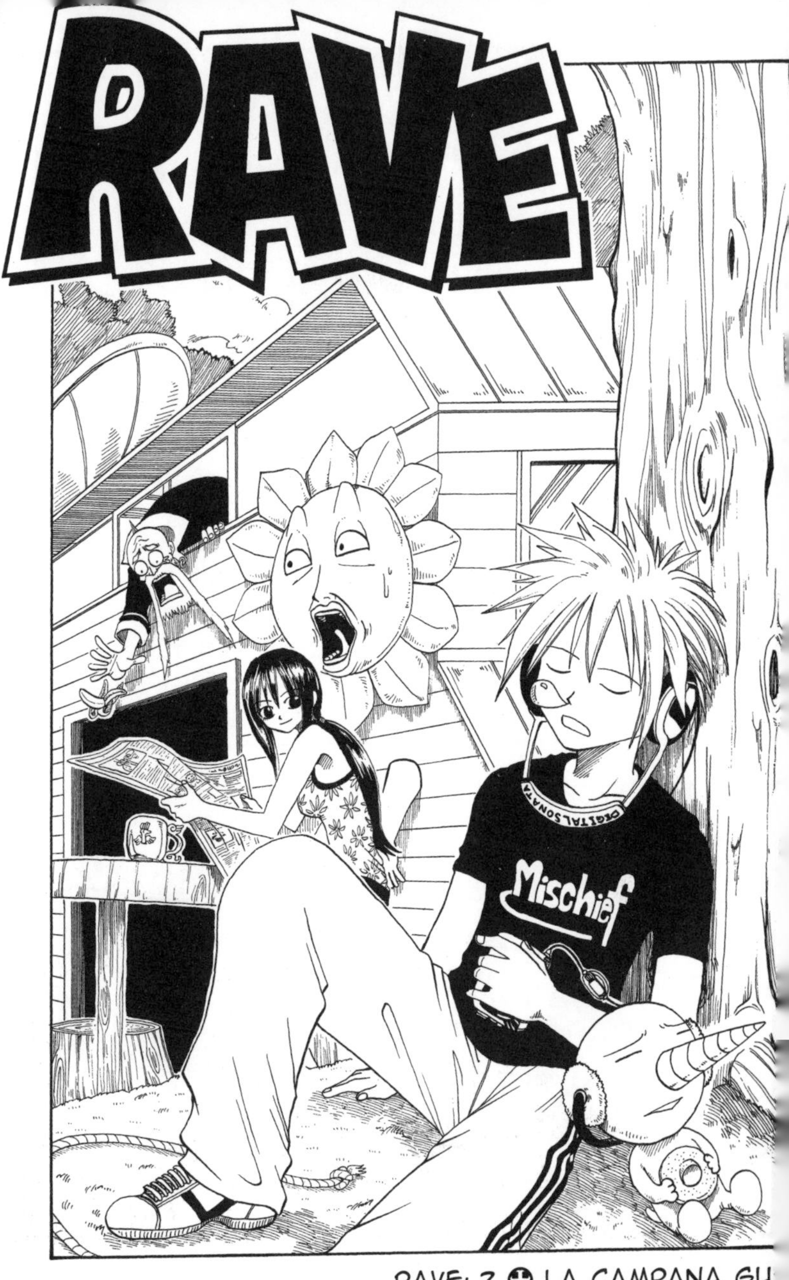
RAVE
DIGITALSONATA
Mischief

RAVE: 2 ✚ LA CAMPANA GU

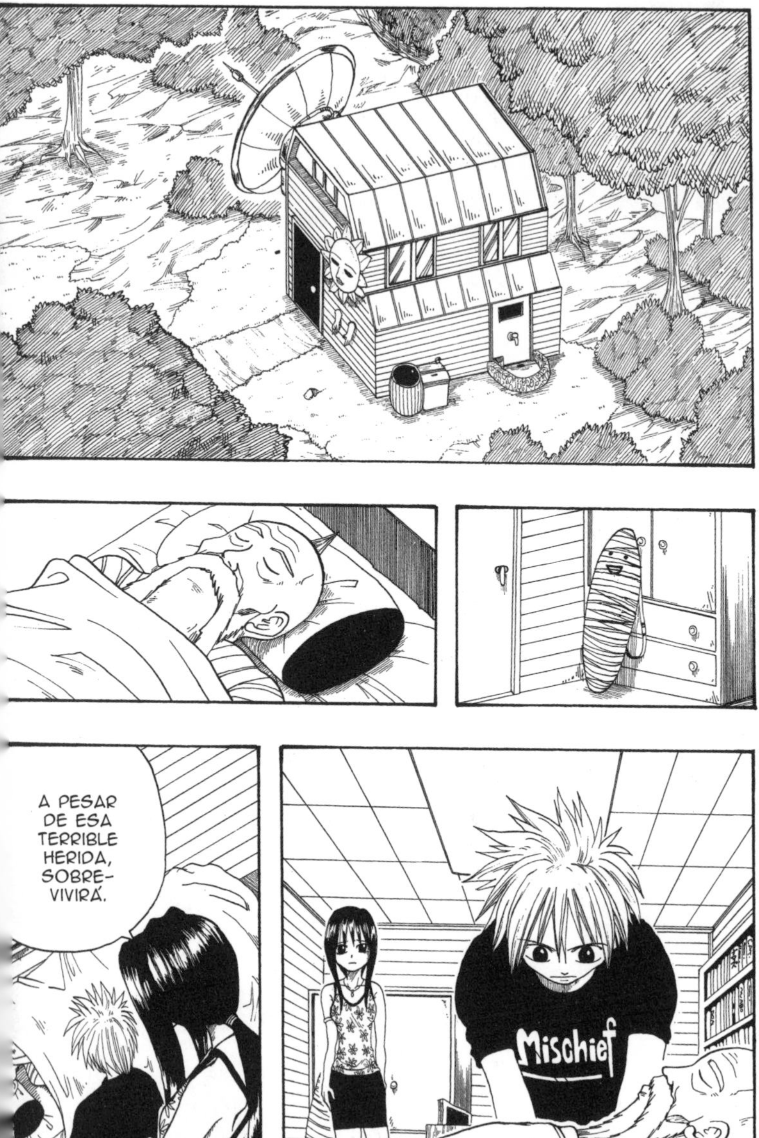
A PESAR DE ESA TERRIBLE HERIDA, SOBRE-VIVIRÁ.
Mischief

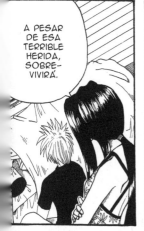

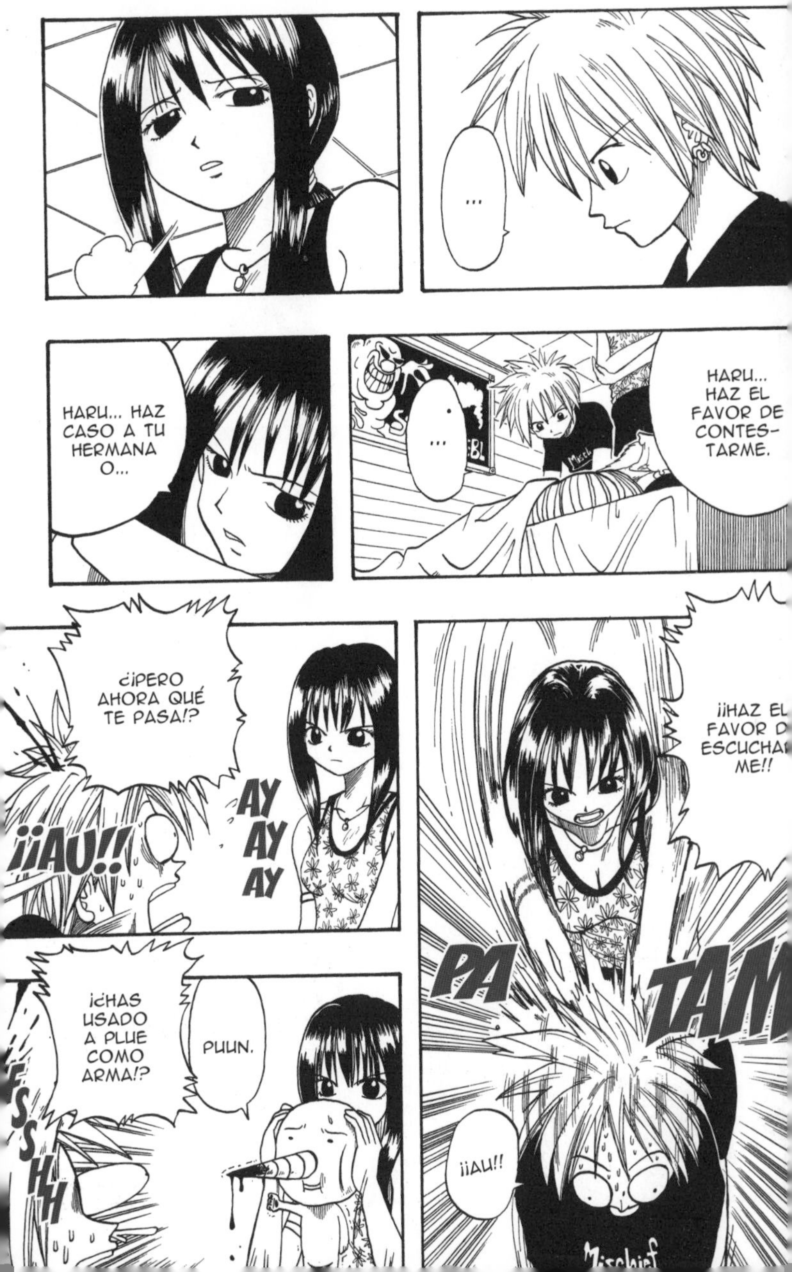
...
HARU... HAZ EL FAVOR DE CONTES-TARME.
...
HARU... HAZ CASO A TU HERMANA O...
¡¡HAZ EL FAVOR D ESCUCHA ME!!
PA TAM
¡¡AU!!
¡¡AU!!
AY AY AY
¿¡PERO AHORA QUÉ TE PASA!?
PUUN.
¿¡HAS USADO A PLUE COMO ARMA!?
FSSHH

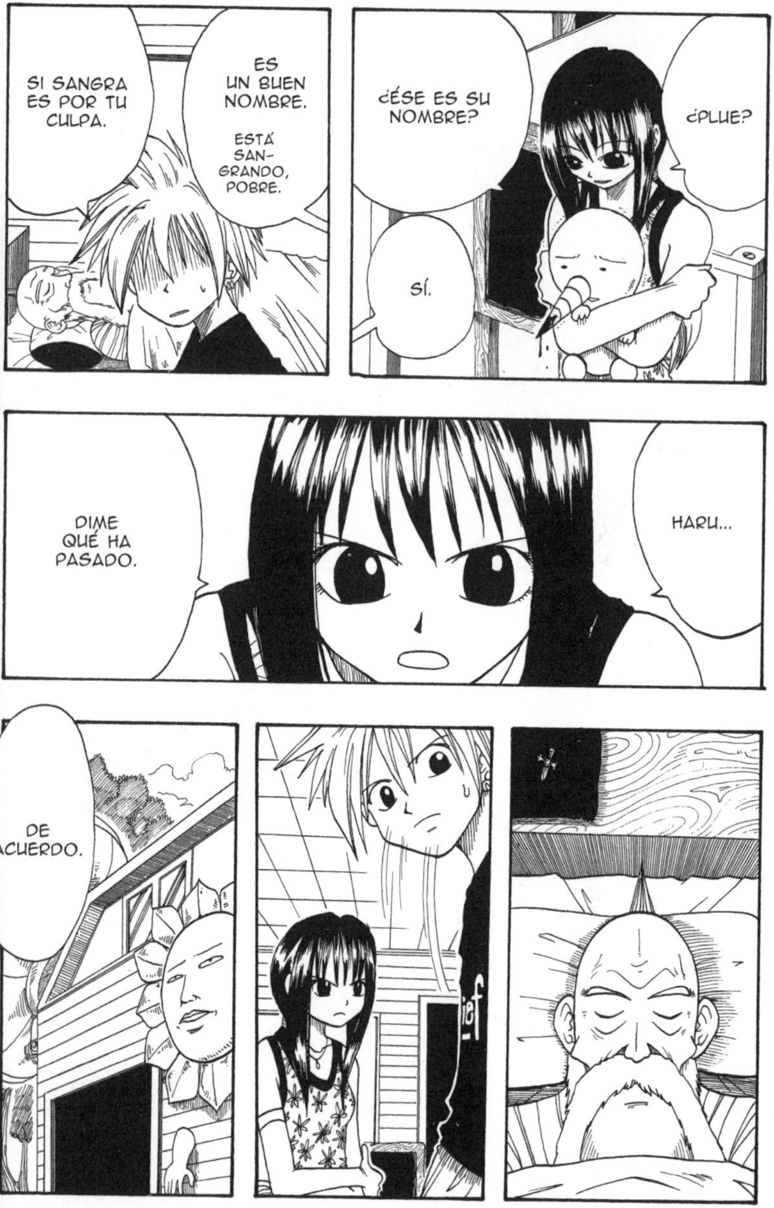

¿PLUE?
¿ÉSE ES SU NOMBRE?
SÍ.
ES UN BUEN NOMBRE.
ESTÁ SAN-GRANDO, POBRE.
SI SANGRA ES POR TU CULPA.
HARU...
DIME QUÉ HA PASADO.
DE ACUERDO.

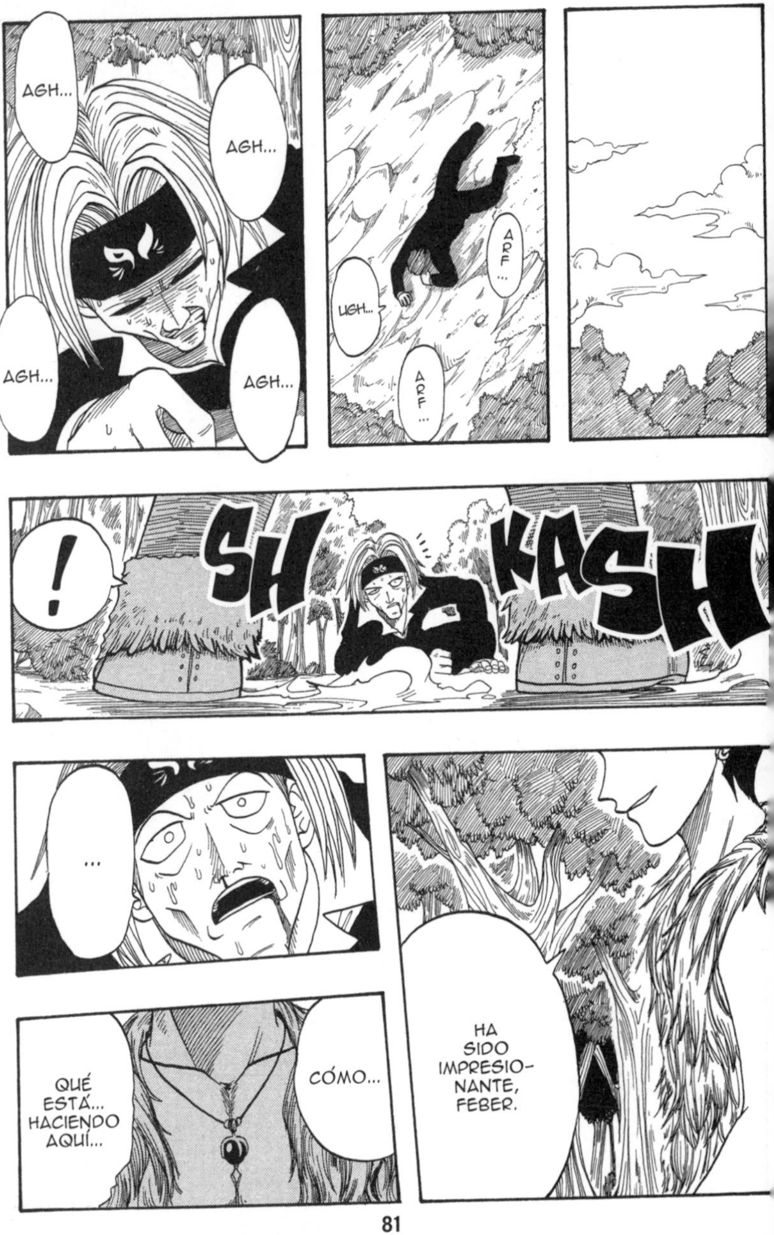
ARF...
UGH...
ARF...
AGH...
AGH...
AGH...
AGH...
SHKASH
!
HA SIDO IMPRESIONANTE, FEBER.
...
CÓMO...
QUÉ ESTÁ... HACIENDO AQUÍ...

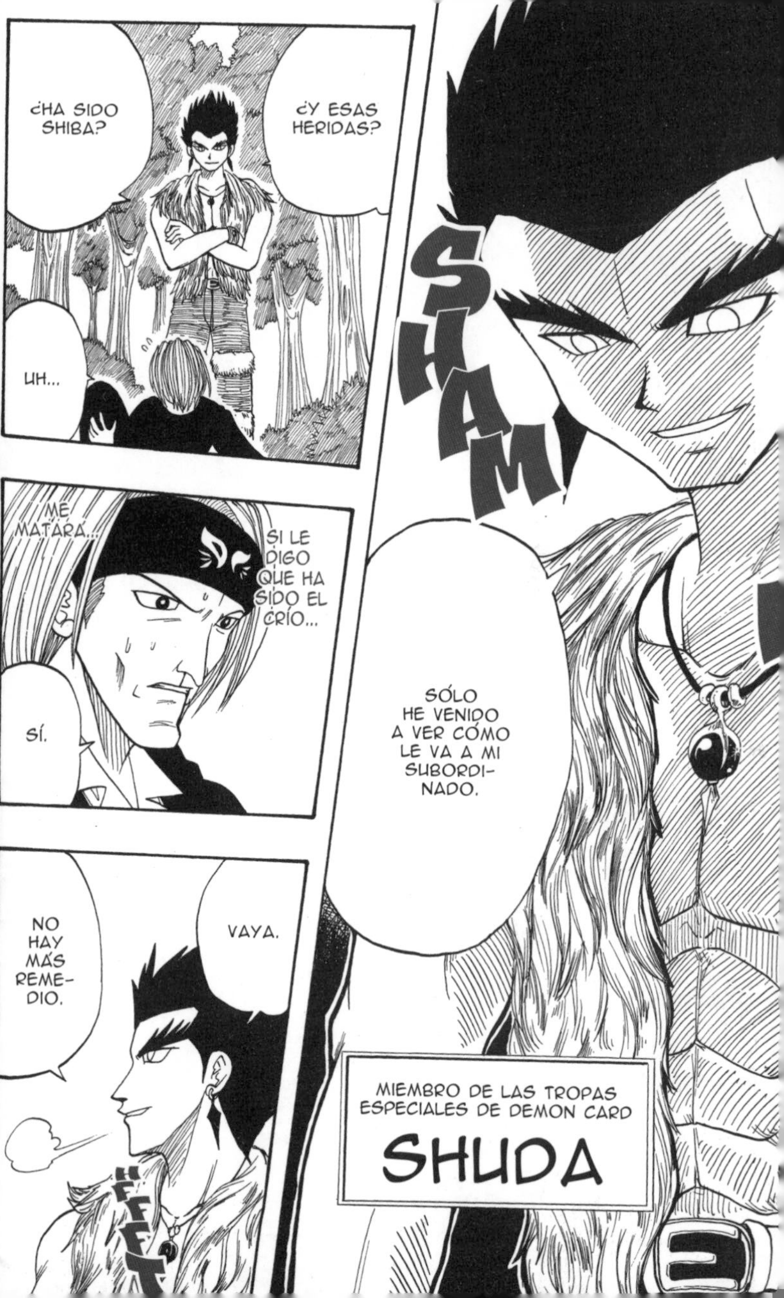
SHAM
SÓLO HE VENIDO A VER CÓMO LE VA A MI SUBORDINADO.
MIEMBRO DE LAS TROPAS ESPECIALES DE DEMON CARD
SHUDA
¿Y ESAS HERIDAS?
¿HA SIDO SHIBA?
UH...
SI LE DIGO QUE HA SIDO EL CRÍO...
ME MATARÁ...
SÍ.
VAYA.
NO HAY MÁS REMEDIO.
HFFT

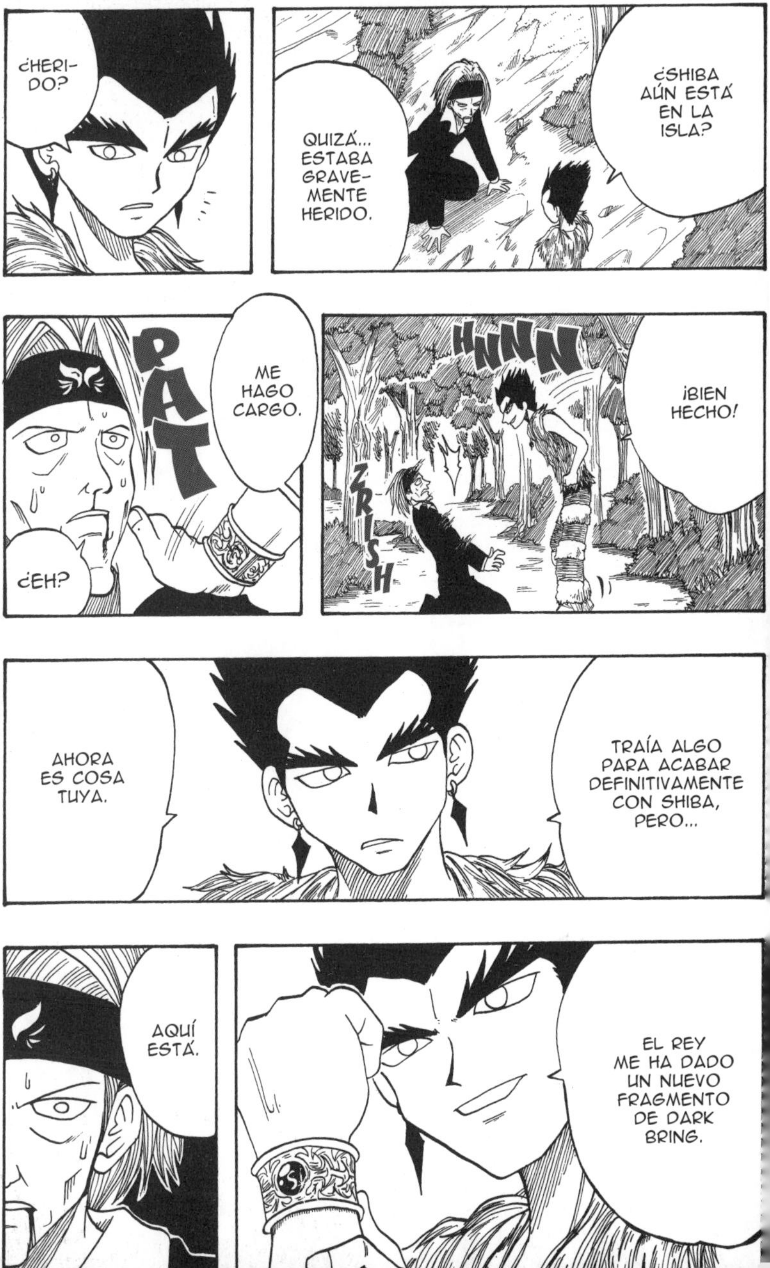
¿SHIBA AÚN ESTÁ EN LA ISLA?
QUIZÁ... ESTABA GRAVEMENTE HERIDO.
¿HERIDO?
¡BIEN HECHO!
HNNN
ZRISH
ME HAGO CARGO.
PAT
¿EH?
TRAÍA ALGO PARA ACABAR DEFINITIVAMENTE CON SHIBA, PERO...
AHORA ES COSA TUYA.
EL REY ME HA DADO UN NUEVO FRAGMENTO DE DARK BRING.
AQUÍ ESTÁ.

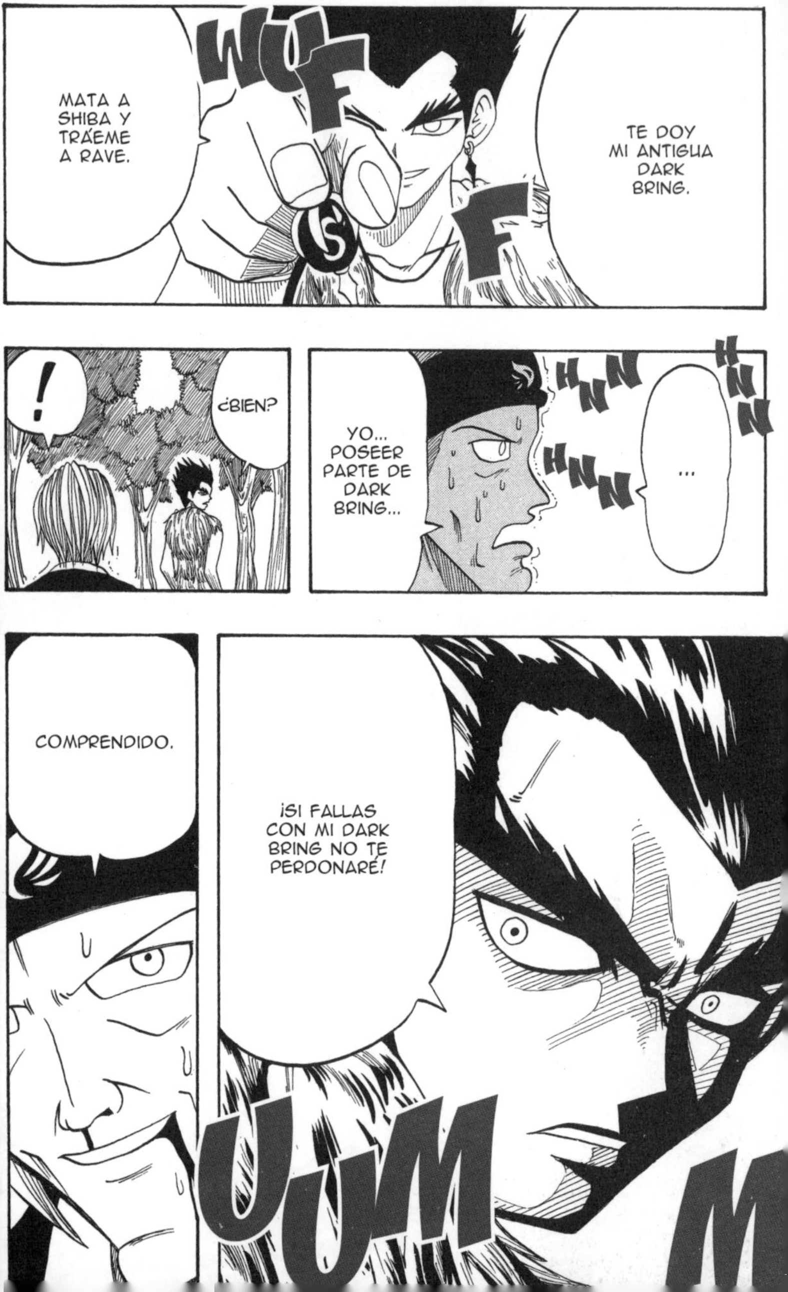
TE DOY MI ANTIGUA DARK BRING.
MATA A SHIBA Y TRÁEME A RAVE.
WUF
F
...
HNN
HNN
HNN
YO... POSEER PARTE DE DARK BRING...
¿BIEN?
!
¡SI FALLAS CON MI DARK BRING NO TE PERDONARÉ!
UUM
M
COMPRENDIDO.

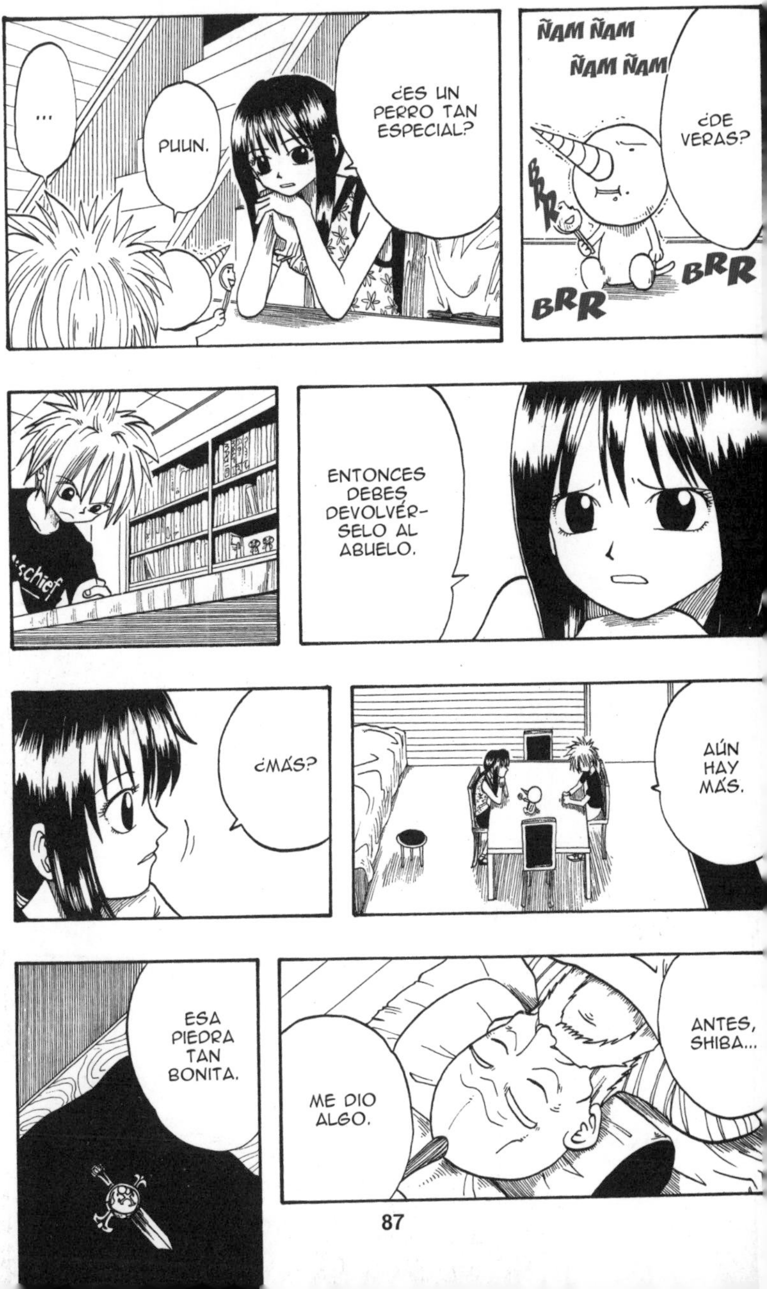

ÑAM ÑAM
ÑAM ÑAM
¿DE VERAS?
BRR
BRR
BRR
¿ES UN PERRO TAN ESPECIAL?
PUUN.
...
ENTONCES DEBES DEVOLVÉRSELO AL ABUELO.
mischief
AÚN HAY MÁS.
¿MÁS?
ANTES, SHIBA...
ME DIO ALGO.
ESA PIEDRA TAN BONITA.

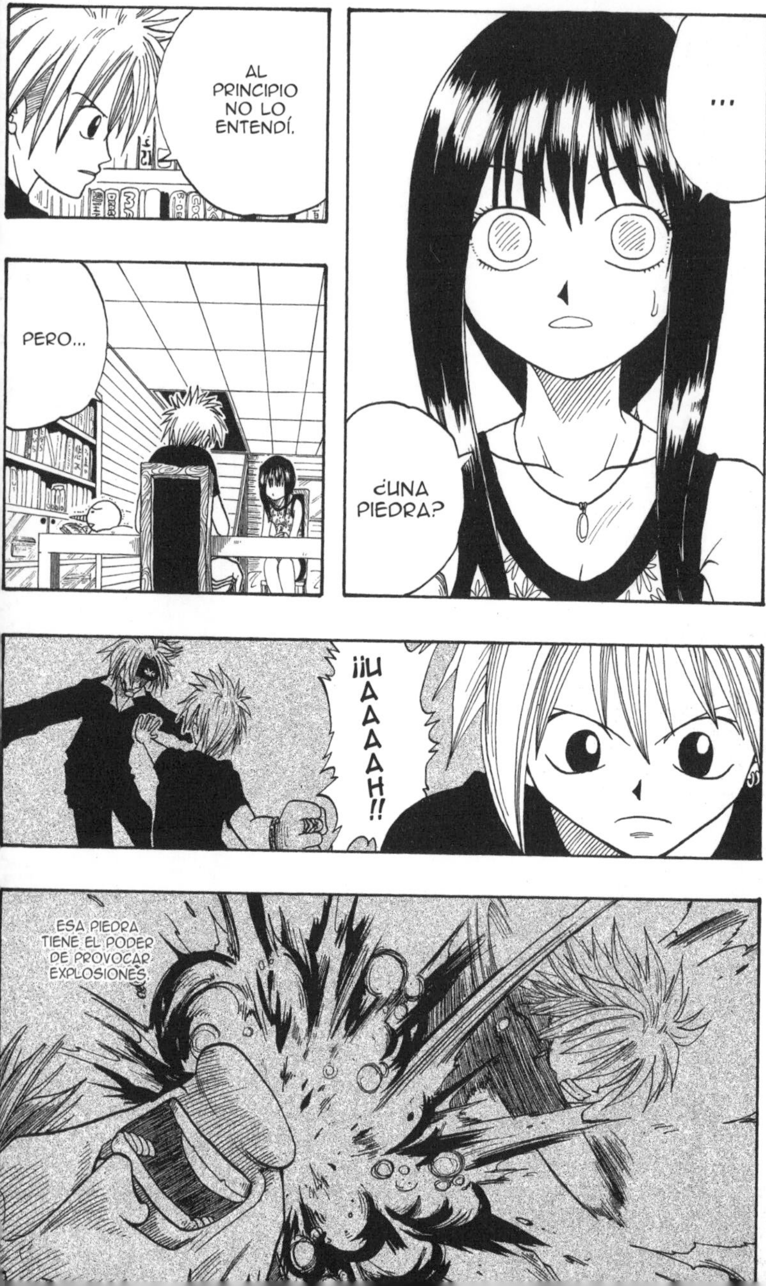
...
¿UNA PIEDRA?
AL PRINCIPIO NO LO ENTENDÍ.
PERO...
¡¡UAAAAAH!!
ESA PIEDRA TIENE EL PODER DE PROVOCAR EXPLOSIONES.

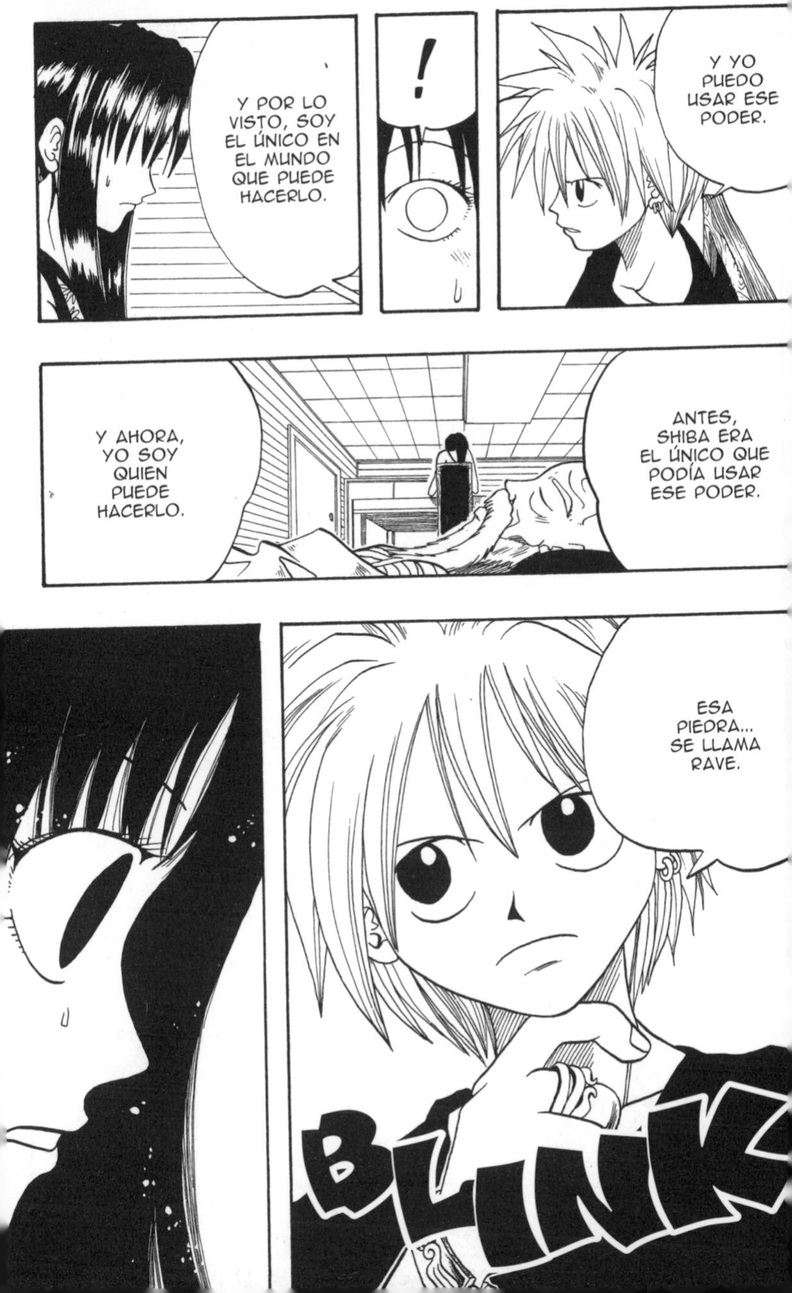

Y YO PUEDO USAR ESE PODER.
!
Y POR LO VISTO, SOY EL ÚNICO EN EL MUNDO QUE PUEDE HACERLO.
ANTES, SHIBA ERA EL ÚNICO QUE PODÍA USAR ESE PODER.
Y AHORA, YO SOY QUIEN PUEDE HACERLO.
ESA PIEDRA... SE LLAMA RAVE.
BLINK

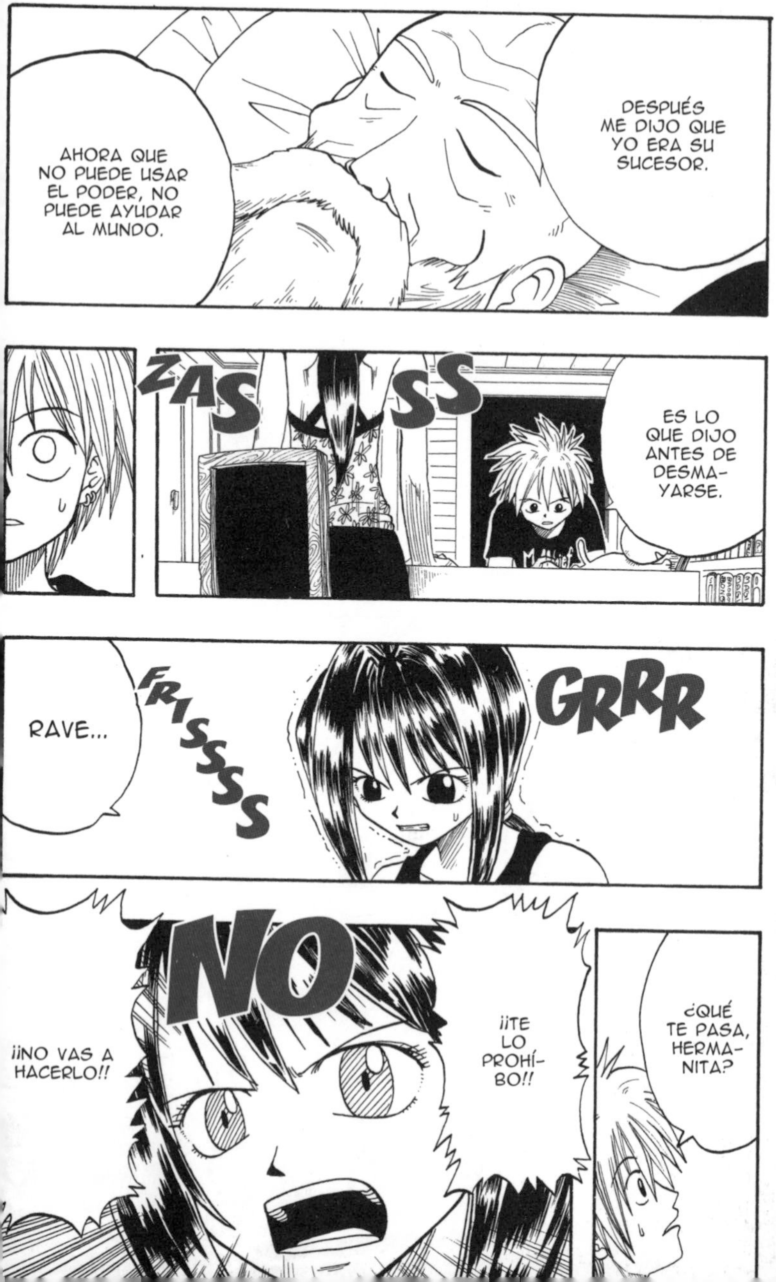
DESPUÉS ME DIJO QUE YO ERA SU SUCESOR.
AHORA QUE NO PUEDE USAR EL PODER, NO PUEDE AYUDAR AL MUNDO.
ES LO QUE DIJO ANTES DE DESMA-YARSE.
ZASSS
GRRR
FRISSSSS
RAVE...
¿QUÉ TE PASA, HERMA-NITA?
NO
¡¡TE LO PROHÍ-BO!!
¡¡NO VAS A HACERLO!!

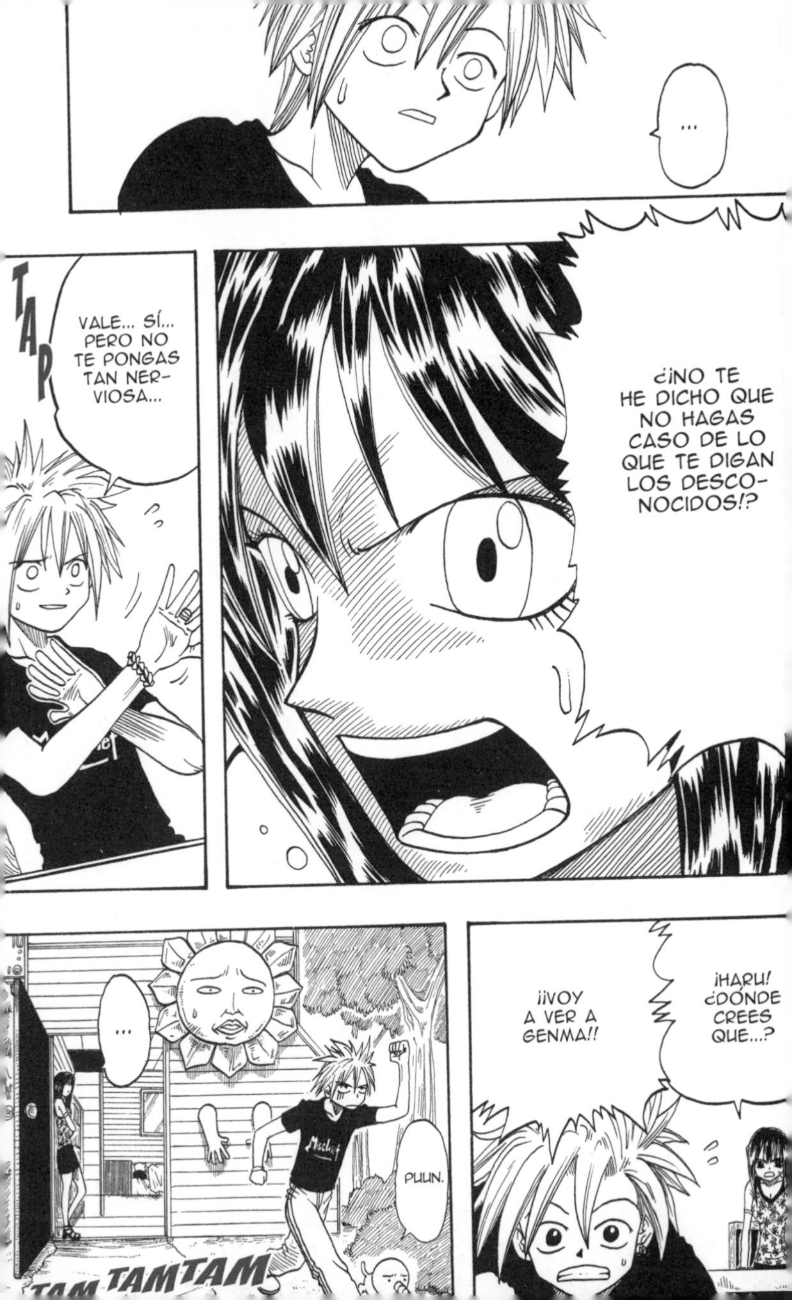
...
¿NO TE HE DICHO QUE NO HAGAS CASO DE LO QUE TE DIGAN LOS DESCONOCIDOS!?
VALE... SÍ... PERO NO TE PONGAS TAN NERVIOSA...
TAP
¡HARU! ¿DÓNDE CREES QUE...?
¡¡VOY A VER A GENMA!!
...
PUUN.
TAM TAMTAM

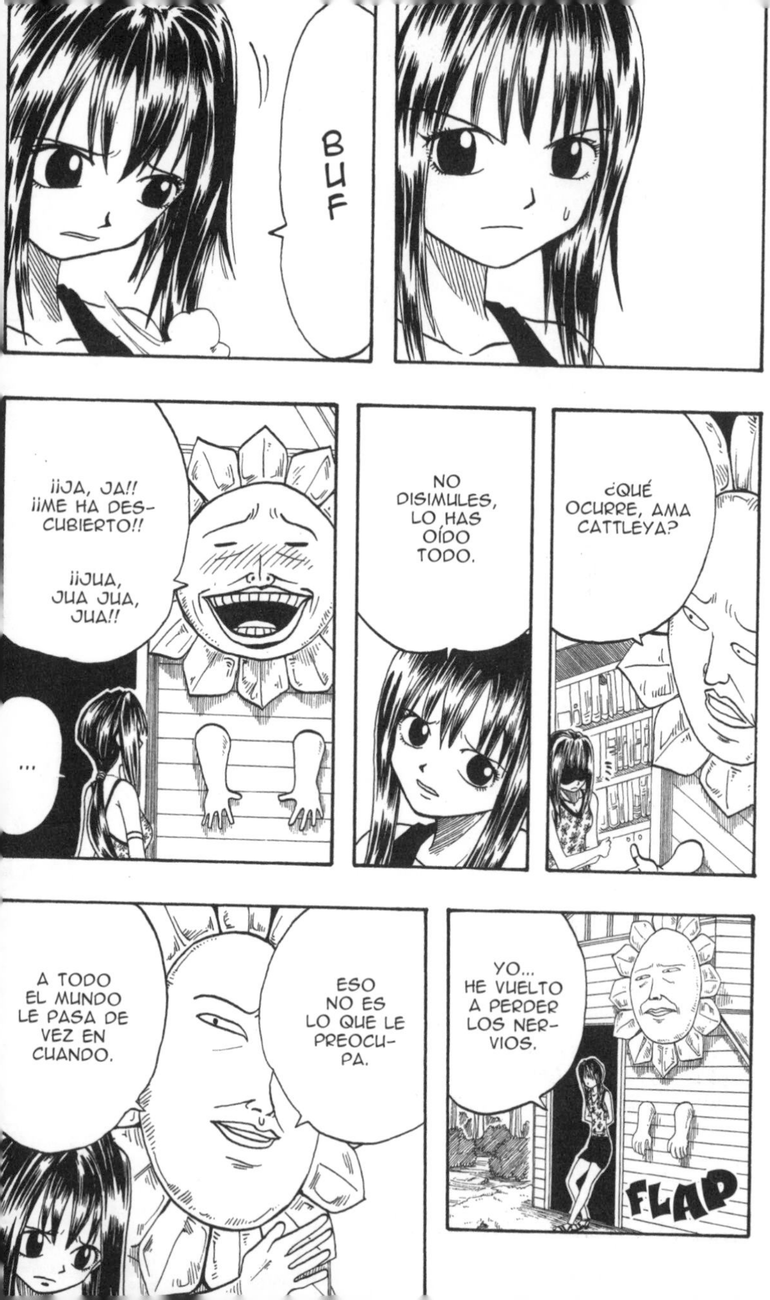
BUF
¿QUÉ OCURRE, AMA CATTLEYA?
NO DISIMULES, LO HAS OÍDO TODO.
¡¡JA, JA!! ¡¡ME HA DES-CUBIERTO!!
¡¡JUA, JUA JUA, JUA!!
...
YO... HE VUELTO A PERDER LOS NER-VIOS.
FLAP
ESO NO ES LO QUE LE PREOCU-PA.
A TODO EL MUNDO LE PASA DE VEZ EN CUANDO.

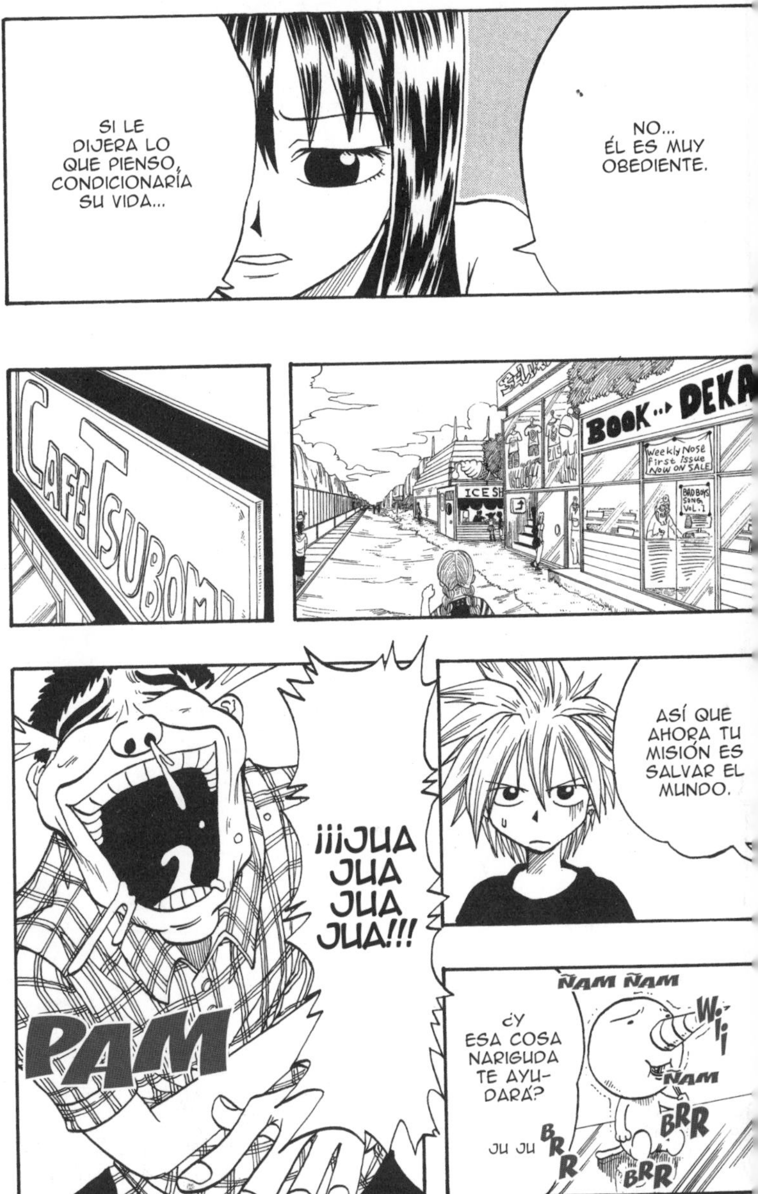
NO... ÉL ES MUY OBEDIENTE.
SI LE DIJERA LO QUE PIENSO, CONDICIONARÍA SU VIDA...
BOOK DEKA
Weekly Nose first issue NOW ON SALE
BAD BOYS SONG Vol.1
ICE SH
CAFE TSUBOM
ASÍ QUE AHORA TU MISIÓN ES SALVAR EL MUNDO.
ÑAM ÑAM
WII
ÑAM
BRR
BRR
BRR
¿Y ESA COSA NARIGUDA TE AYUDARÁ?
JU JU
¡¡¡JUA JUA JUA JUA!!!
PAM

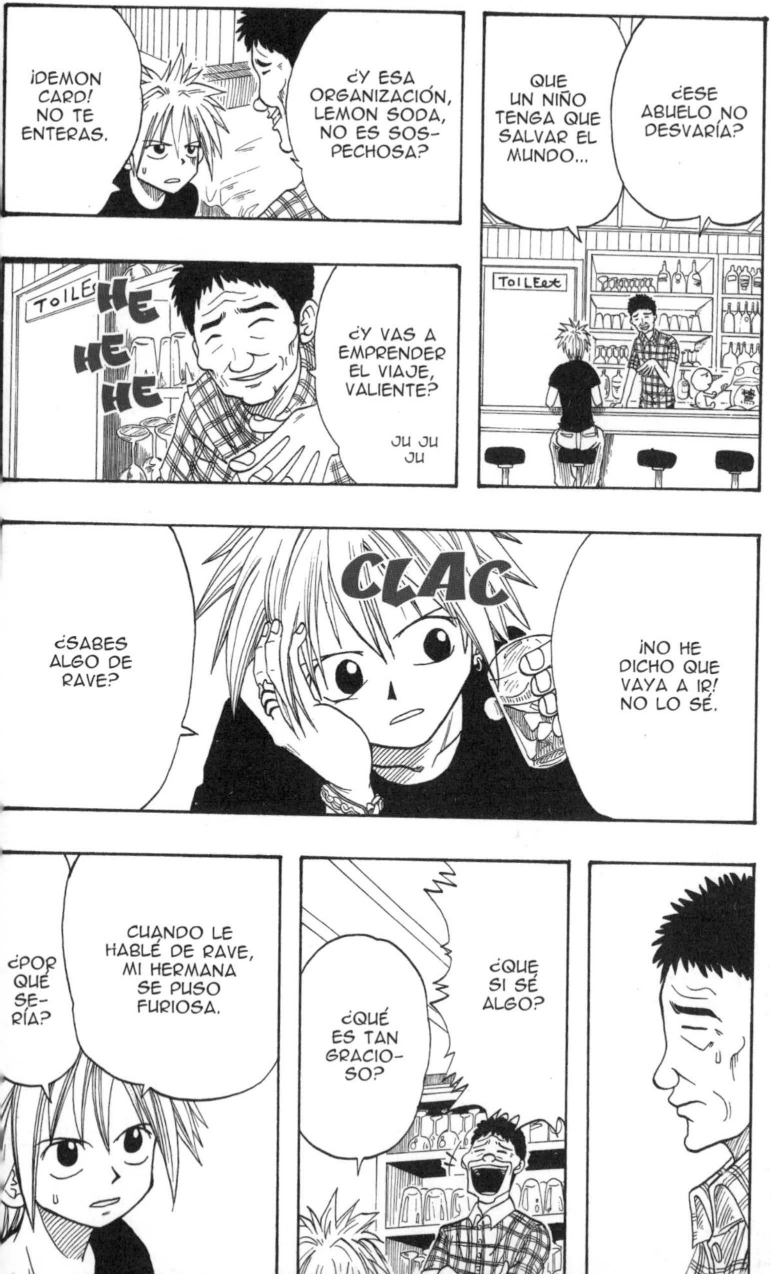
¿ESE ABUELO NO DESVARÍA?
QUE UN NIÑO TENGA QUE SALVAR EL MUNDO...
¿Y ESA ORGANIZACIÓN, LEMON SODA, NO ES SOSPECHOSA?
¡DEMON CARD! NO TE ENTERAS.
TOILEt
TOILE
¿Y VAS A EMPRENDER EL VIAJE, VALIENTE?
JU JU JU
HE HE HE
CLAC
¡NO HE DICHO QUE VAYA A IR! NO LO SÉ.
¿SABES ALGO DE RAVE?
¿QUE SI SÉ ALGO?
¿QUÉ ES TAN GRACIOSO?
CUANDO LE HABLÉ DE RAVE, MI HERMANA SE PUSO FURIOSA.
¿POR QUÉ SE-RÍA?

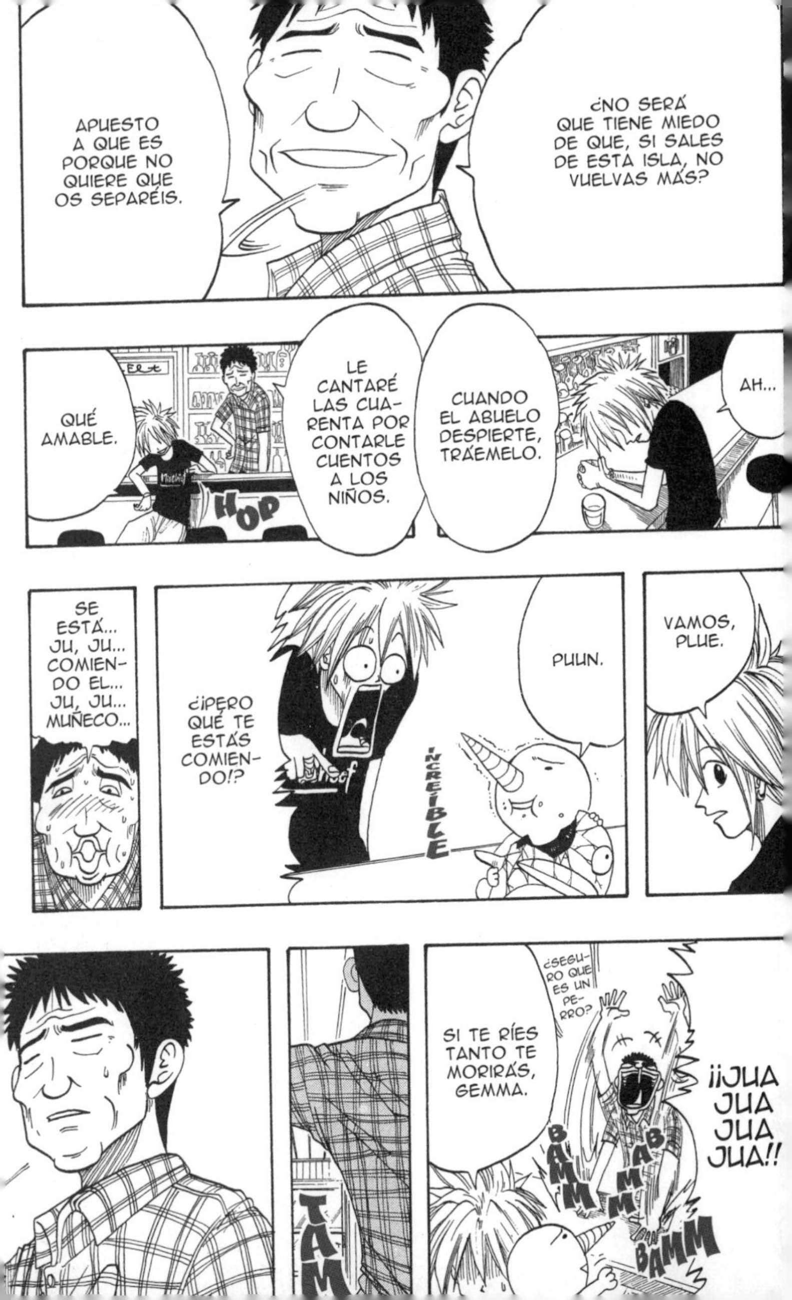
¿NO SERÁ QUE TIENE MIEDO DE QUE, SI SALES DE ESTA ISLA, NO VUELVAS MÁS?
APUESTO A QUE ES PORQUE NO QUIERE QUE OS SEPARÉIS.
AH...
CUANDO EL ABUELO DESPIERTE, TRÁEMELO.
LE CANTARÉ LAS CUARENTA POR CONTARLE CUENTOS A LOS NIÑOS.
HOP
QUÉ AMABLE.
VAMOS, PLUE.
PUUN.
INCREÍBLE
¿¡PERO QUÉ TE ESTÁS COMIENDO!?
SE ESTÁ... JU, JU... COMIENDO EL... JU, JU... MUÑECO...
¡¡JUA JUA JUA JUA!!
¿SEGURO QUE ES UN PERRO?
SI TE RÍES TANTO TE MORIRÁS, GEMMA.
BAMM
BAMM
BAMM
BAMM
TAM
TAM

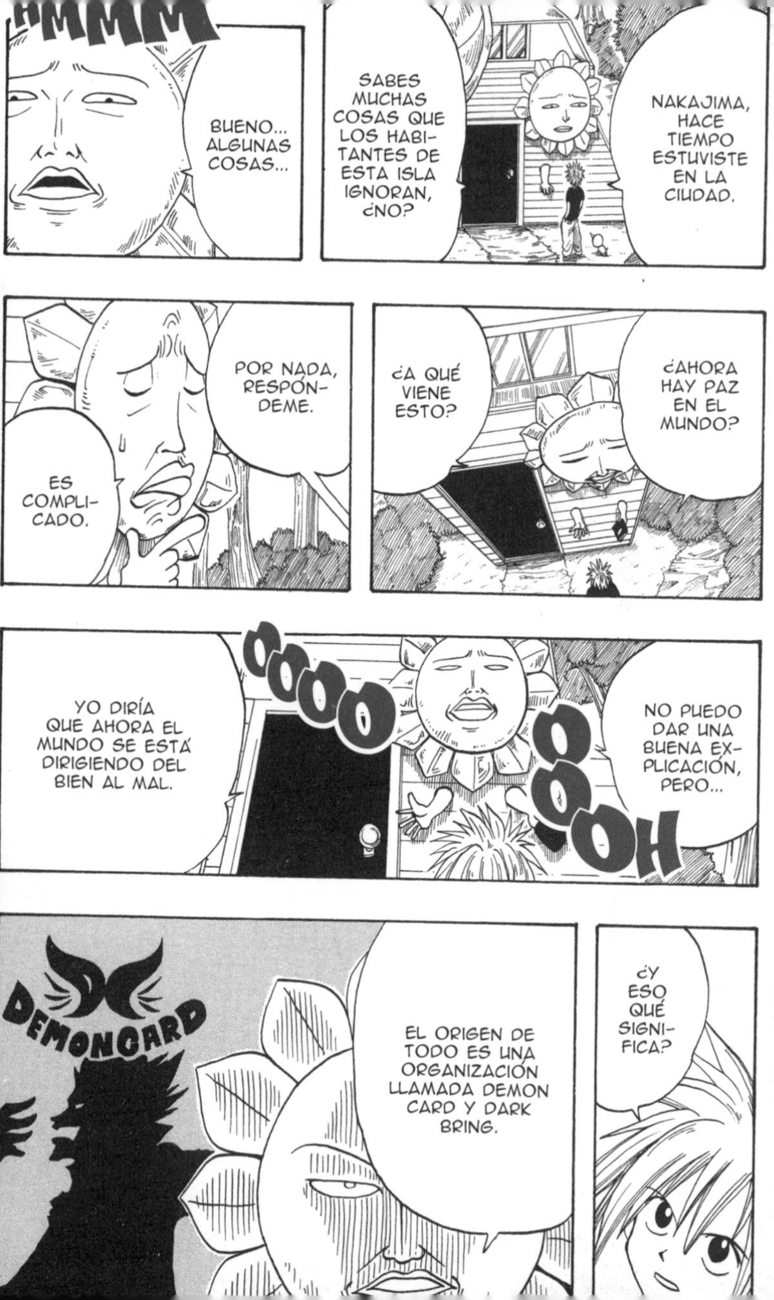

NAKAJIMA, HACE TIEMPO ESTUVISTE EN LA CIUDAD.
SABES MUCHAS COSAS QUE LOS HABITANTES DE ESTA ISLA IGNORAN, ¿NO?
HMMM
BUENO... ALGUNAS COSAS...
¿AHORA HAY PAZ EN EL MUNDO?
¿A QUÉ VIENE ESTO?
POR NADA, RESPÓNDEME.
ES COMPLICADO.
NO PUEDO DAR UNA BUENA EXPLICACIÓN, PERO...
OOOOOOOOH
YO DIRÍA QUE AHORA EL MUNDO SE ESTÁ DIRIGIENDO DEL BIEN AL MAL.
¿Y ESO QUÉ SIGNIFICA?
EL ORIGEN DE TODO ES UNA ORGANIZACIÓN LLAMADA DEMON CARD Y DARK BRING.
DEMONCARD

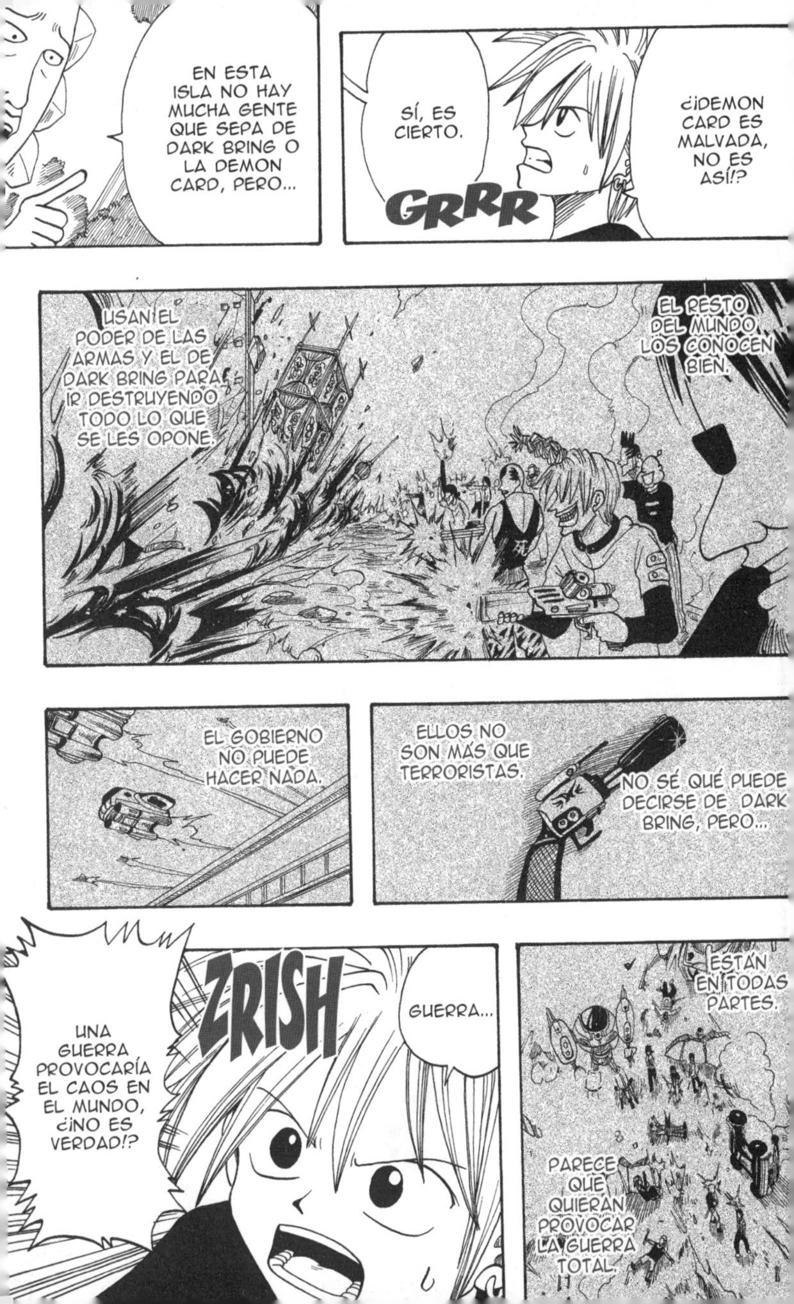
EN ESTA ISLA NO HAY MUCHA GENTE QUE SEPA DE DARK BRING O LA DEMON CARD, PERO...
SÍ, ES CIERTO.
¿¡DEMON CARD ES MALVADA, NO ES ASÍ!?
GRRR
USAN EL PODER DE LAS ARMAS Y EL DE DARK BRING PARA IR DESTRUYENDO TODO LO QUE SE LES OPONE.
EL RESTO DEL MUNDO LOS CONOCEN BIEN.
EL GOBIERNO NO PUEDE HACER NADA.
ELLOS NO SON MÁS QUE TERRORISTAS.
NO SÉ QUÉ PUEDE DECIRSE DE DARK BRING, PERO...
UNA GUERRA PROVOCARÍA EL CAOS EN EL MUNDO, ¿¡NO ES VERDAD!?
ZRISH
GUERRA...
ESTÁN EN TODAS PARTES.
PARECE QUE QUIERAN PROVOCAR LA GUERRA TOTAL.

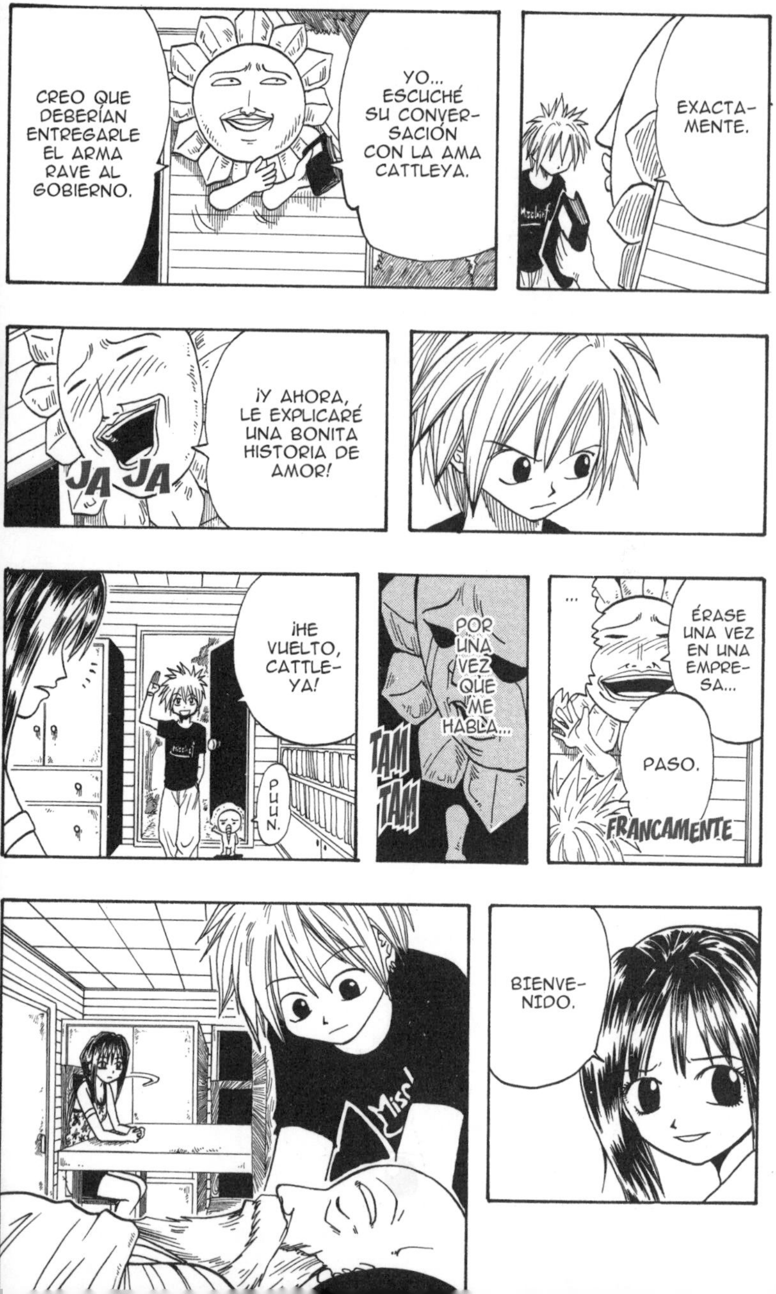

CREO QUE DEBERÍAN ENTREGARLE EL ARMA RAVE AL GOBIERNO.
YO... ESCUCHÉ SU CONVERSACIÓN CON LA AMA CATTLEYA.
EXACTAMENTE.
¡Y AHORA, LE EXPLICARÉ UNA BONITA HISTORIA DE AMOR!
JA JA
...
¡HE VUELTO, CATTLEYA!
PUUN.
POR UNA VEZ QUE ME HABLA...
TAM TAM
...
ÉRASE UNA VEZ EN UNA EMPRESA...
PASO.
FRANCAMENTE
BIENVENIDO.

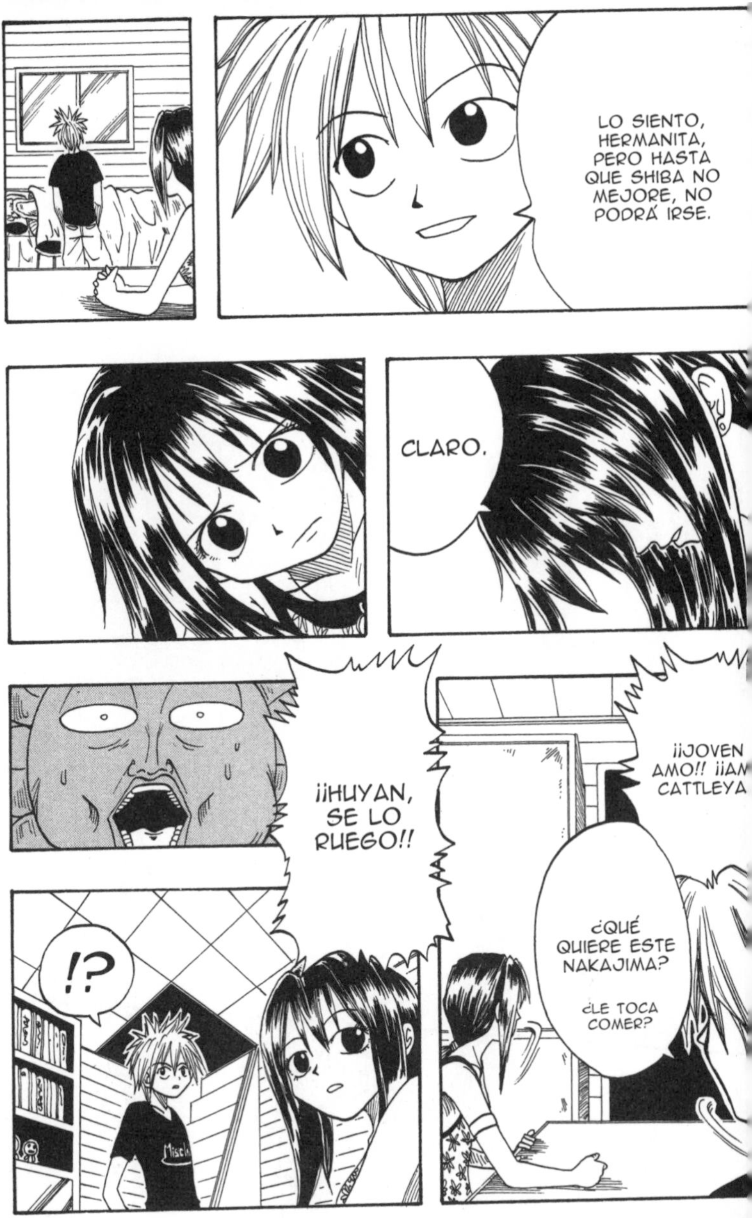
LO SIENTO, HERMANITA, PERO HASTA QUE SHIBA NO MEJORE, NO PODRÁ IRSE.
CLARO.
¡¡JOVEN AMO!! ¡¡AM
CATTLEYA
¡¡HUYAN, SE LO RUEGO!!
¿QUÉ QUIERE ESTE NAKAJIMA?
¿LE TOCA COMER?
!?

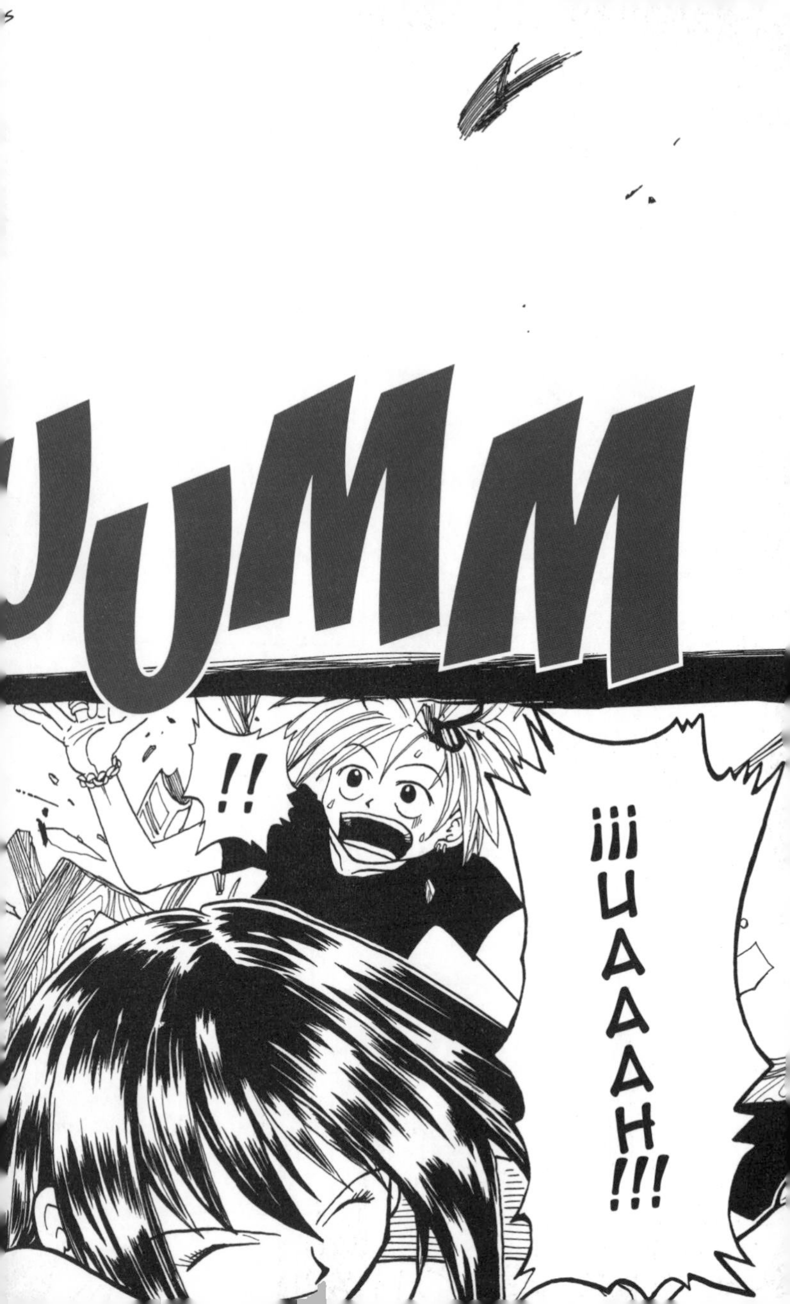
UMM
¡¡¡UAAAH!!!
!!

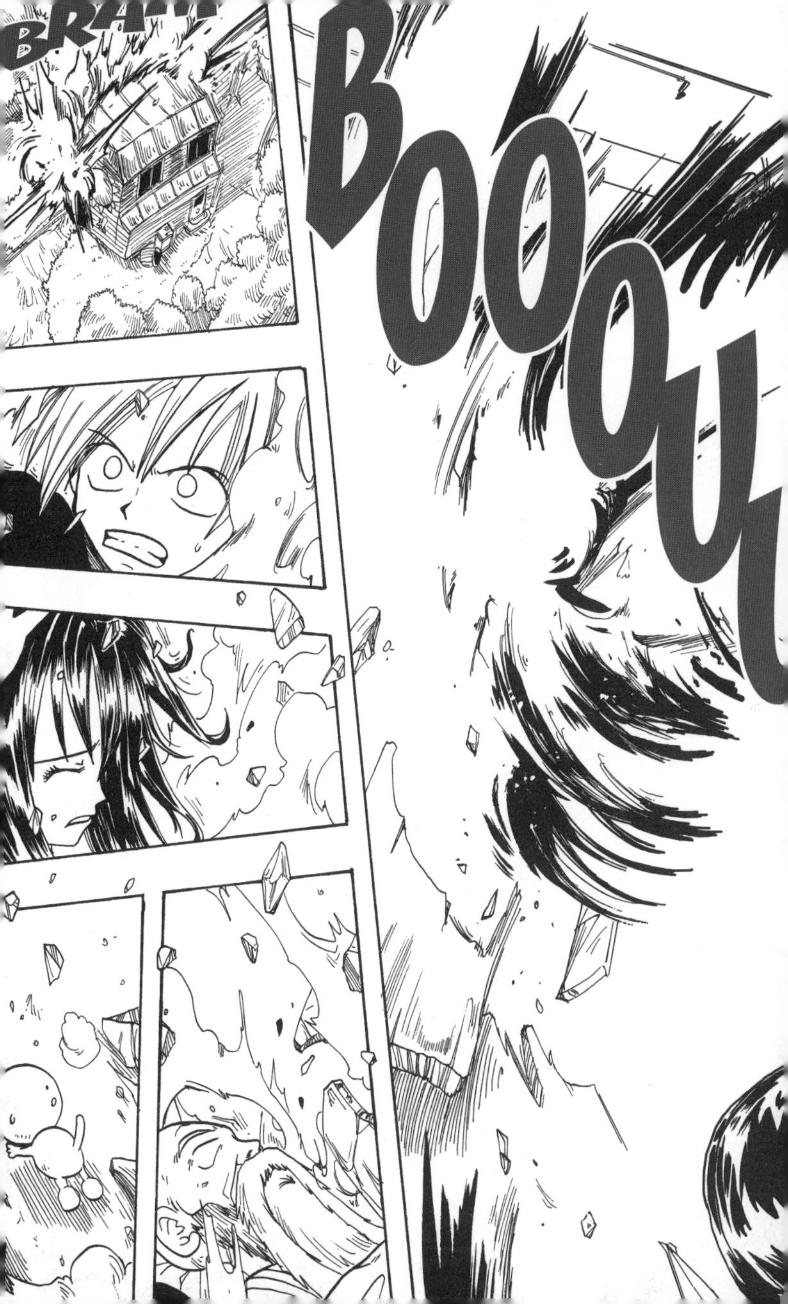
BRAM
BOOOU

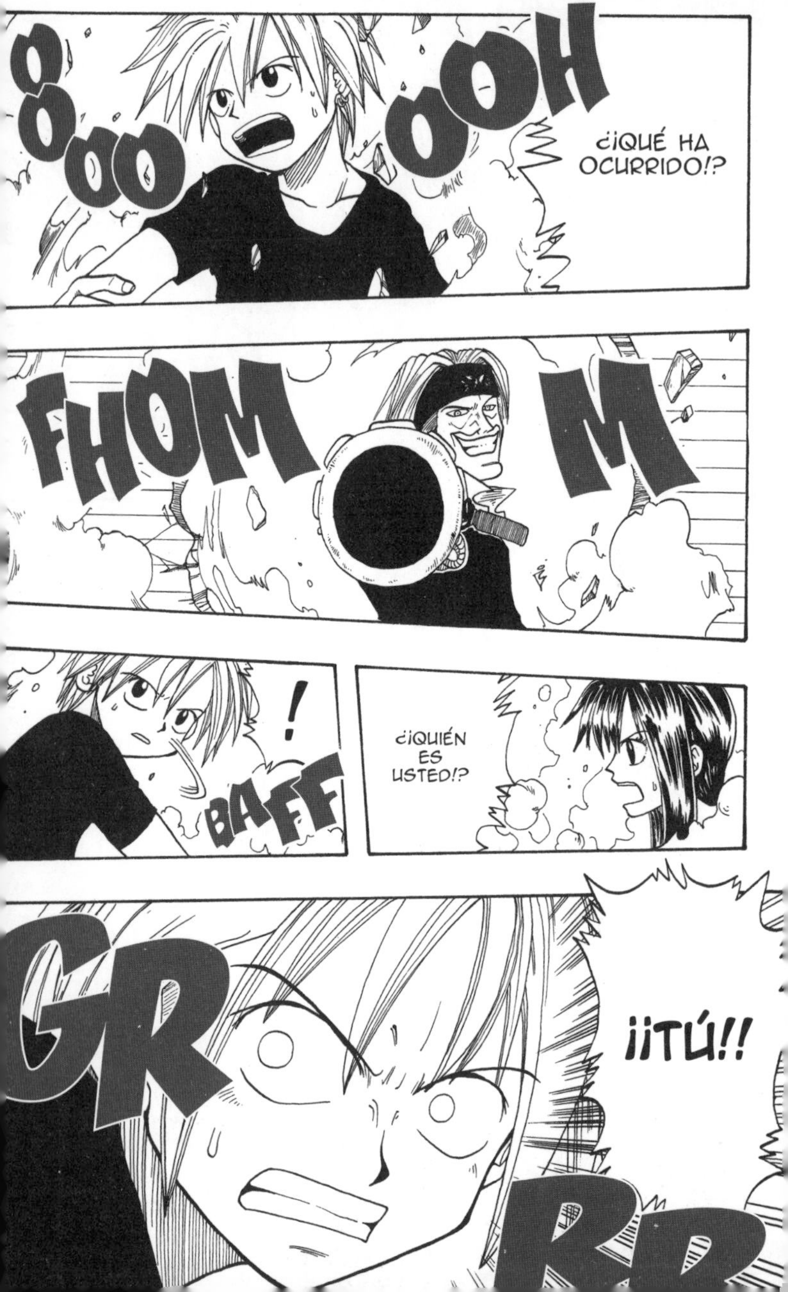
OOOOOOH
¿QUÉ HA OCURRIDO!?
FHOMM
¿QUIÉN ES USTED!?
!
BAFF
GRRR
¡¡TÚ!!

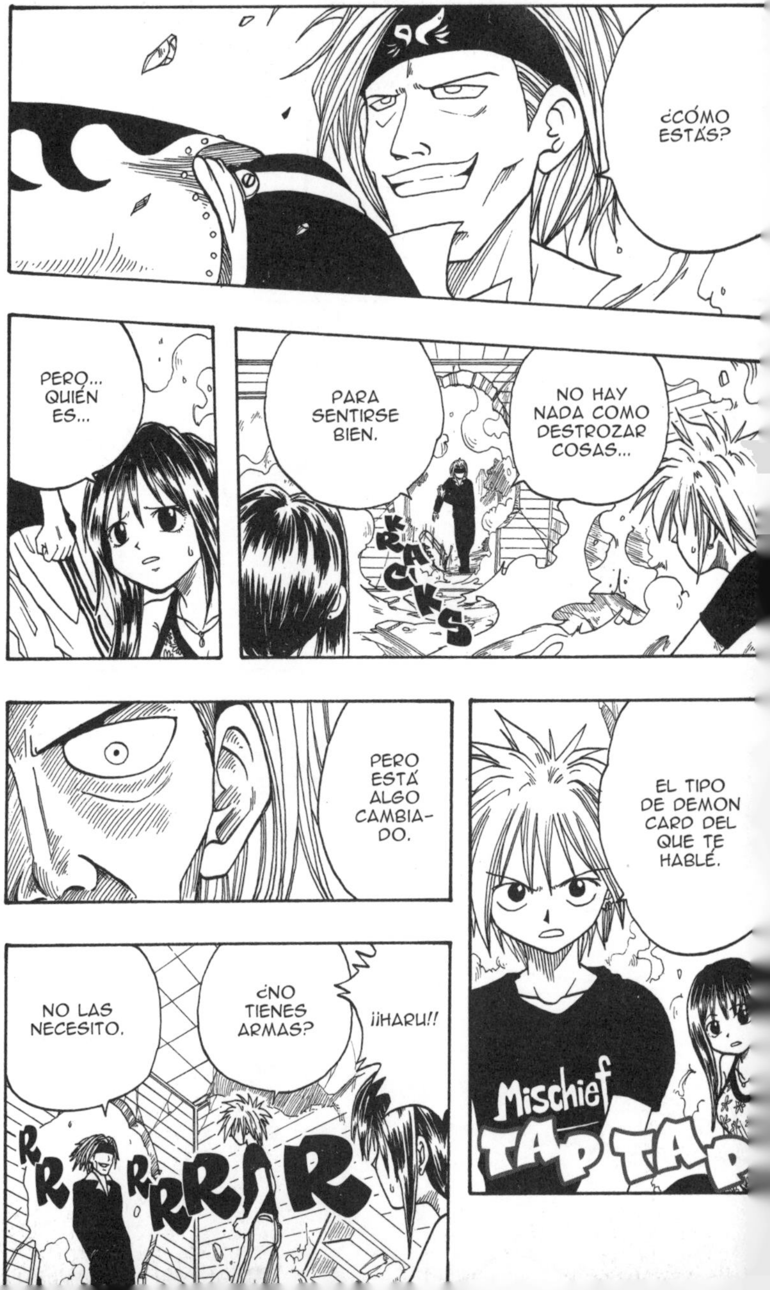
¿CÓMO ESTÁS?
NO HAY NADA COMO DESTROZAR COSAS...
PARA SENTIRSE BIEN.
KRACKS
PERO... QUIÉN ES...
EL TIPO DE DEMON CARD DEL QUE TE HABLÉ.
Mischief
TAP TA
PERO ESTÁ ALGO CAMBIADO.
¡¡HARU!!
¿NO TIENES ARMAS?
NO LAS NECESITO.
RRRRRR

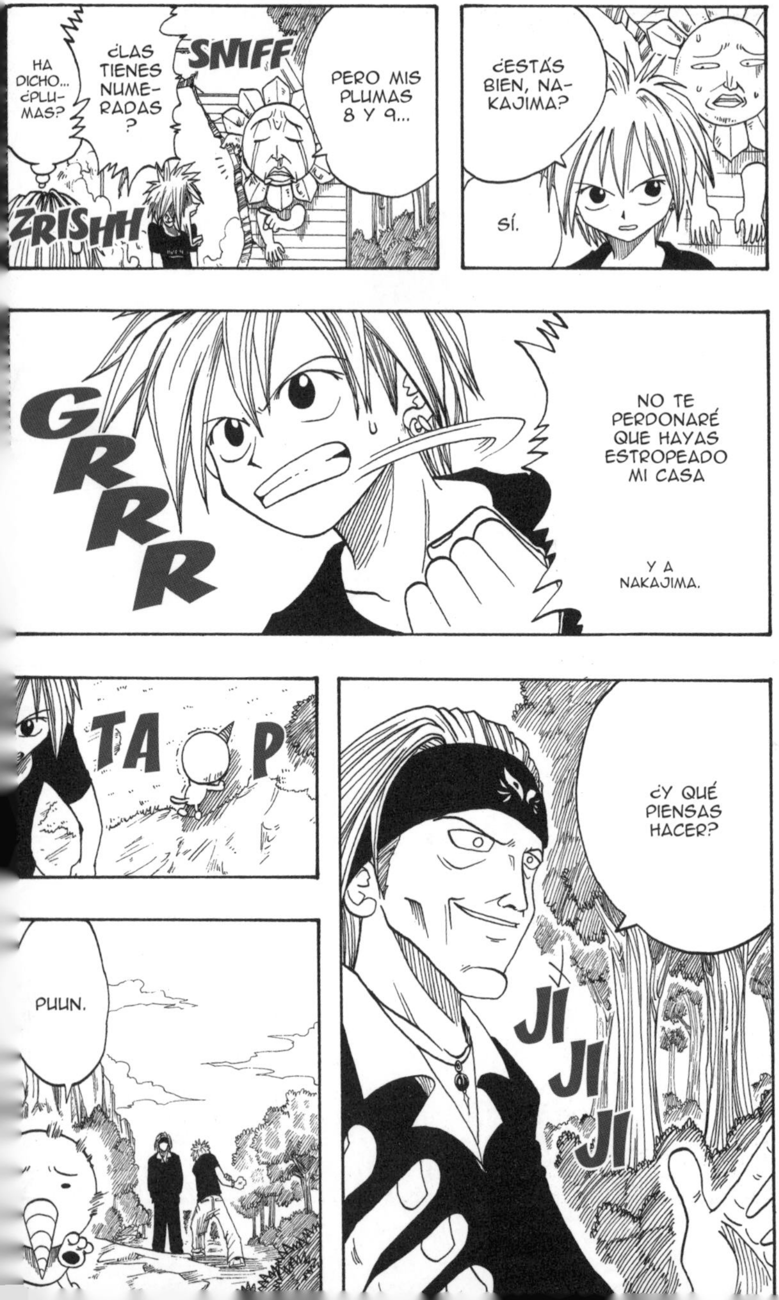
¿ESTÁS BIEN, NAKAJIMA?
SÍ.
PERO MIS PLUMAS 8 Y 9...
SNIFF
¿LAS TIENES NUMERADAS?
HA DICHO... ¿PLUMAS?
ZRISHH
NO TE PERDONARÉ QUE HAYAS ESTROPEADO MI CASA
Y A NAKAJIMA.
GRRRR
¿Y QUÉ PIENSAS HACER?
JI JI JI
TA P
PUUN.

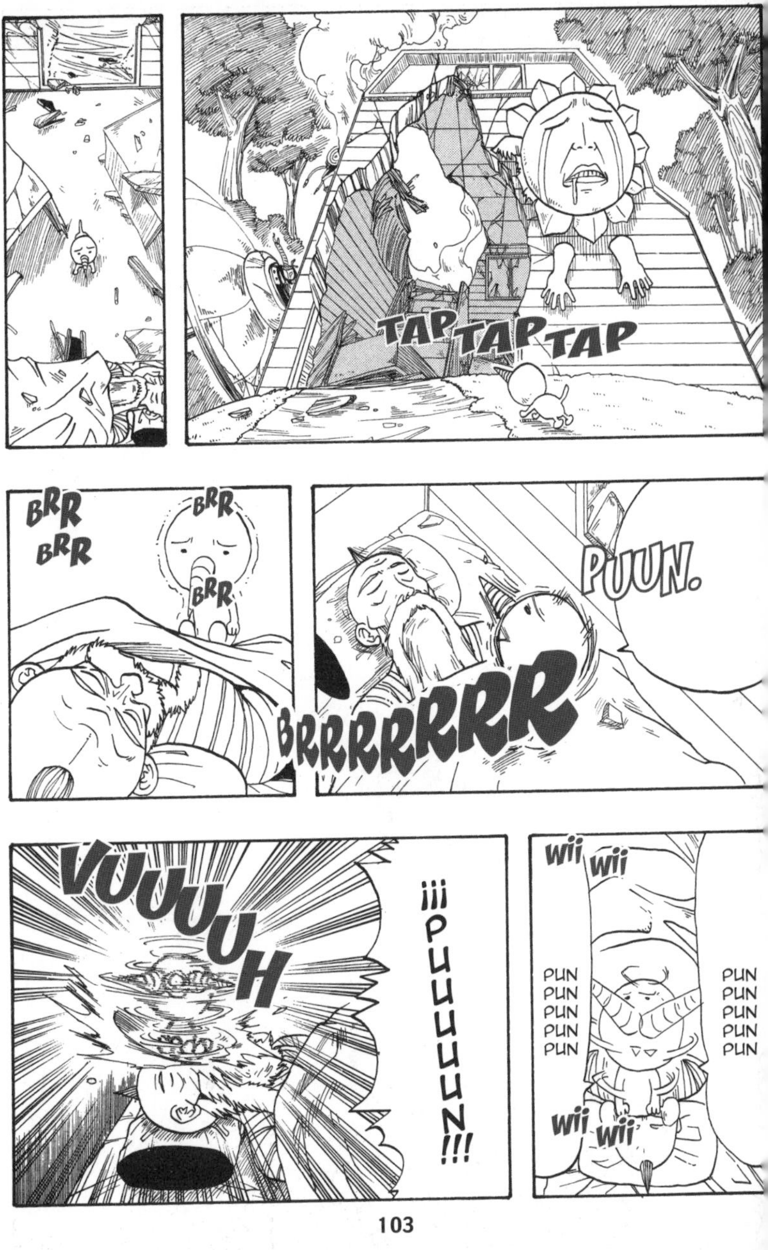

TAP TAP TAP
PUUN.
BRRRRRRRR
BRR
BRR
BRR
BRR
Wii wii
PUN
PUN
PUN
PUN
PUN
PUN
PUN
PUN
PUN
PUN
Wii wii
VUUUUH
¡¡¡PUUUUUN!!!

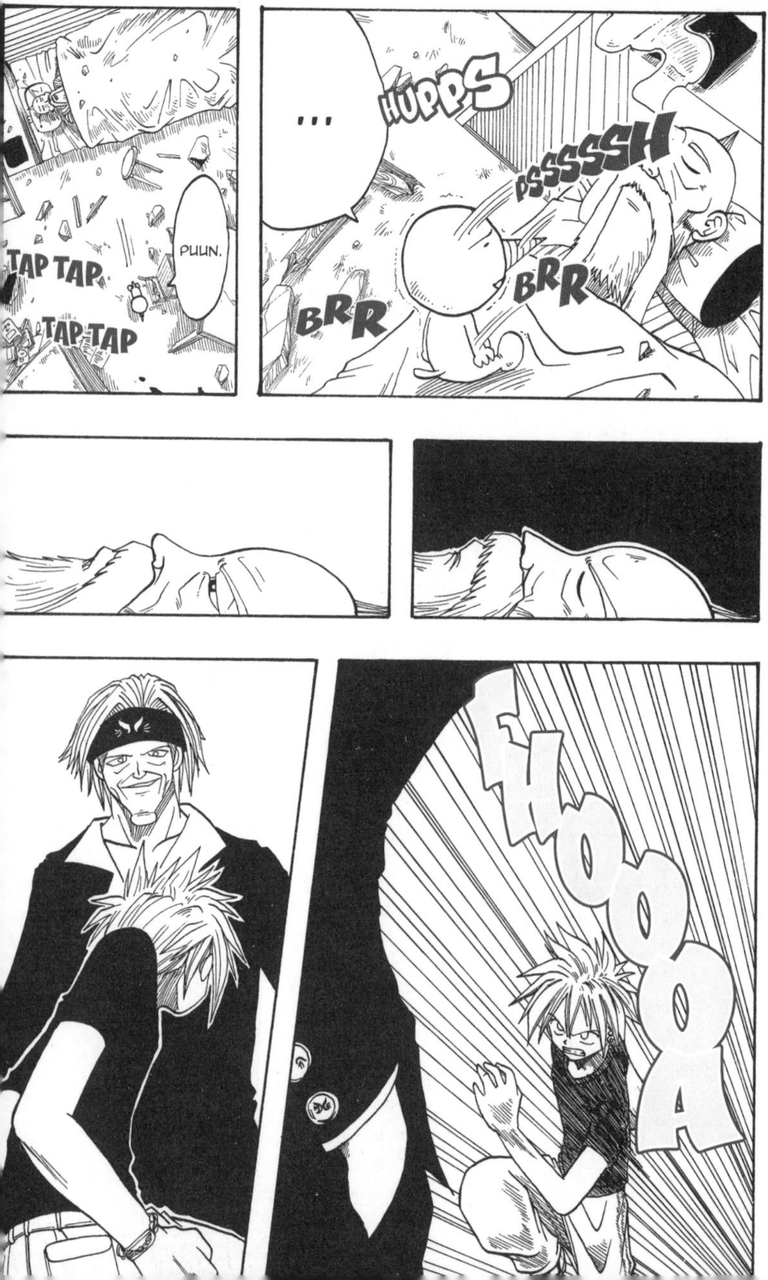

HUPPS
...
PSSSSSH
BRR
BRR
PUUN.
TAP TAP
TAP TAP
THOOOOA

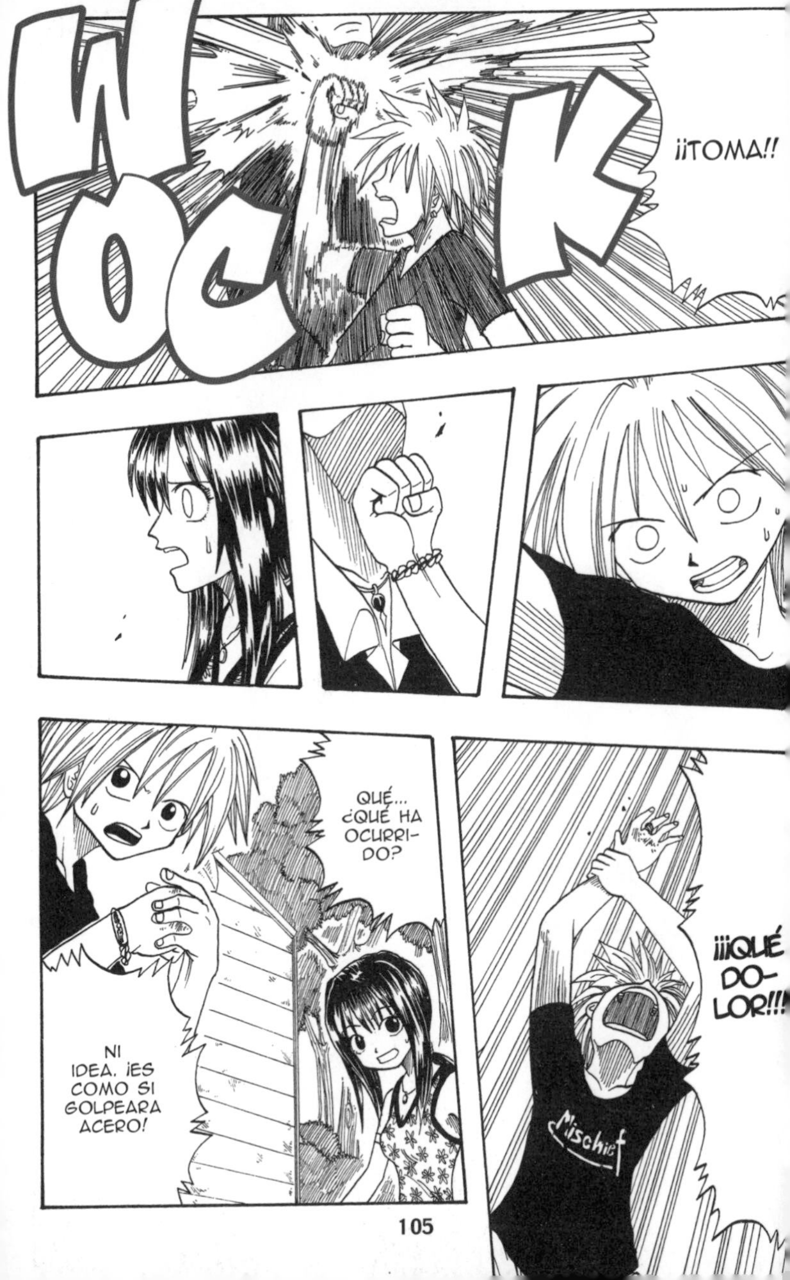
WOCK
¡¡TOMA!!
¡¡¡QUÉ DO-LOR!!!
Mischief
QUÉ... ¿QUÉ HA OCURRI-DO?
NI IDEA. ¡ES COMO SI GOLPEARA ACERO!

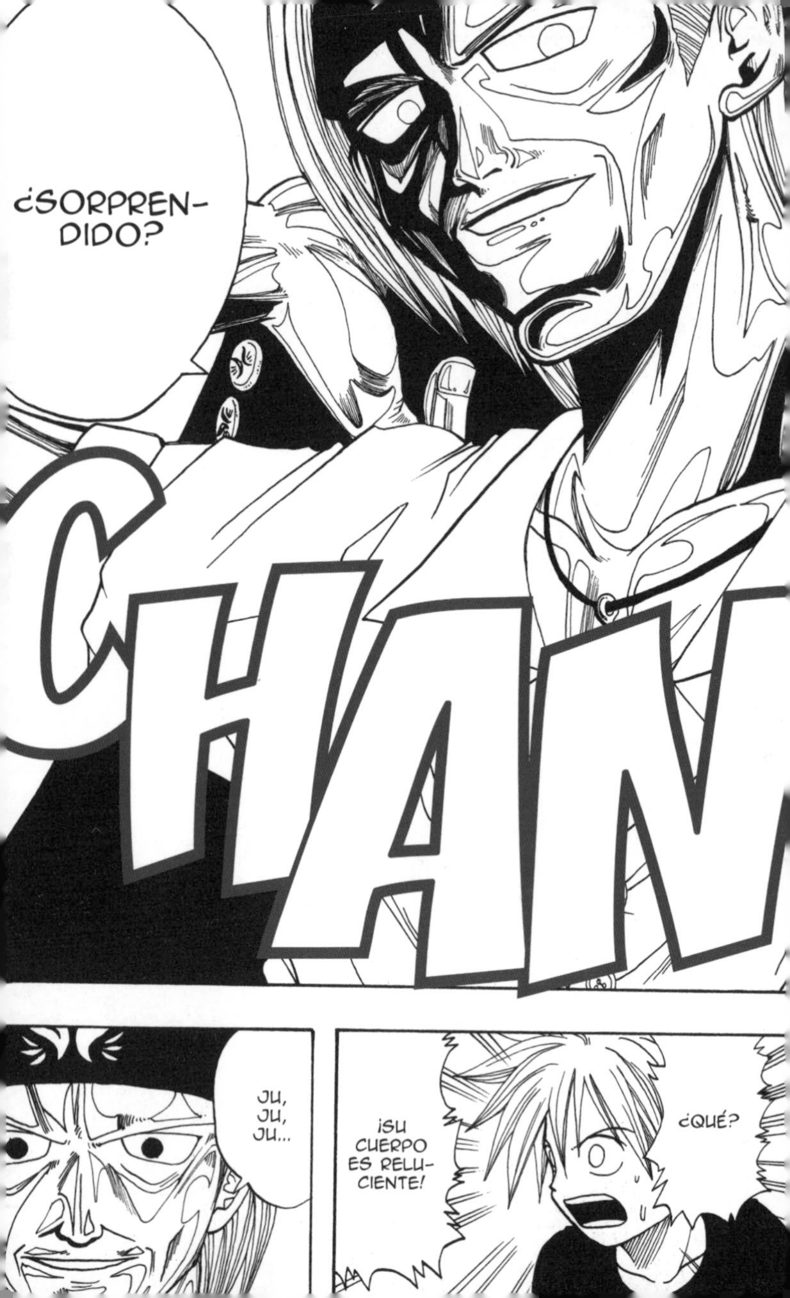
¿SORPRENDIDO?
CHAN
¿QUÉ?
¡SU CUERPO ES RELUCIENTE!
JU, JU, JU...

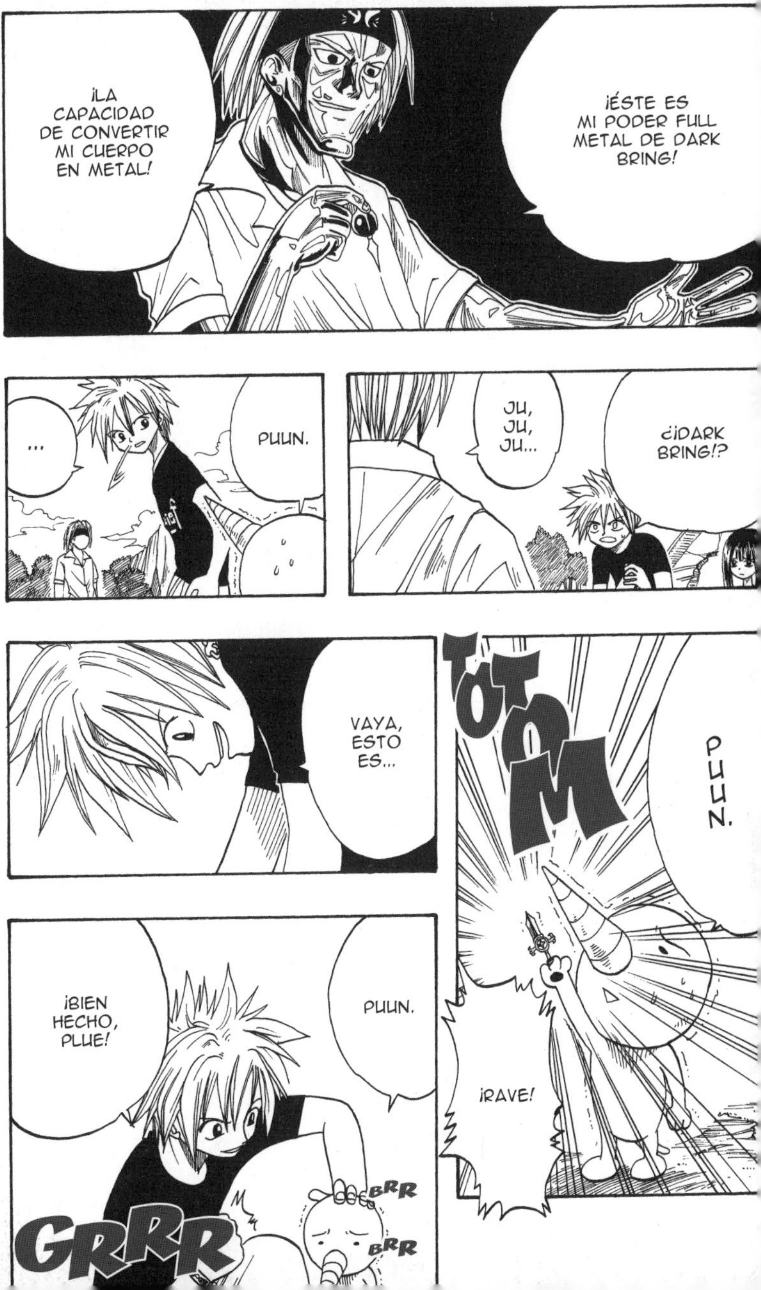
¡ÉSTE ES MI PODER FULL METAL DE DARK BRING!
¡LA CAPACIDAD DE CONVERTIR MI CUERPO EN METAL!
¿¡DARK BRING!?
JU, JU, JU...
PUUN.
...
PUUN.
TOTOM
¡RAVE!
VAYA, ESTO ES...
PUUN.
¡BIEN HECHO, PLUE!
BRR
BRR
GRRR

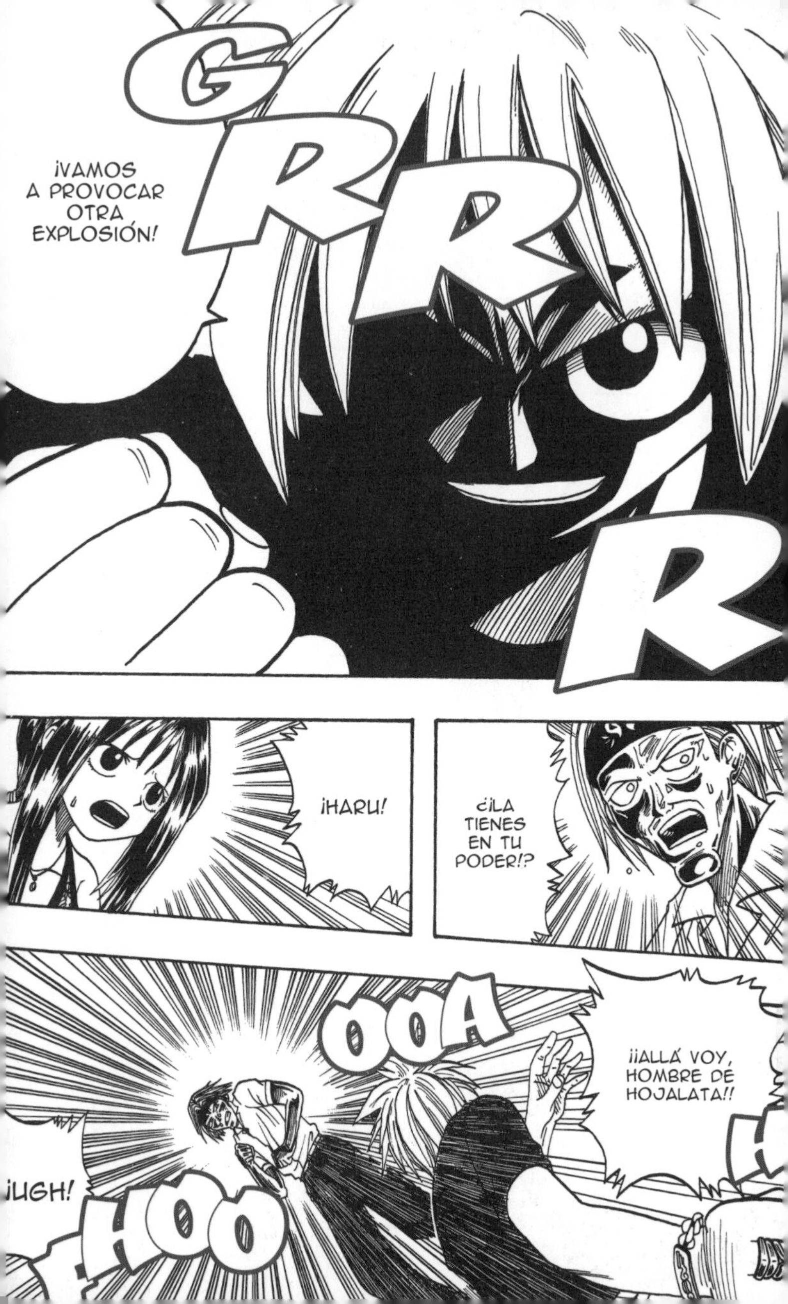
GRRR
¡VAMOS A PROVOCAR OTRA EXPLOSIÓN!
¡HARU!
¿¡LA TIENES EN TU PODER!?
¡¡ALLÁ VOY, HOMBRE DE HOJALATA!!
OOA
¡UGH!
HOO

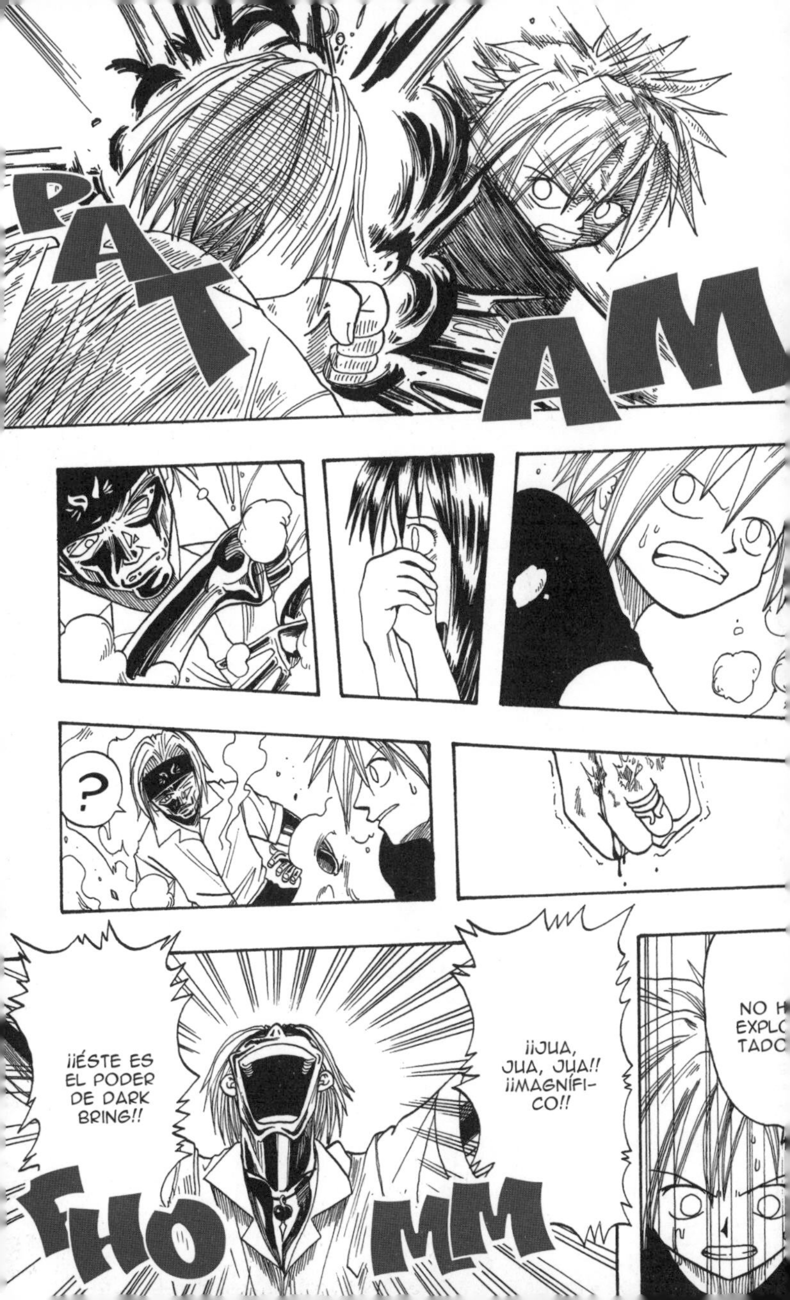
PATAM
?
NO H
EXPLO
TADO
¡¡JUA, JUA, JUA!! ¡¡MAGNÍFICO!!
¡¡ÉSTE ES EL PODER DE DARK BRING!!
FHOMM

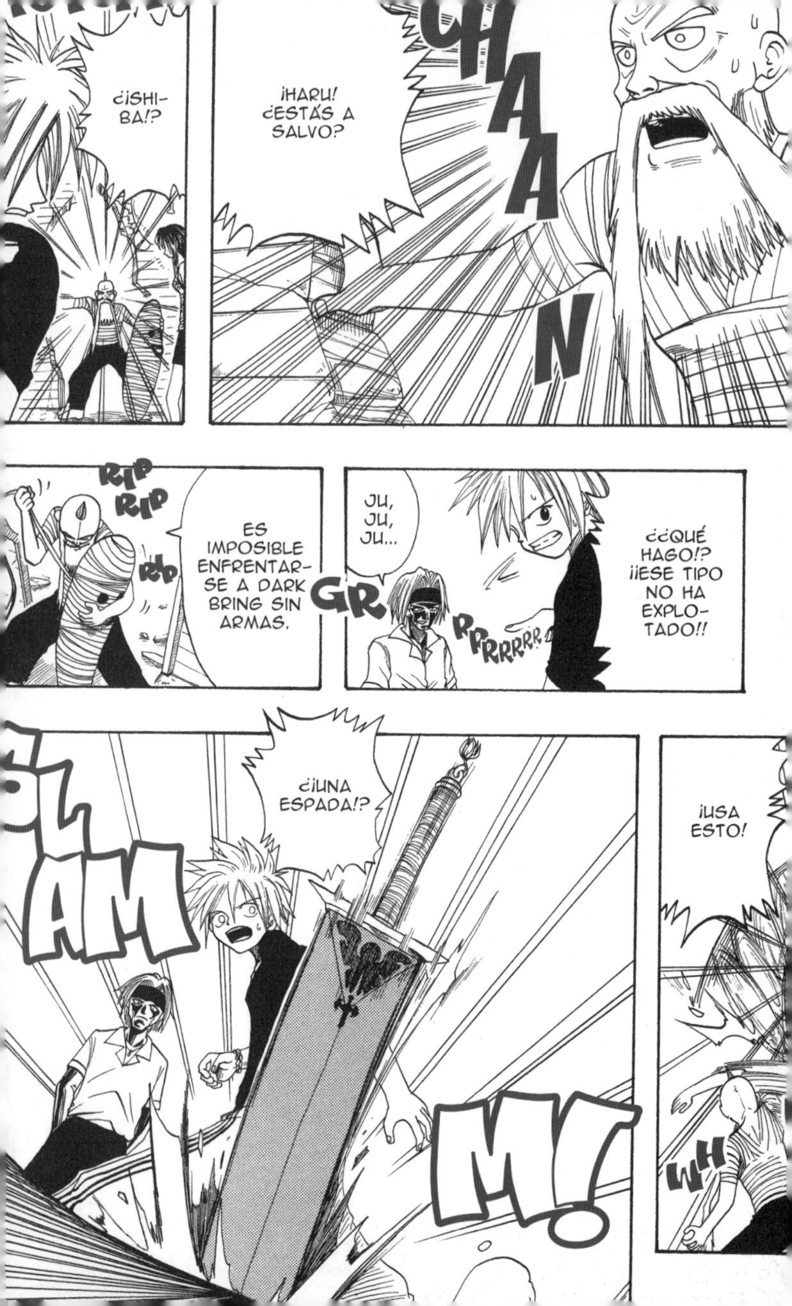
CHAAAN
¡HARU! ¿ESTÁS A SALVO?
¿ISHIBA!?
¿¿QUÉ HAGO!? ¡¡ESE TIPO NO HA EXPLOTADO!!
JU, JU, JU...
GR
RRRRRRR
ES IMPOSIBLE ENFRENTARSE A DARK BRING SIN ARMAS.
RIP
RIP
RIP
¡USA ESTO!
WH
SLAM
¿¡UNA ESPADA!?
M!

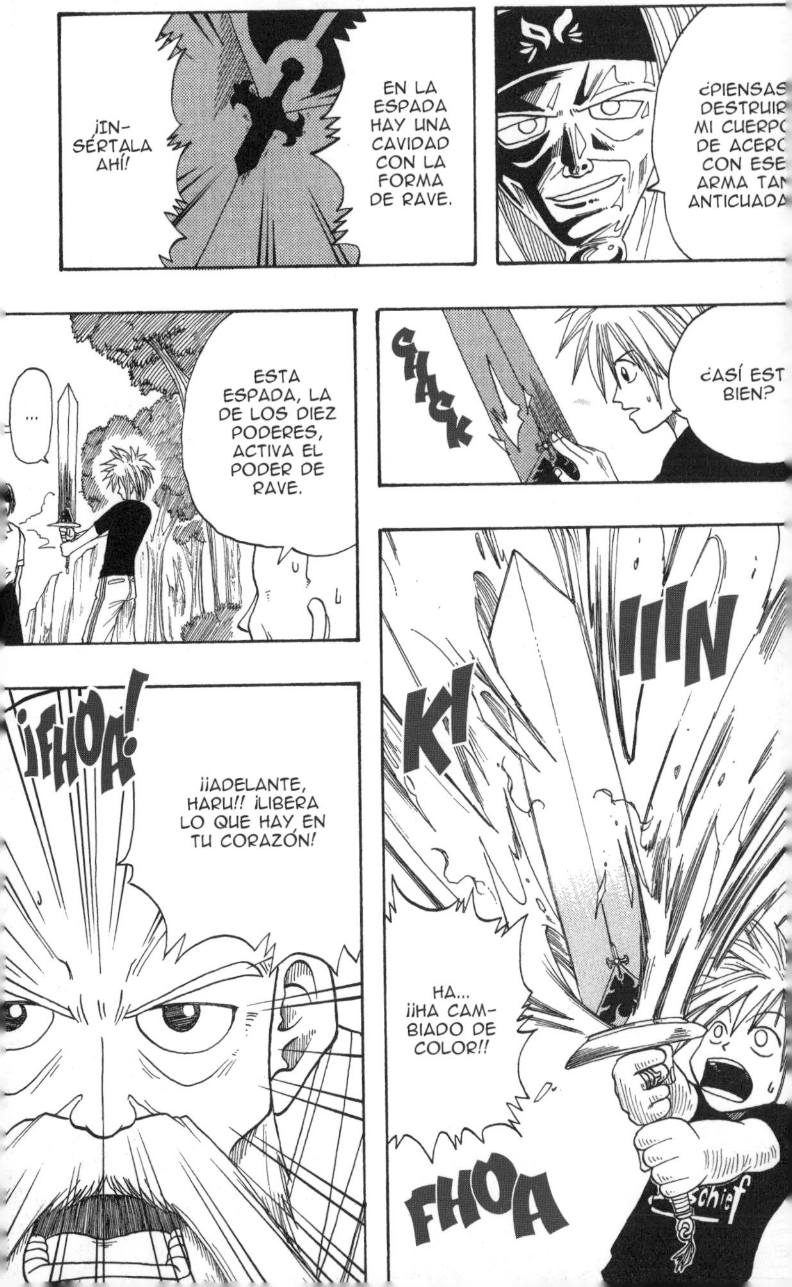
¿PIENSAS DESTRUIR MI CUERP DE ACER CON ESE ARMA TAN ANTICUADA
EN LA ESPADA HAY UNA CAVIDAD CON LA FORMA DE RAVE.
¡INSÉRTALA AHÍ!
CHACK
¿ASÍ EST BIEN?
ESTA ESPADA, LA DE LOS DIEZ PODERES, ACTIVA EL PODER DE RAVE.
...
KIIIN
HA... ¡¡HA CAMBIADO DE COLOR!!
FHOA
¡FHOA!
¡¡ADELANTE, HARU!! ¡LIBERA LO QUE HAY EN TU CORAZÓN!
schief

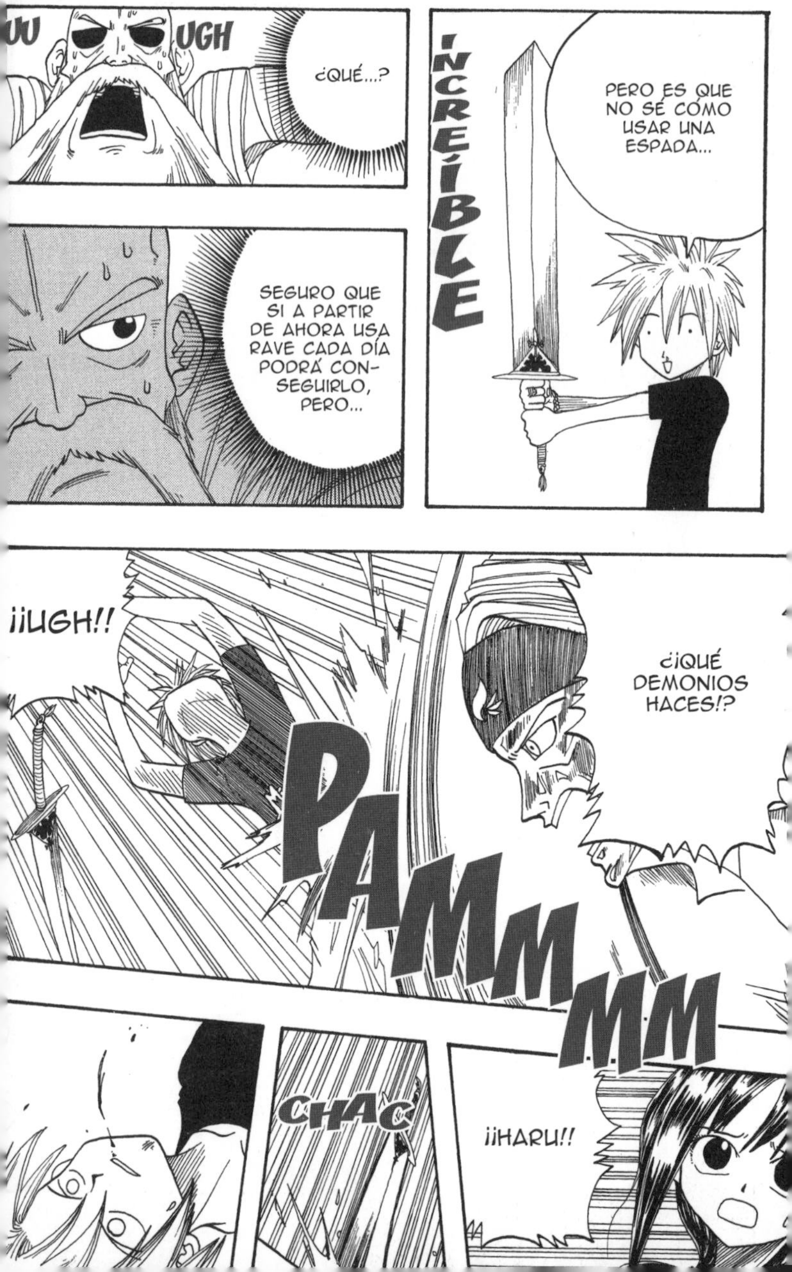
PERO ES QUE NO SÉ CÓMO USAR UNA ESPADA...
¡INCREÍBLE
UU UGH
¿QUÉ...?
SEGURO QUE SI A PARTIR DE AHORA USA RAVE CADA DÍA PODRÁ CONSEGUIRLO, PERO...
¿¡QUÉ DEMONIOS HACES!?
PAMMMMM
¡¡UGH!!
¡¡HARU!!
CHAC

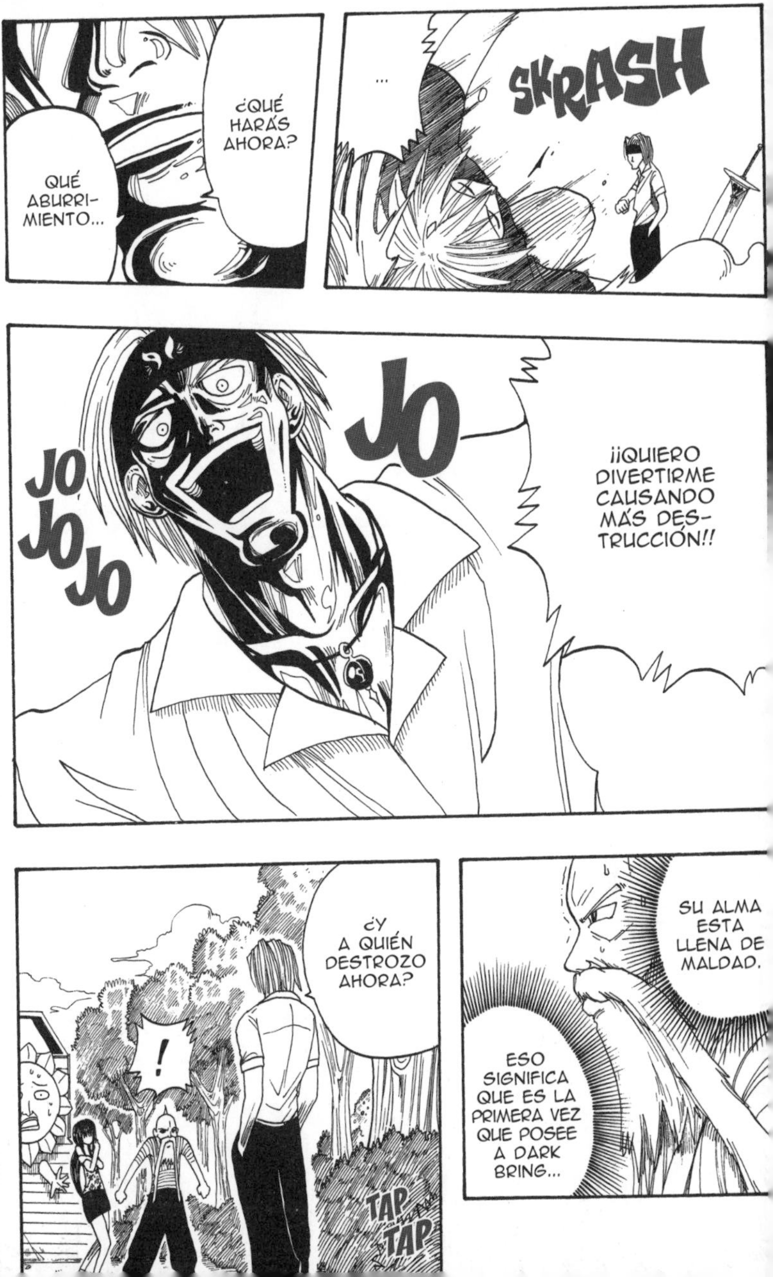
QUÉ ABURRI-MIENTO...
¿QUÉ HARÁS AHORA?
...
SKRASH
JO
JO JO JO
¡¡QUIERO DIVERTIRME CAUSANDO MÁS DES-TRUCCIÓN!!
¿Y A QUIÉN DESTROZO AHORA?
!
TAP TAP
SU ALMA ESTA LLENA DE MALDAD.
ESO SIGNIFICA QUE ES LA PRIMERA VEZ QUE POSEE A DARK BRING...

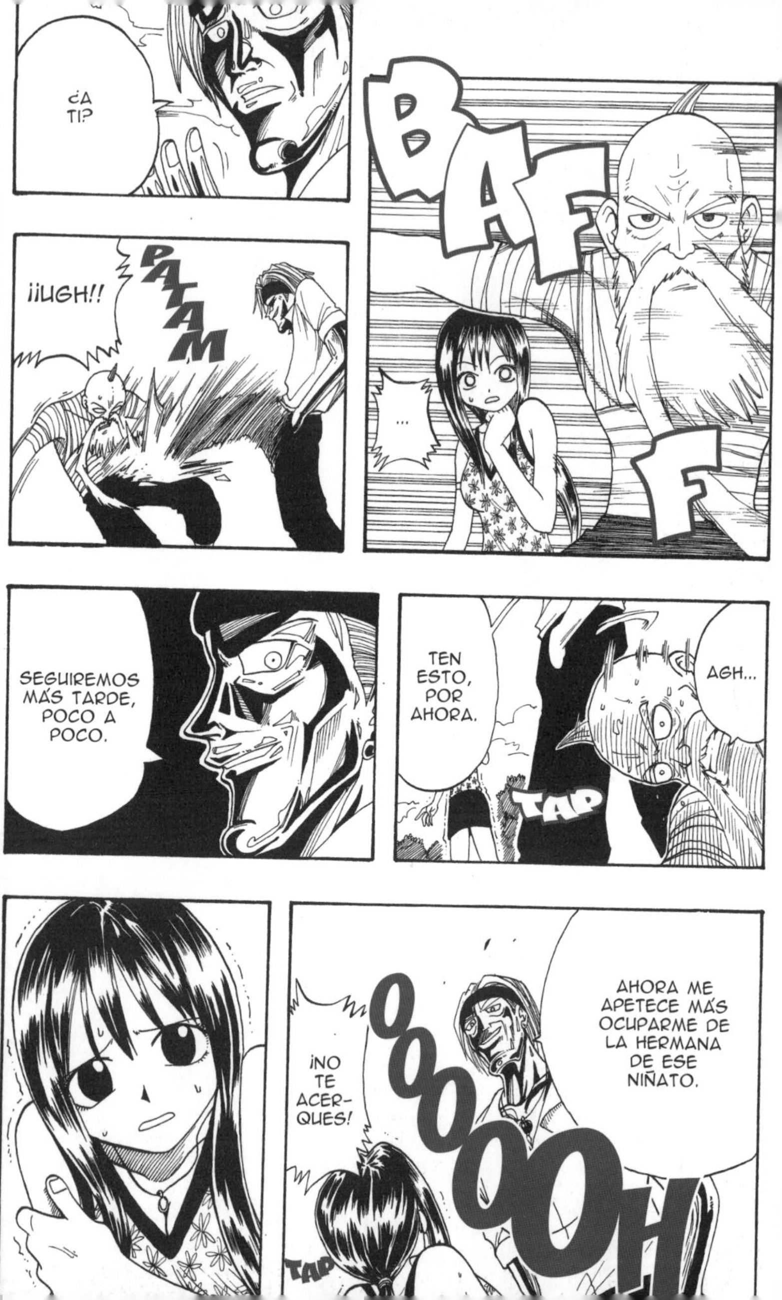
BAFF
...
¿A TI?
¡¡UGH!!
PATAM
AGH...
TEN ESTO, POR AHORA.
TAP
SEGUIREMOS MÁS TARDE, POCO A POCO.
AHORA ME APETECE MÁS OCUPARME DE LA HERMANA DE ESE NIÑATO.
OOOOOH
¡NO TE ACERQUES!
TAP

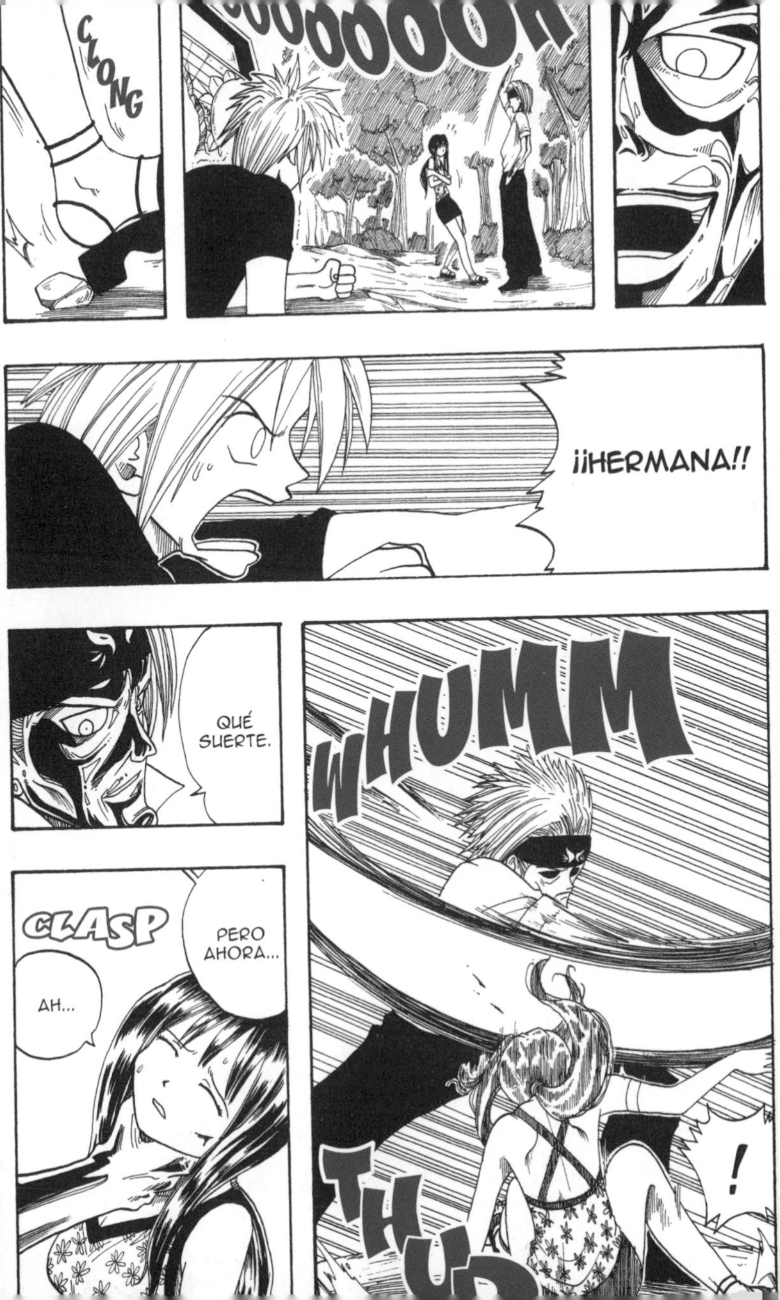
OOOOOOOH
CLONG
¡¡HERMANA!!
WHUMM
!
QUÉ SUERTE.
PERO AHORA...
CLASP
AH...

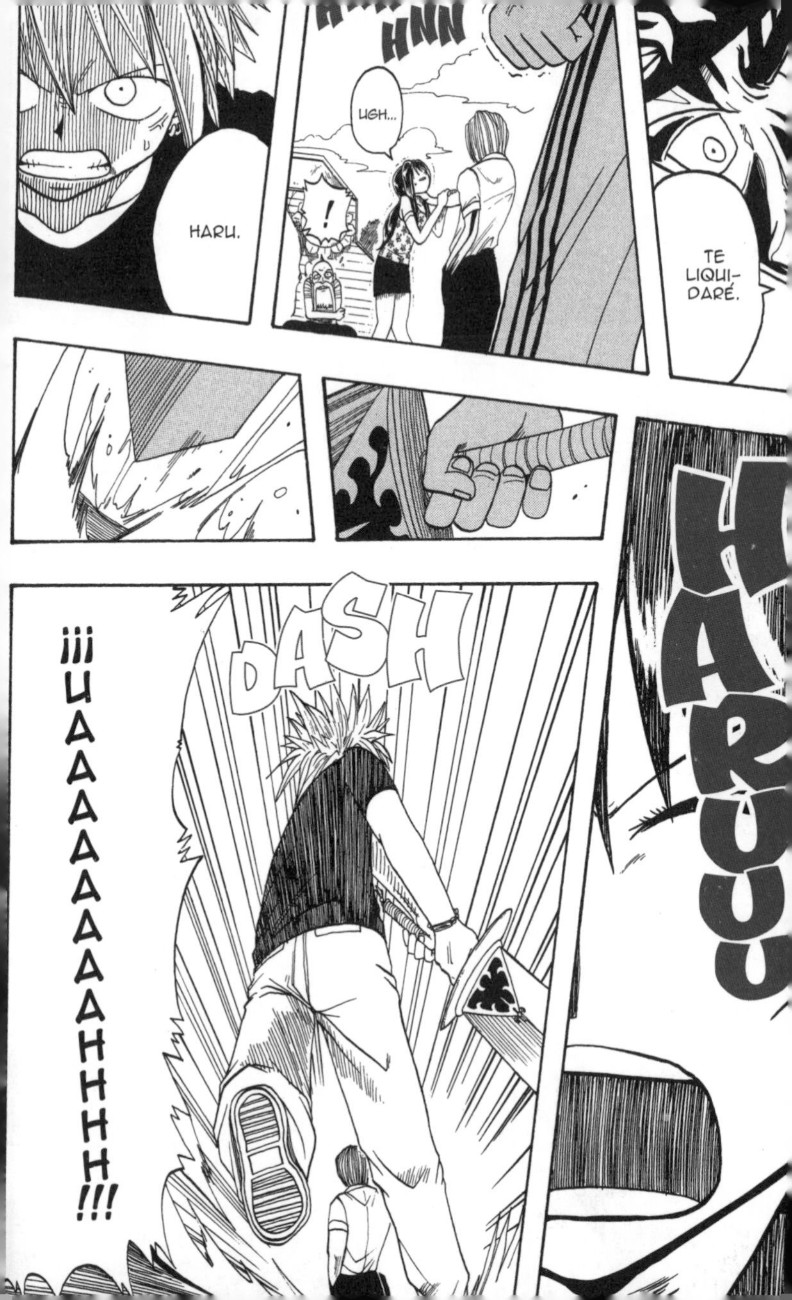
TE LIQUIDARÉ.
HNN
UGH...
!
HARU.
HARUU
DASH
¡¡¡UAAAAAAAAAHHHH!!!

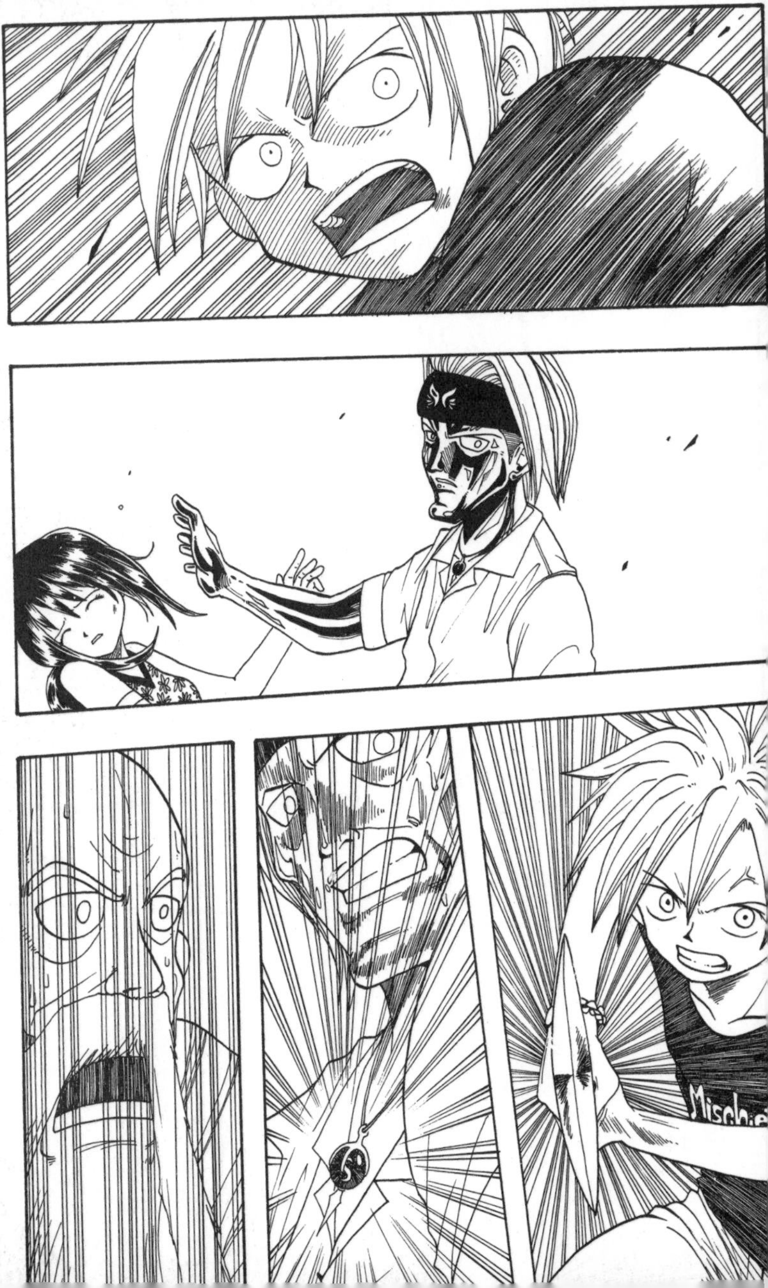

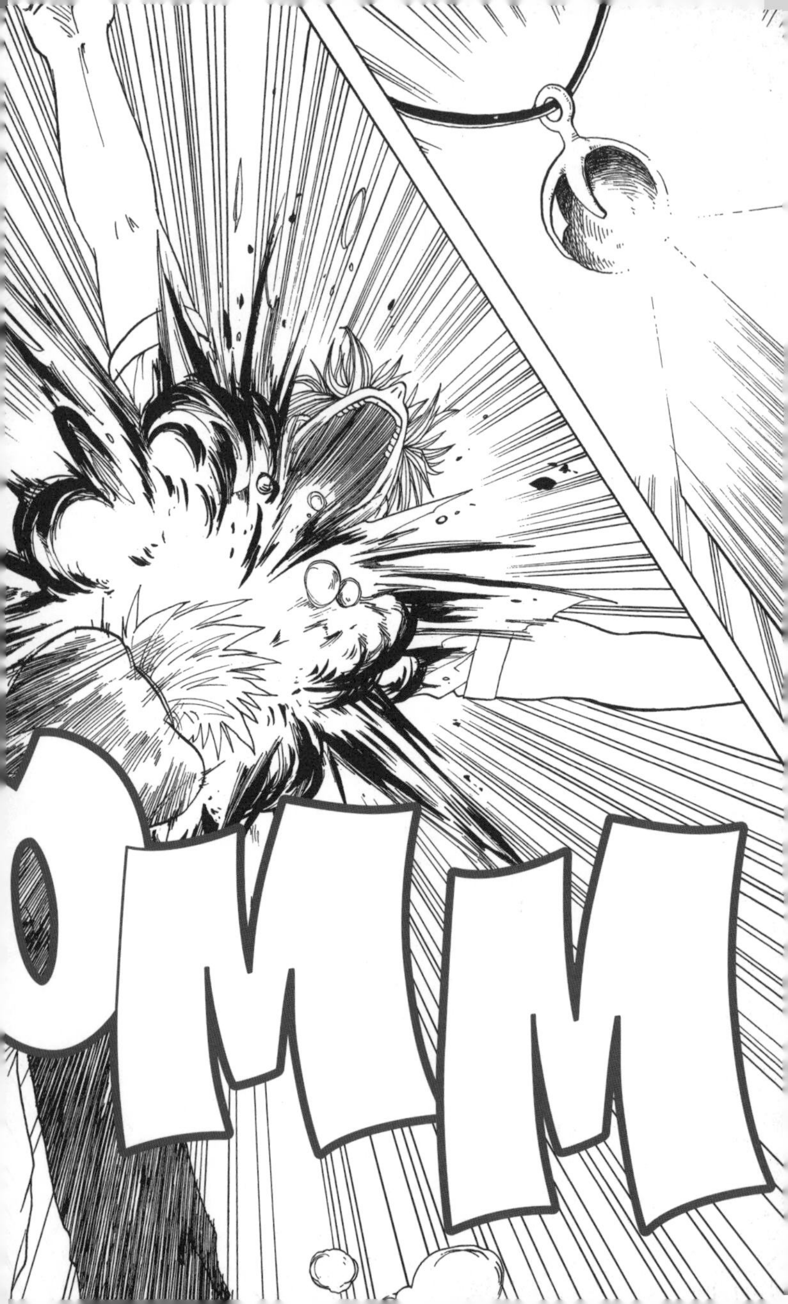
OMM

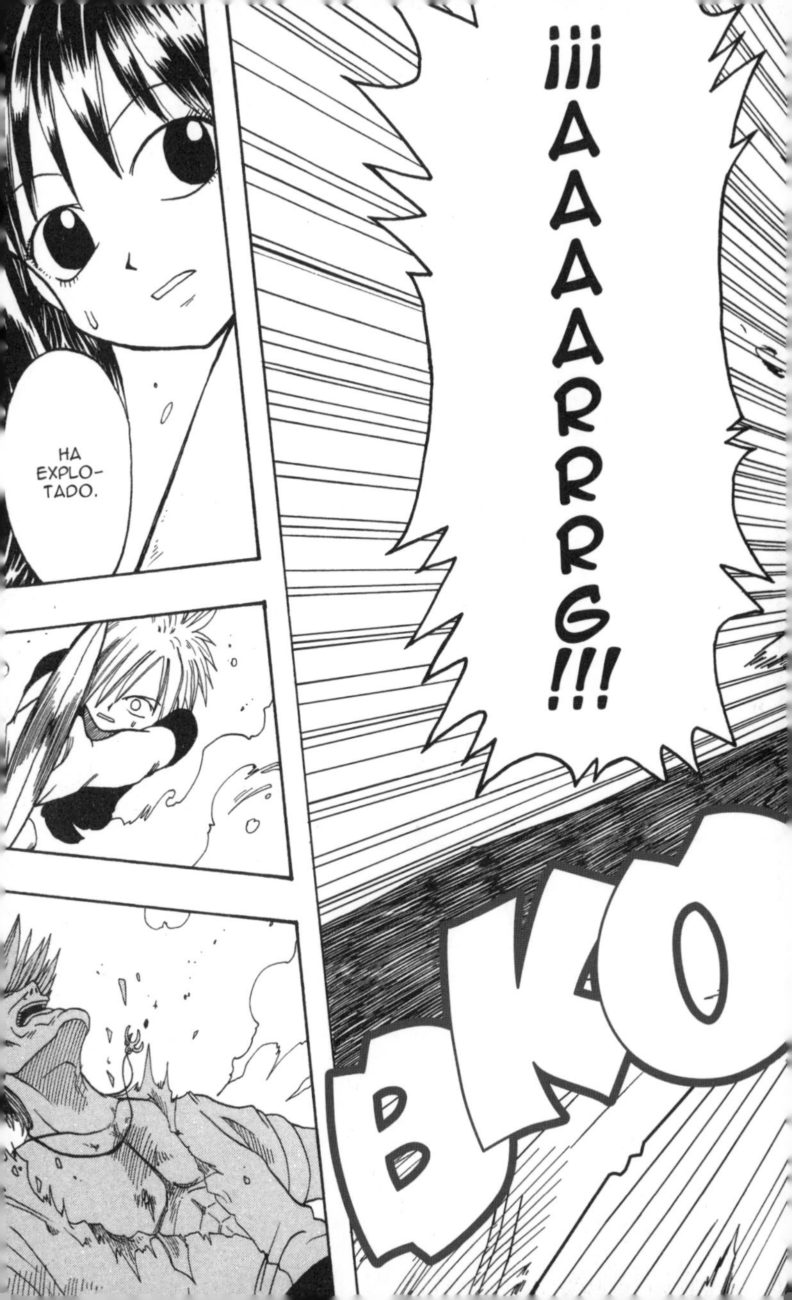
¡¡¡AAAARRRG!!!
HA EXPLOTADO.

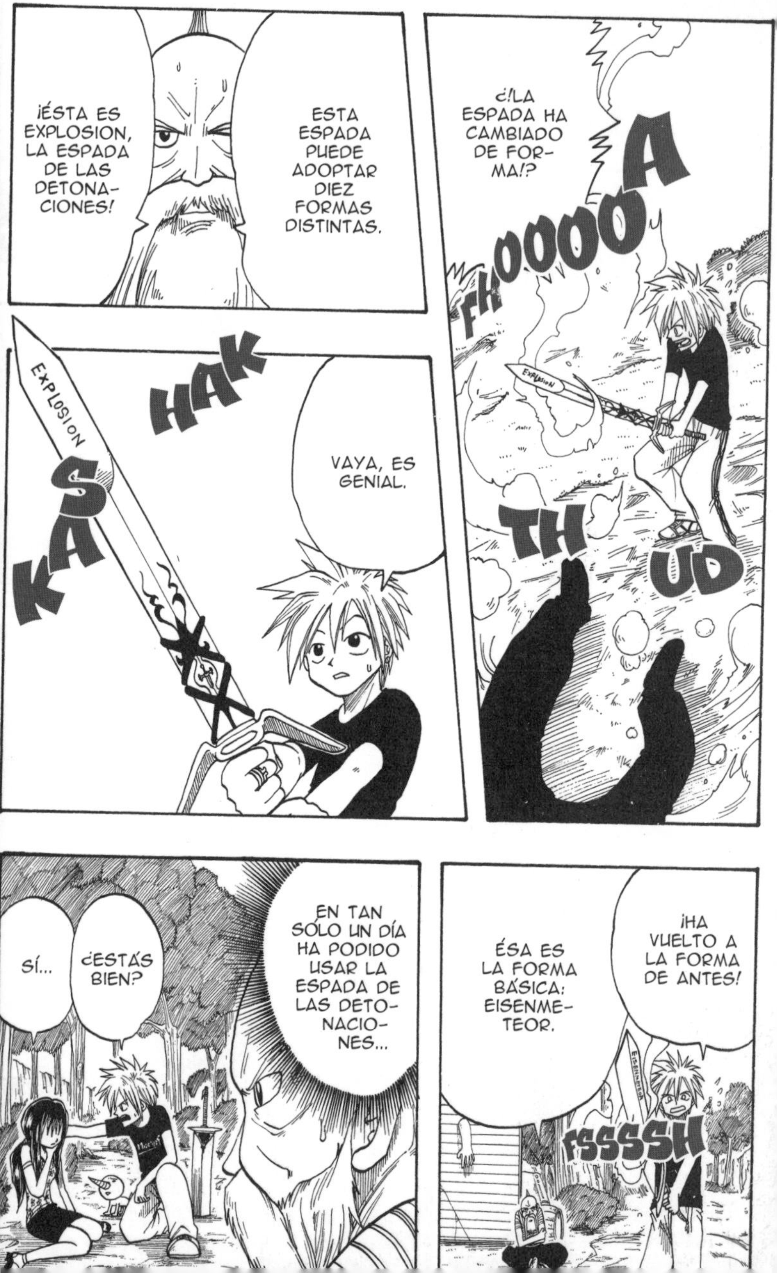
¿!LA ESPADA HA CAMBIADO DE FORMA!?
FHOOOOA
THUD
EXPLOSION
ESTA ESPADA PUEDE ADOPTAR DIEZ FORMAS DISTINTAS.
¡ÉSTA ES EXPLOSION, LA ESPADA DE LAS DETONACIONES!
HAK
KA S
EXPLOSION
VAYA, ES GENIAL.
¡HA VUELTO A LA FORMA DE ANTES!
ÉSA ES LA FORMA BÁSICA: EISENMETEOR.
FSSSSH
EN TAN SÓLO UN DÍA HA PODIDO USAR LA ESPADA DE LAS DETONACIONES...
¿ESTÁS BIEN?
SÍ...

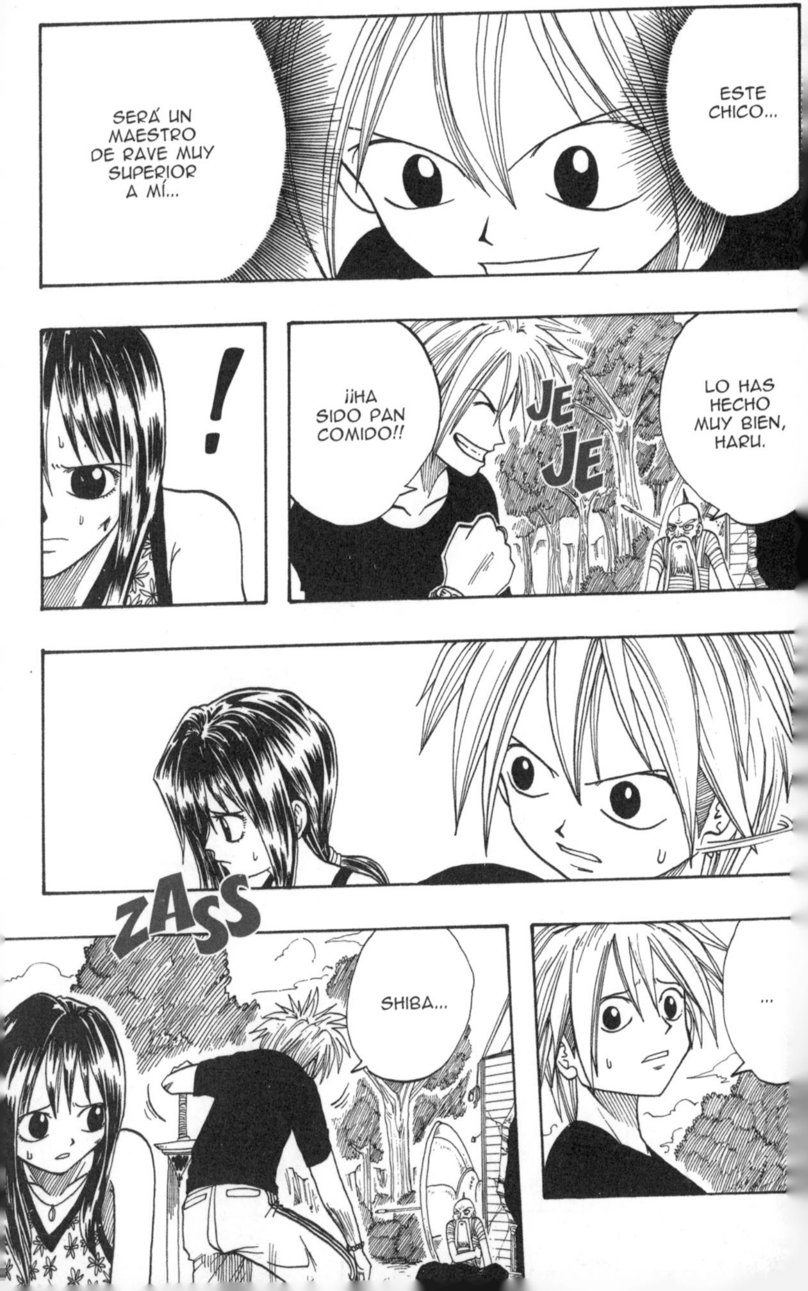
ESTE CHICO...
SERÁ UN MAESTRO DE RAVE MUY SUPERIOR A MÍ...
LO HAS HECHO MUY BIEN, HARU.
JE JE
¡¡HA SIDO PAN COMIDO!!
!
...
SHIBA...
ZASS

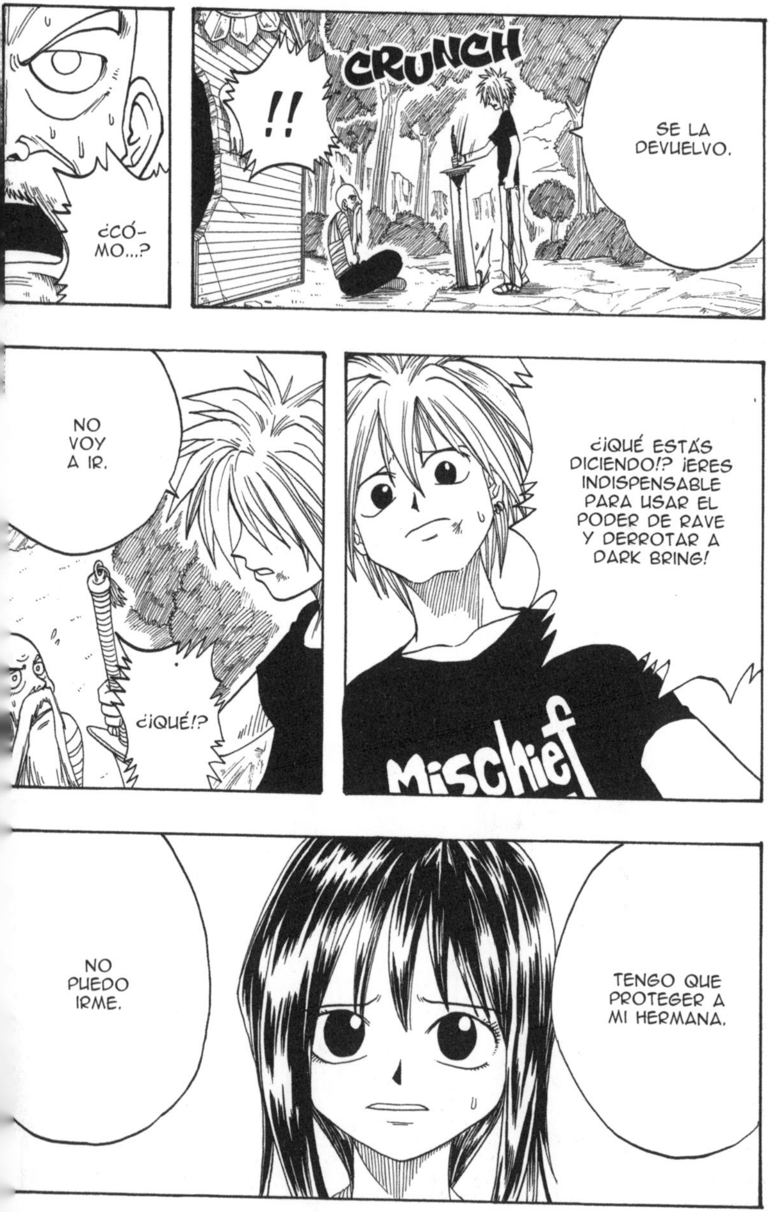
¿CÓ-
MO...?
!!
CRUNCH
SE LA DEVUELVO.
NO VOY A IR.
¿QUÉ!?
¿QUÉ ESTÁS DICIENDO!? ¡ERES INDISPENSABLE PARA USAR EL PODER DE RAVE Y DERROTAR A DARK BRING!
Mischief
NO PUEDO IRME.
TENGO QUE PROTEGER A MI HERMANA.

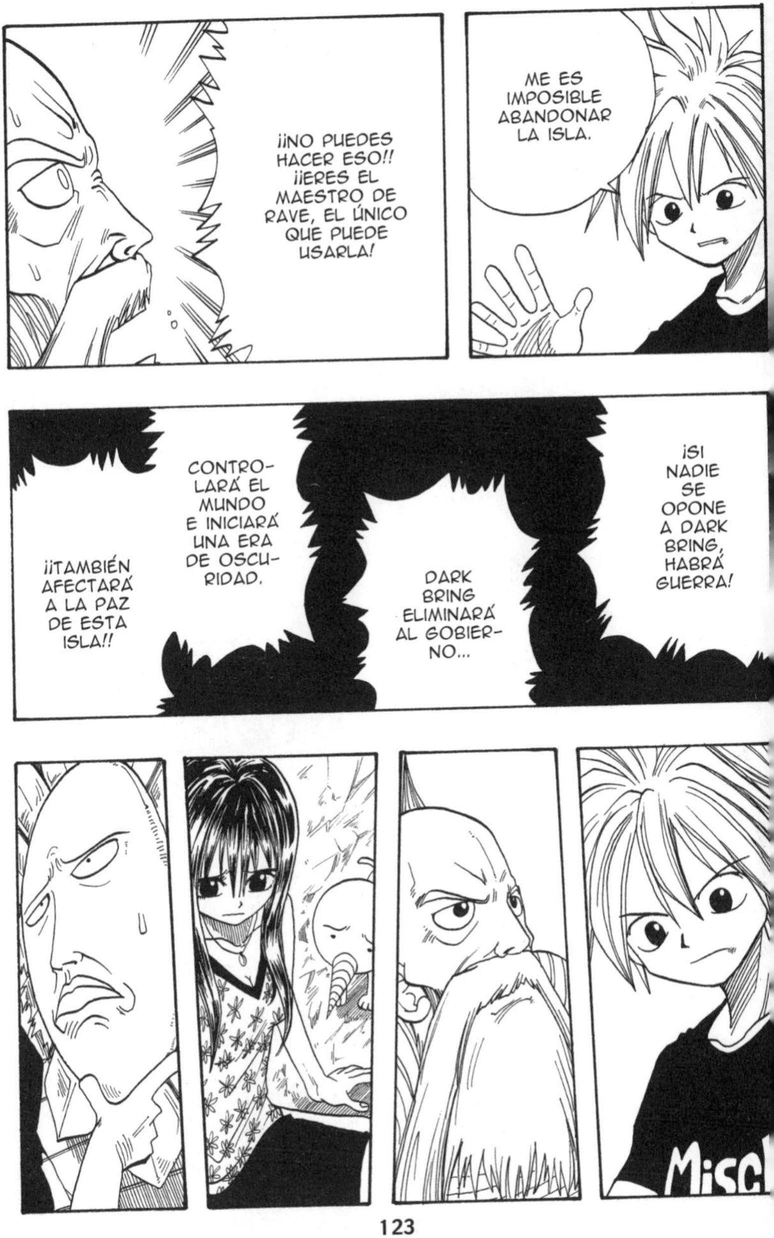
ME ES IMPOSIBLE ABANDONAR LA ISLA.
¡¡NO PUEDES HACER ESO!! ¡¡ERES EL MAESTRO DE RAVE, EL ÚNICO QUE PUEDE USARLA!
¡SI NADIE SE OPONE A DARK BRING, HABRÁ GUERRA!
DARK BRING ELIMINARÁ AL GOBIERNO...
CONTROLARÁ EL MUNDO E INICIARÁ UNA ERA DE OSCURIDAD.
¡¡TAMBIÉN AFECTARÁ A LA PAZ DE ESTA ISLA!!

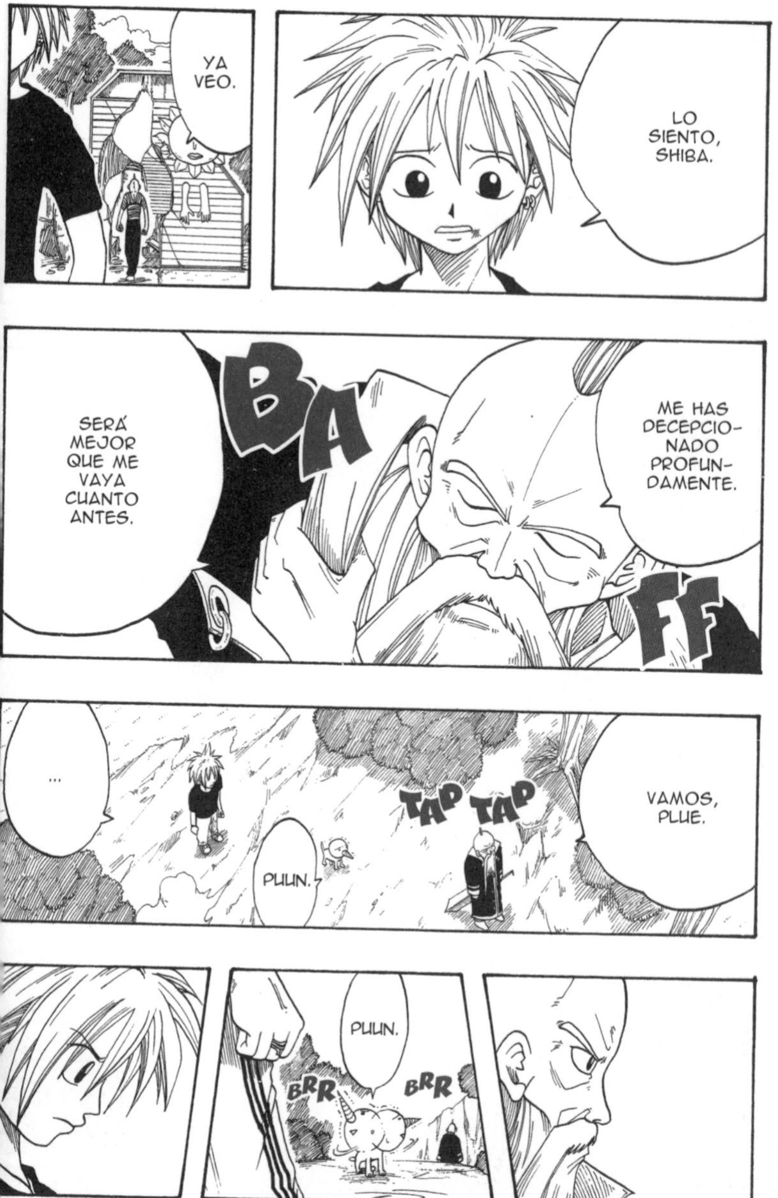
LO SIENTO, SHIBA.
YA VEO.
ME HAS DECEPCIONADO PROFUNDAMENTE.
BAFF
SERÁ MEJOR QUE ME VAYA CUANTO ANTES.
VAMOS, PLUE.
TAP TAP
PUUN.
...
PUUN.
BRR
BRR

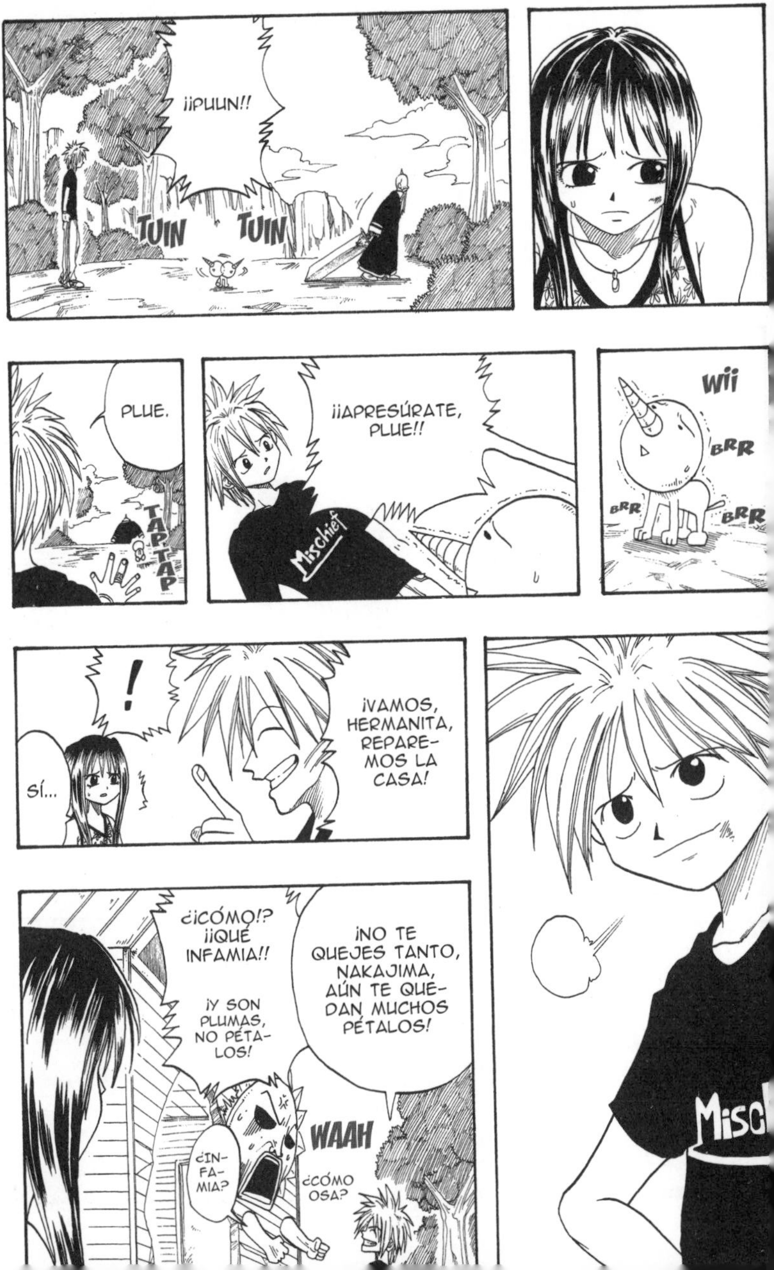

¡¡PUUN!!
TUIN
TUIN
PLUE.
TAP TAP
¡¡APRESÚRATE, PLUE!!
Wii
BRR
BRR
BRR
!
SÍ...
¡VAMOS, HERMANITA, REPAREMOS LA CASA!
¡NO TE QUEJES TANTO, NAKAJIMA, AÚN TE QUEDAN MUCHOS PÉTALOS!
¿¡CÓMO!? ¡¡QUÉ INFAMIA!!
¡Y SON PLUMAS, NO PÉTALOS!
WAAH
¿INFAMIA?
¿CÓMO OSA?
Mischief

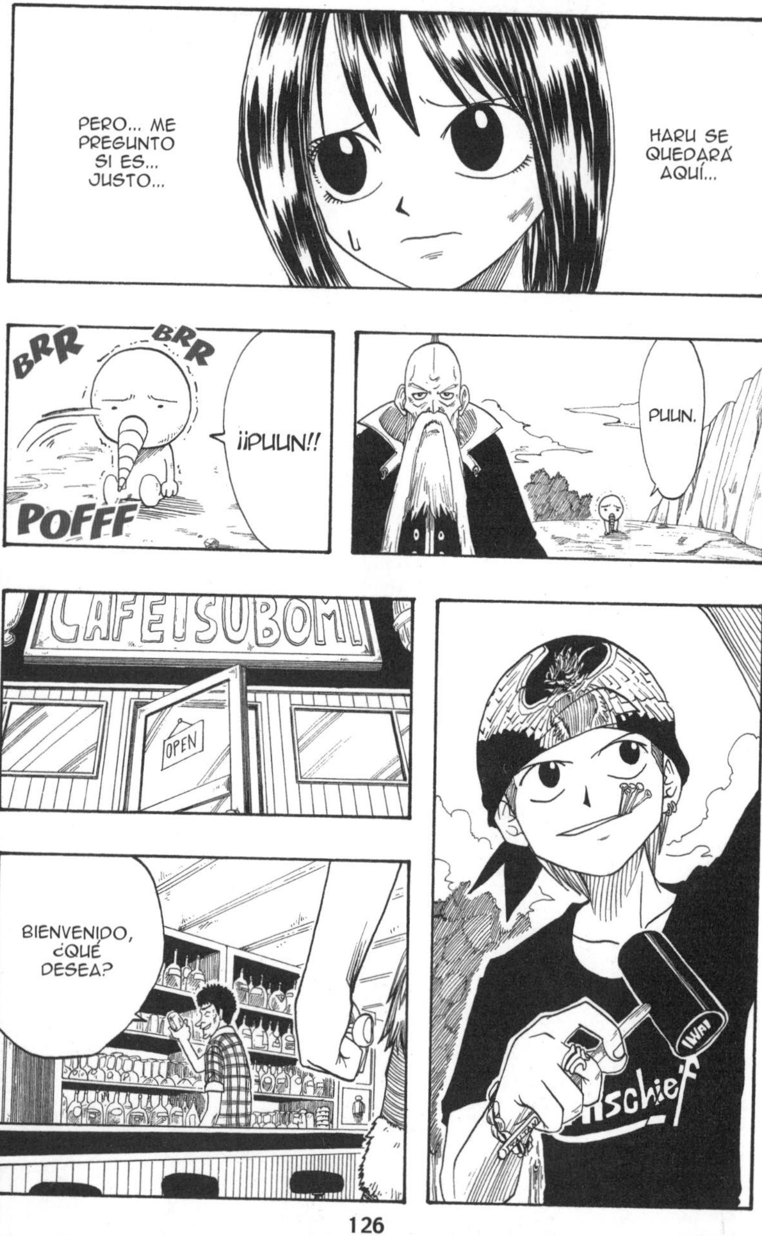
HARU SE QUEDARÁ AQUÍ...
PERO... ME PREGUNTO SI ES... JUSTO...
PUUN.
¡¡PUUN!!
BRR
BRR
POFFF
CAFE TSUBOMI
OPEN
BIENVENIDO, ¿QUÉ DESEA?

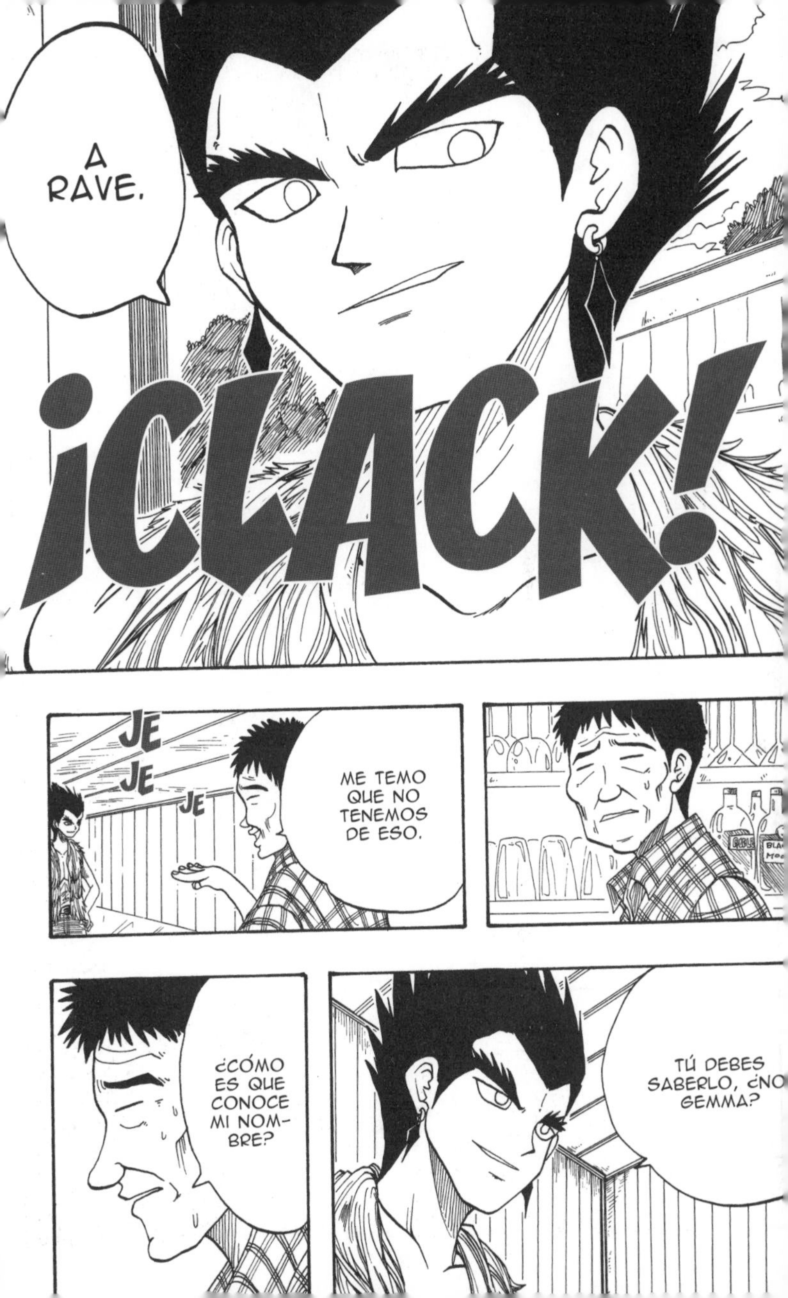
A RAVE.
¡CLACK!
JE JE JE
ME TEMO QUE NO TENEMOS DE ESO.
TÚ DEBES SABERLO, ¿NO GEMMA?
¿CÓMO ES QUE CONOCE MI NOMBRE?

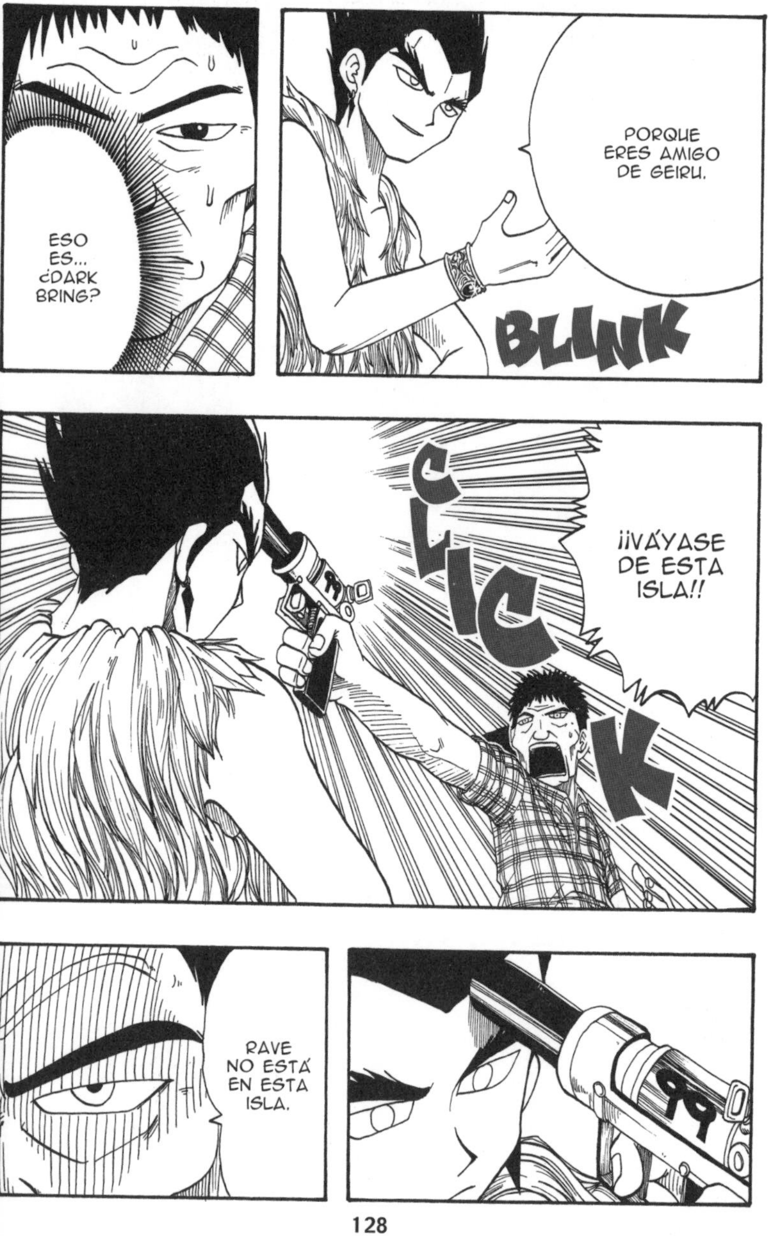
PORQUE ERES AMIGO DE GEIRU.
BLINK
ESO ES... ¿DARK BRING?
CLICK
¡¡VÁYASE DE ESTA ISLA!!
RAVE NO ESTÁ EN ESTA ISLA.

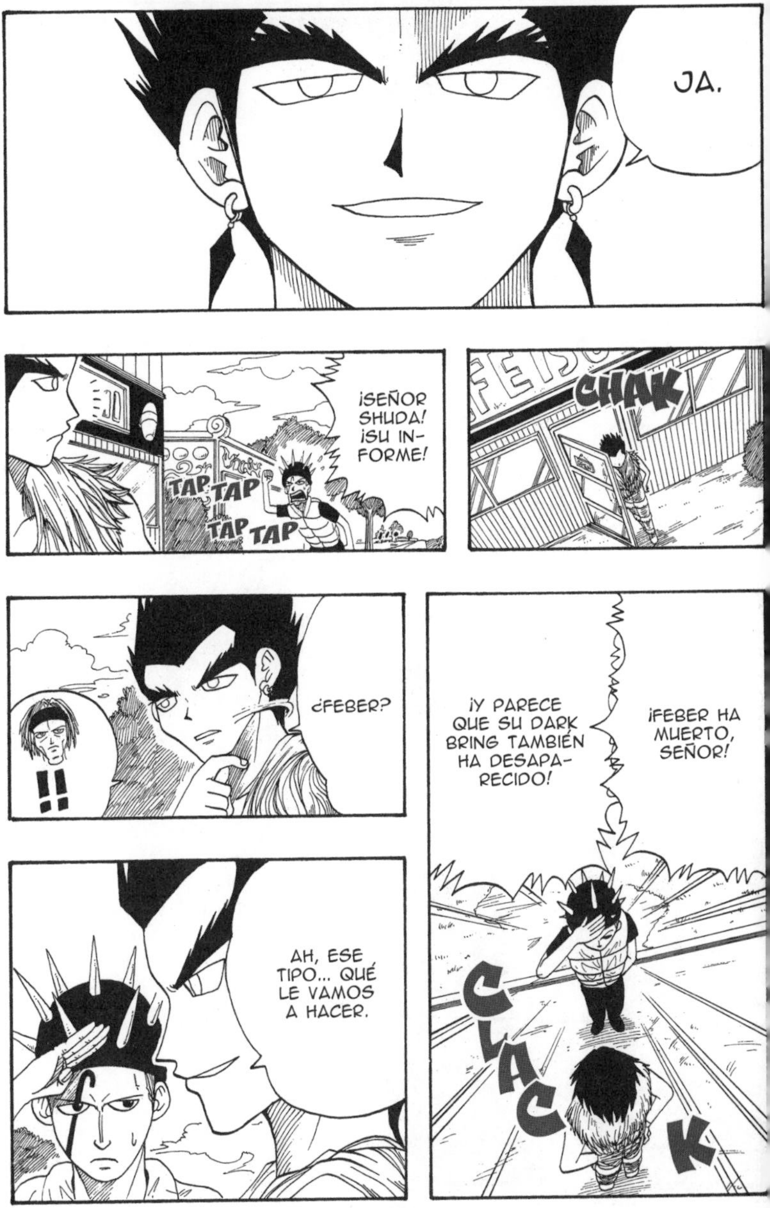
JA.
¡SEÑOR SHUDA! ¡SU INFORME!
TAP TAP TAP TAP
CHAK
¡FEBER HA MUERTO, SEÑOR!
¡Y PARECE QUE SU DARK BRING TAMBIÉN HA DESAPARECIDO!
CLACK
¿FEBER?
!!
AH, ESE TIPO... QUÉ LE VAMOS A HACER.

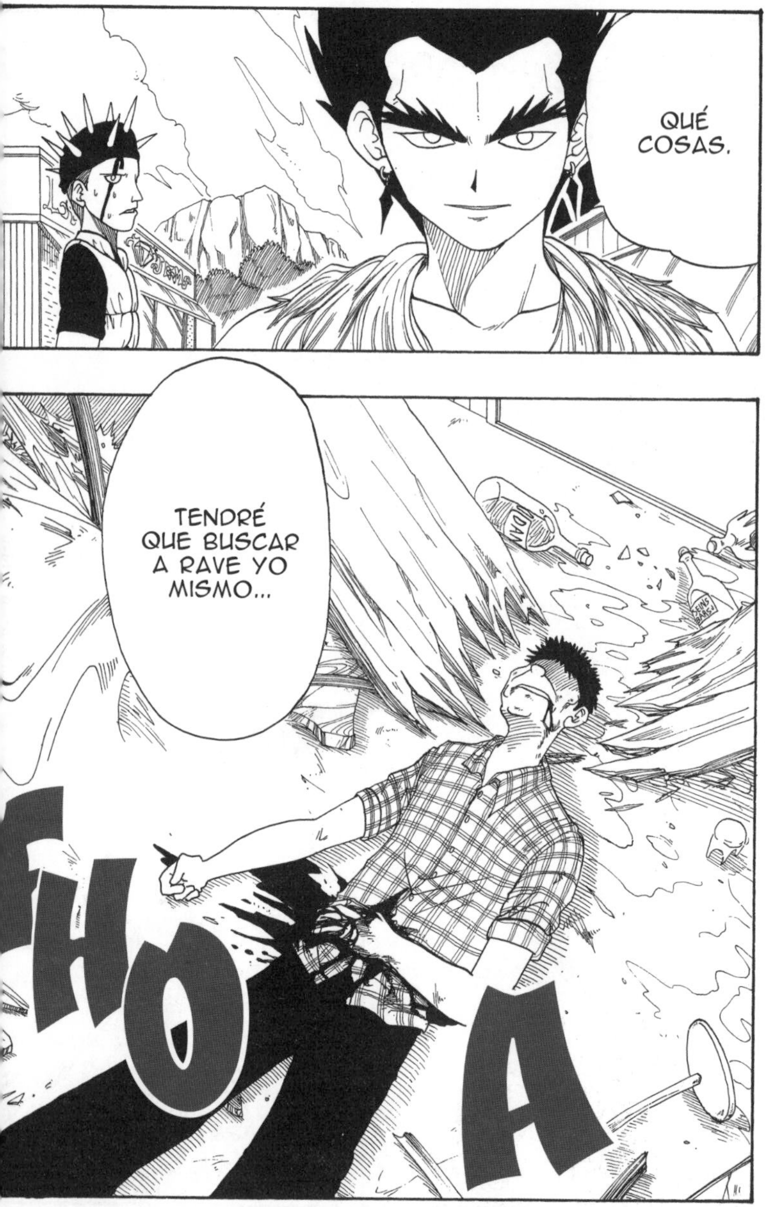
QUÉ COSAS.
TENDRÉ QUE BUSCAR A RAVE YO MISMO...
HO A

SEGUNDO MAESTRO RAVE: HARU.

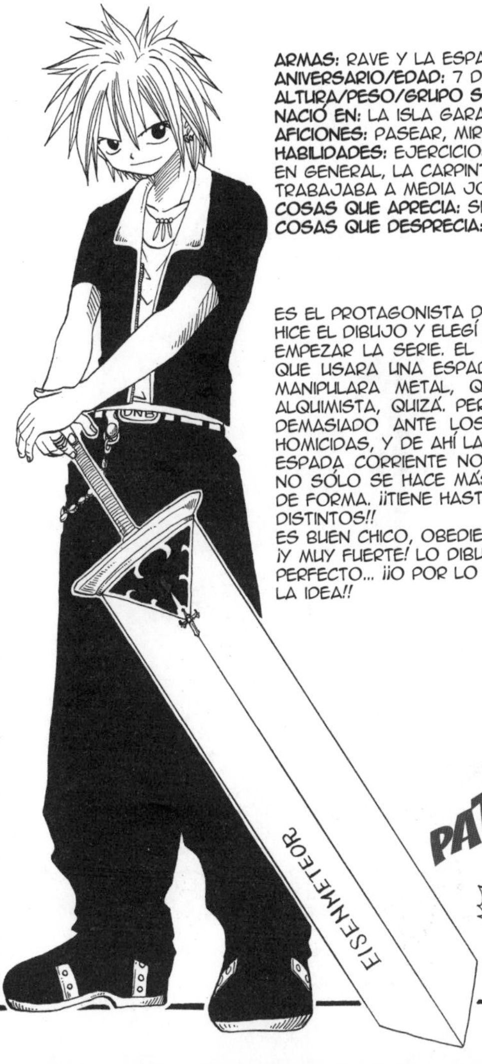
EISENMETEOR

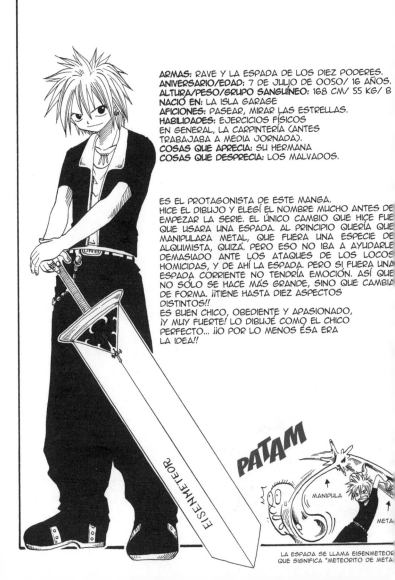

ARMAS: RAVE Y LA ESPADA DE LOS DIEZ PODERES.
ANIVERSARIO/EDAD: 7 DE JULIO DE 0050/ 16 AÑOS.
ALTURA/PESO/GRUPO SANGUÍNEO: 168 CM/ 55 KG/ B
NACIÓ EN: LA ISLA GARAGE
AFICIONES: PASEAR, MIRAR LAS ESTRELLAS.
HABILIDADES: EJERCICIOS FÍSICOS EN GENERAL, LA CARPINTERÍA (ANTES TRABAJABA A MEDIA JORNADA).
COSAS QUE APRECIA: SU HERMANA
COSAS QUE DESPRECIA: LOS MALVADOS.

ES EL PROTAGONISTA DE ESTE MANGA.
HICE EL DIBUJO Y ELEGÍ EL NOMBRE MUCHO ANTES DE EMPEZAR LA SERIE. EL ÚNICO CAMBIO QUE HICE FUE QUE USARA UNA ESPADA. AL PRINCIPIO QUERÍA QUE MANIPULARA METAL, QUE FUERA UNA ESPECIE DE ALQUIMISTA, QUIZÁ. PERO ESO NO IBA A AYUDARLE DEMASIADO ANTE LOS ATAQUES DE LOS LOCOS HOMICIDAS, Y DE AHÍ LA ESPADA. PERO SI FUERA UNA ESPADA CORRIENTE NO TENDRÍA EMOCIÓN. ASÍ QUE NO SÓLO SE HACE MÁS GRANDE, SINO QUE CAMBIA DE FORMA. ¡¡TIENE HASTA DIEZ ASPECTOS DISTINTOS!!
ES BUEN CHICO, OBEDIENTE Y APASIONADO, ¡Y MUY FUERTE! LO DIBUJÉ COMO EL CHICO PERFECTO... ¡¡O POR LO MENOS ÉSA ERA LA IDEA!!

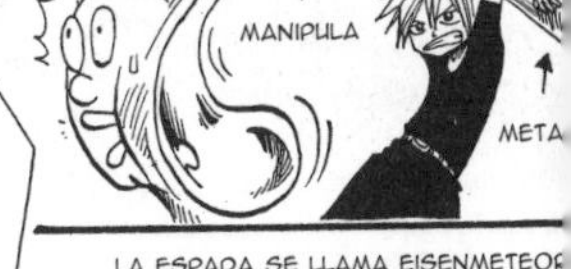
PATAM
MANIPULA
META

LA ESPADA SE LLAMA EISENMETEOR
QUE SIGNIFICA "METEORITO DE META

¿EL PORTADOR DE RAVE?: PLUE

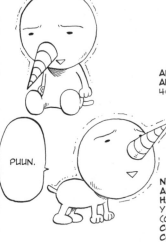

ARMAS: SU NARIZ. BUENO,
SU CUERNO. EH...  → 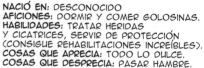 ESTO

ANIVERSARIO: DESCONOCIDO.
ALTURA/PESO/GRUPO SANGUÍNEO:
40 CM (DE PIE)/2.6 KG/DESCONOCIDO

PUUN.

NACIÓ EN: DESCONOCIDO
AFICIONES: DORMIR Y COMER GOLOSINAS.
HABILIDADES: TRATAR HERIDAS
Y CICATRICES, SERVIR DE PROTECCIÓN
(CONSIGUE REHABILITACIONES INCREÍBLES).
COSAS QUE APRECIA: TODO LO DULCE.
COSAS QUE DESPRECIA: PASAR HAMBRE.

CREO QUE HICE MI PRIMER BOCETO DE PLUE
CUANDO IBA AL INSTITUTO, PERO JAMÁS IMAGINÉ
QUE ACABARÍA SALIENDO EN UN MANGA. SUPONGO
QUE MI PRIMER MODELO FUE UN PERRO, PERO FUE
DERIVANDO... ÉSA ES LA SENSACIÓN QUE TENGO.
MUCHOS LECTORES ME PREGUNTAN SI ES UN
TOPO, ¿ESO ES LO QUE OS PARECE?
ES UN DISEÑO QUE TIENE MUCHOS AÑOS...

**¡¡CONTESTAMOS
DUDAS SOBRE
RAVE!!**

P: ¿QUÉ LE PASA A PLUE?
¿SIEMPRE ESTÁ TEMBLANDO?

¡ES UN SECRETO!

PREGUNTA: ¿EN CUÁNTOS
TROZOS SE DIVIDIÓ RAVE?

RESPUESTA: EN CINCO,
SHIBA SÓLO SE QUEDÓ
CON UNO.

RAVE

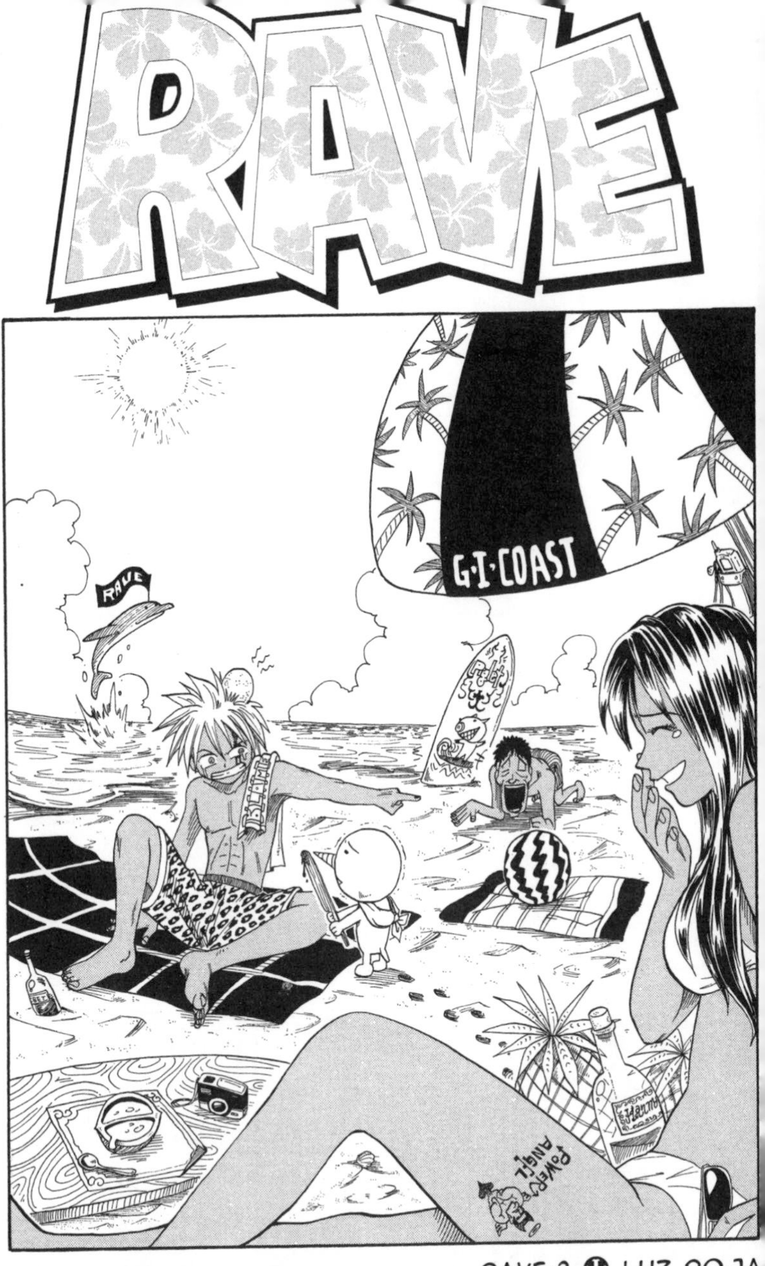
G·I·COAST
RAVE
POWER ANGEL

RAVE:3 ✚ LUZ ROJA

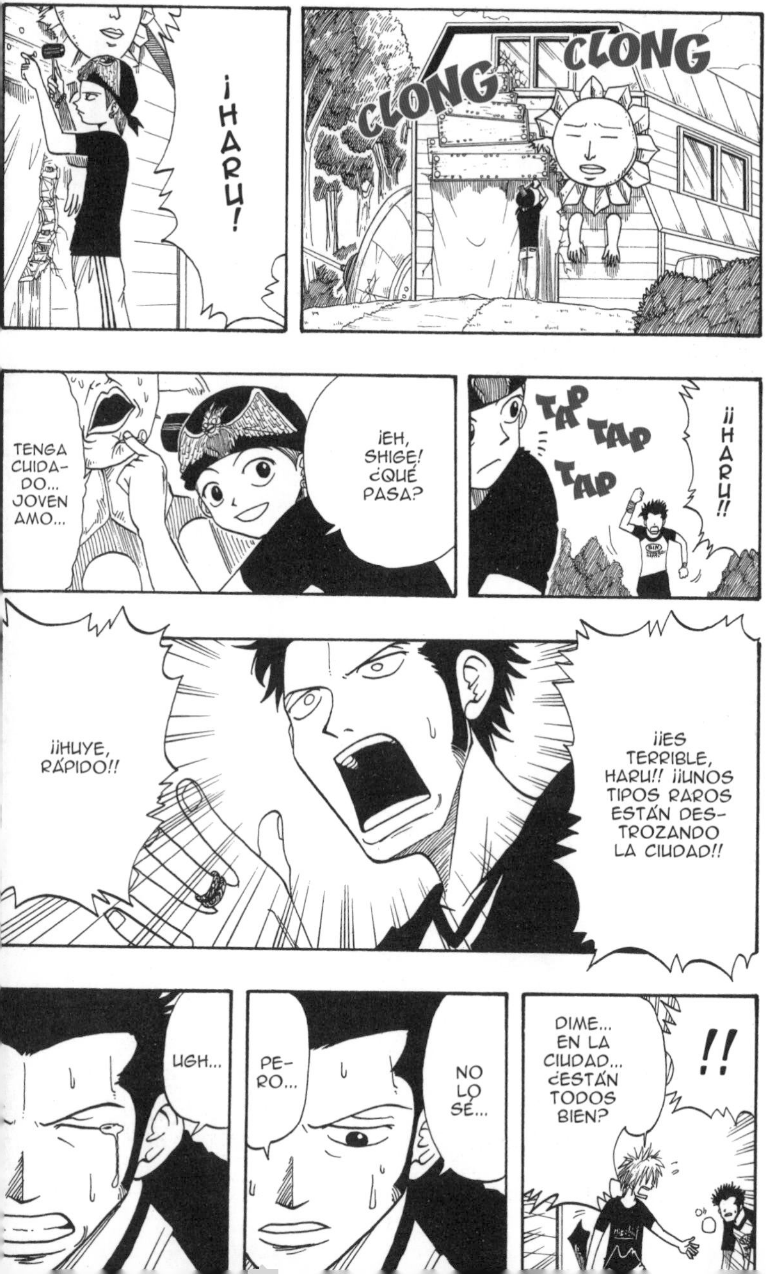
CLONG
CLONG
¡HARU!
¡¡HARU!!
TAP
TAP
TAP
¡EH, SHIGE! ¿QUÉ PASA?
TENGA CUIDADO... JOVEN AMO...
¡¡ES TERRIBLE, HARU!! ¡¡UNOS TIPOS RAROS ESTÁN DESTROZANDO LA CIUDAD!!
¡¡HUYE, RÁPIDO!!
DIME... EN LA CIUDAD... ¿ESTÁN TODOS BIEN?
!!
NO LO SÉ...
PERO...
UGH...

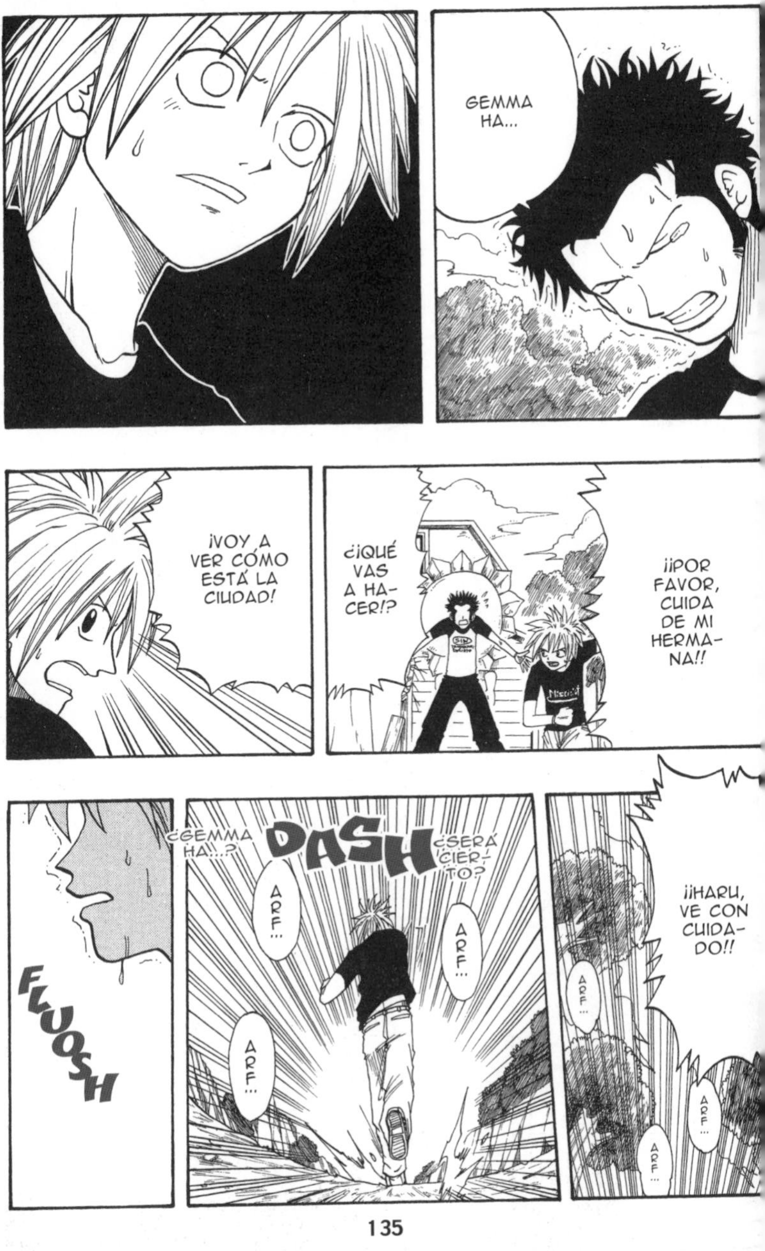
GEMMA HA...
¡¡POR FAVOR, CUIDA DE MI HERMANA!!
¿QUÉ VAS A HACER!?
¡VOY A VER CÓMO ESTÁ LA CIUDAD!
¡¡HARU, VE CON CUIDADO!!
ARF...
ARF...
ARF...
¿SERÁ CIERTO?
DASH
¿GEMMA HA...?
ARF...
ARF...
ARF...
FLUOSH

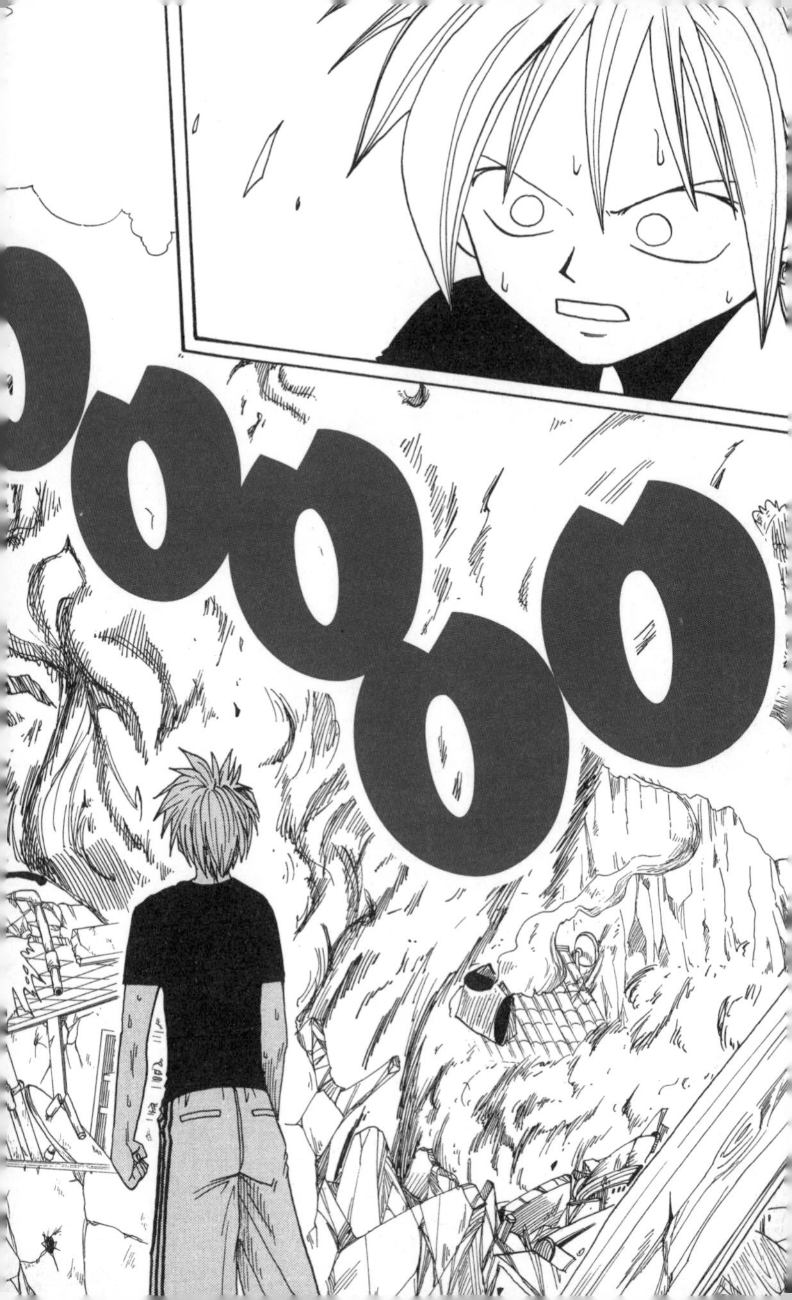

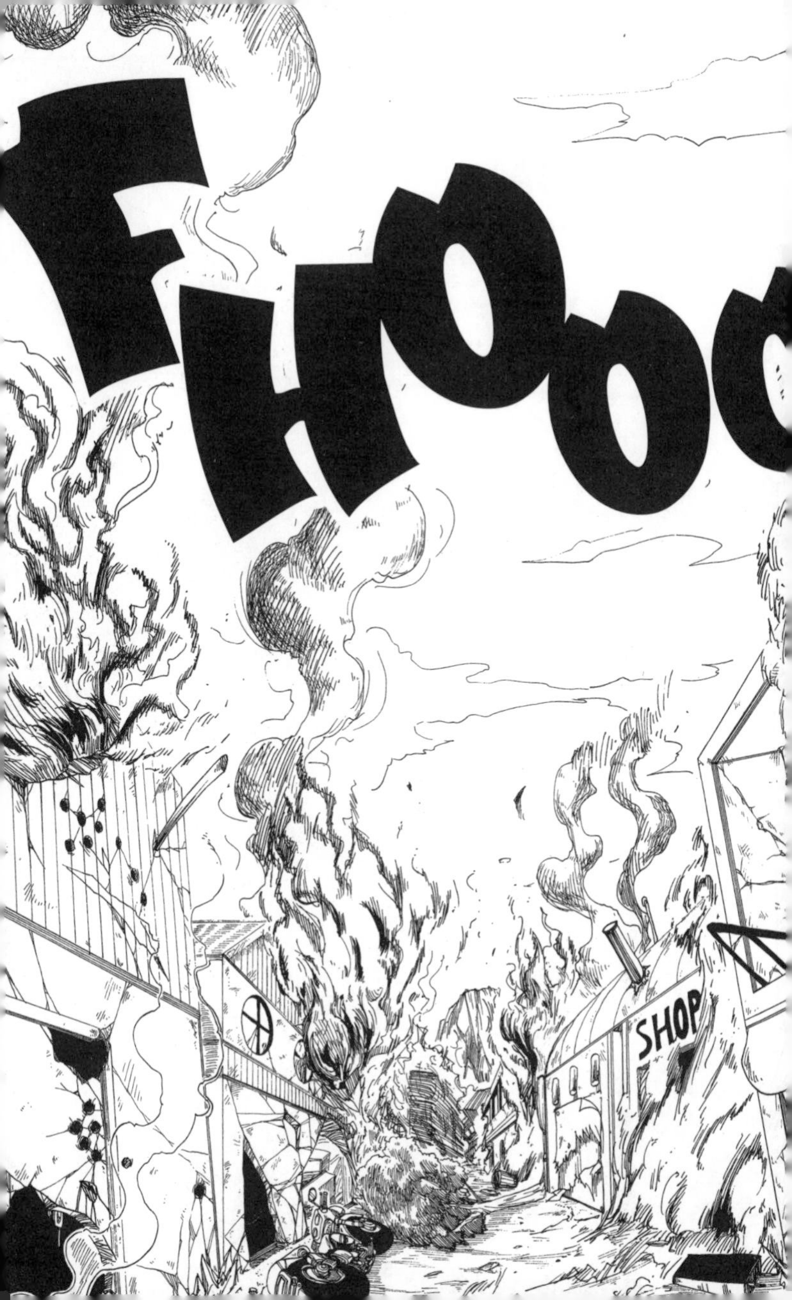

FHOOO
SHOP

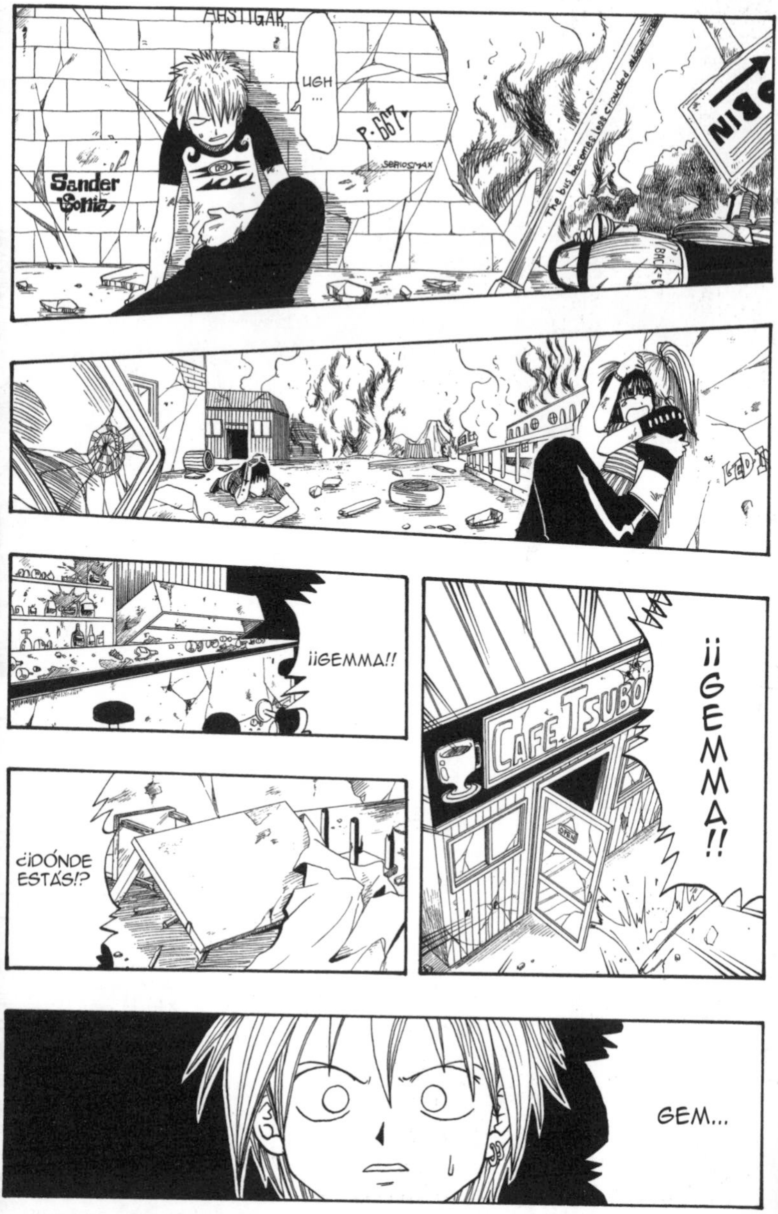
UGH ...
¡¡GEMMA!!
¿DÓNDE ESTÁS!?
¡¡GEMMA!!
GEM...

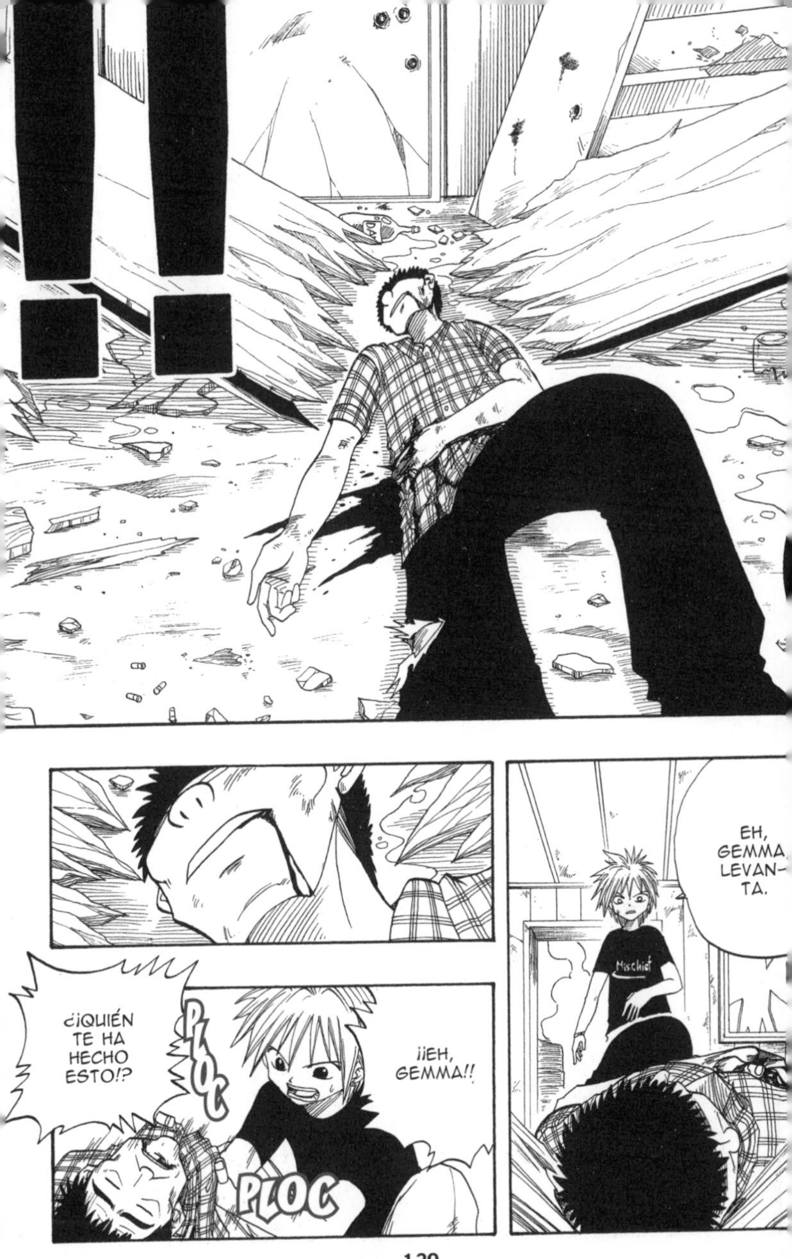
!!
EH, GEMMA, LEVANTA.
Mischief
¡¡EH, GEMMA!!
PLOC
¿QUIÉN TE HA HECHO ESTO!?
PLOC

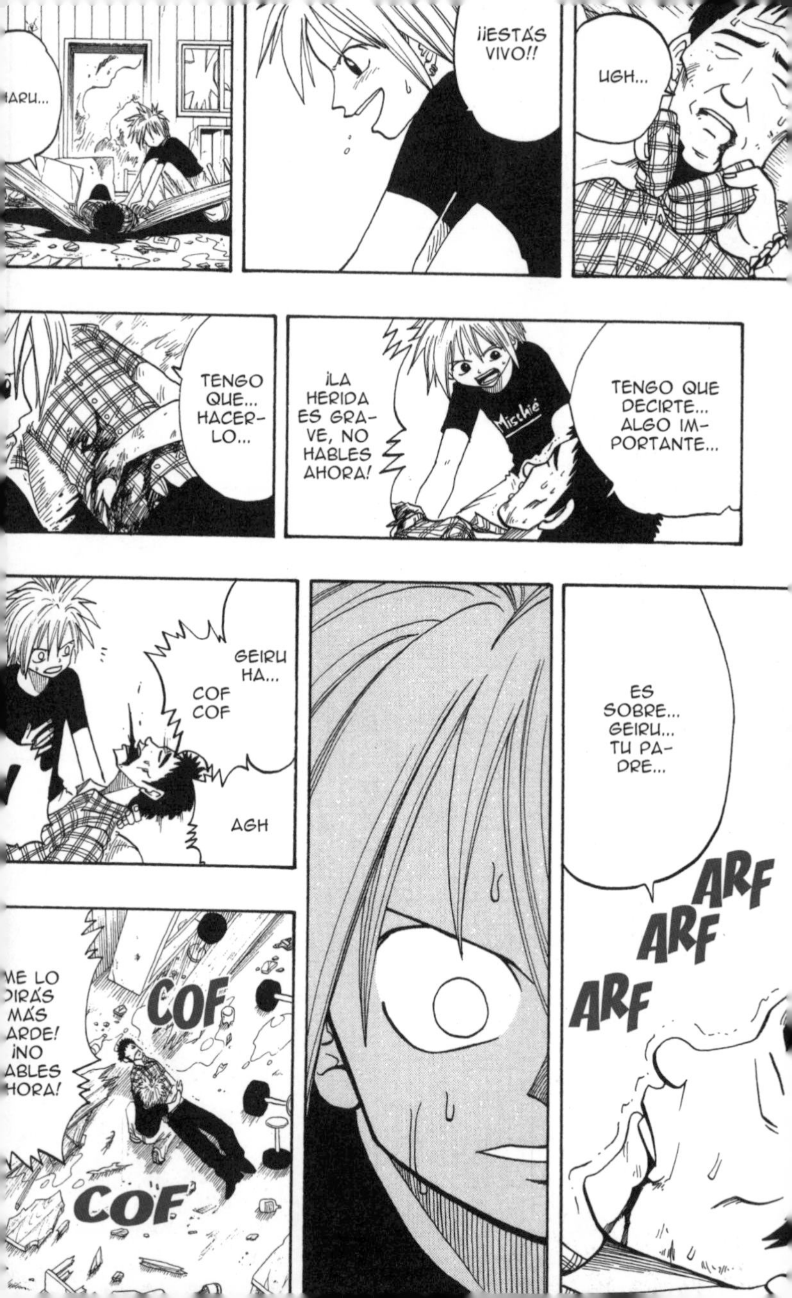
HARU...
¡¡ESTÁS VIVO!!
UGH...
TENGO QUE... HACERLO...
¡LA HERIDA ES GRAVE, NO HABLES AHORA!
TENGO QUE DECIRTE... ALGO IMPORTANTE...
GEIRU HA...
COF COF
AGH
ME LO DIRÁS MÁS ARDE! ¡NO ABLES HORA!
COF
COF
ES SOBRE... GEIRU... TU PADRE...
ARF
ARF
ARF

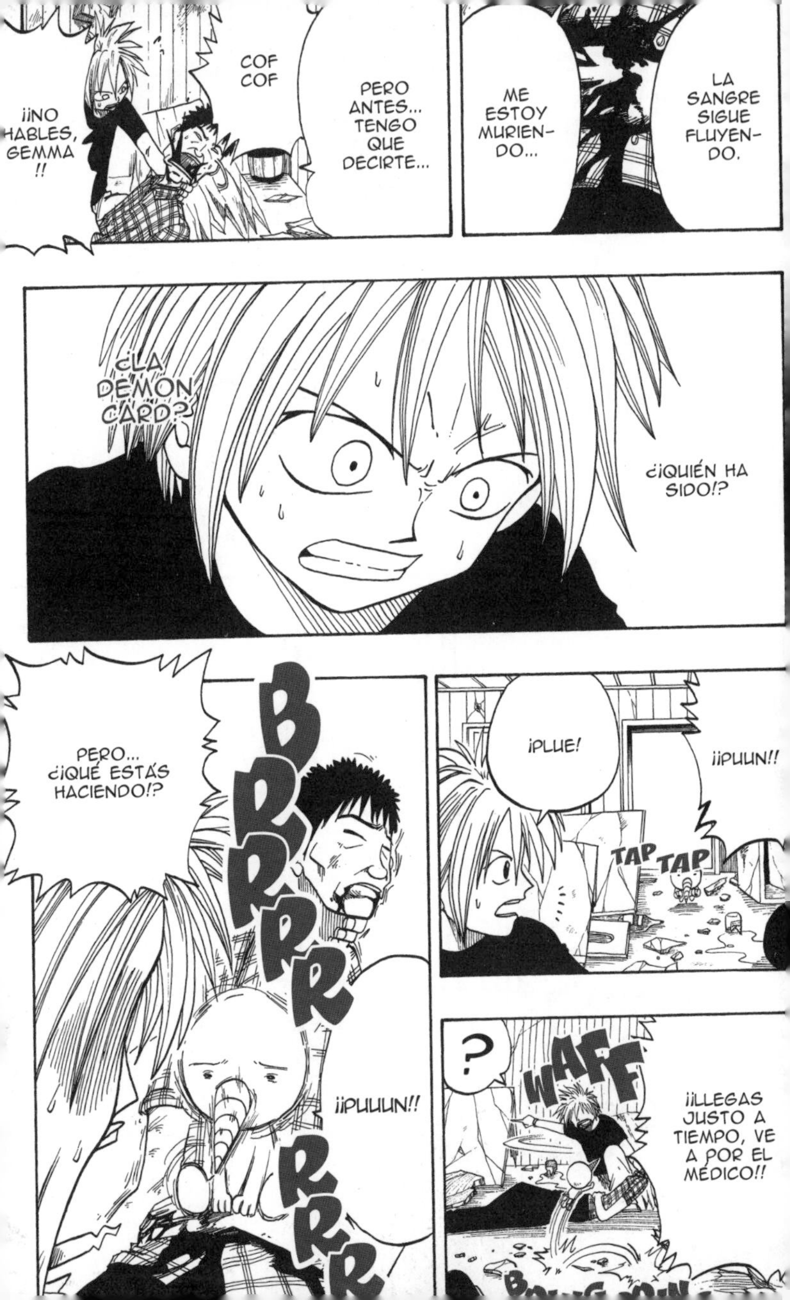
LA SANGRE SIGUE FLUYENDO.
ME ESTOY MURIENDO...
PERO ANTES... TENGO QUE DECIRTE...
COF COF
¡¡NO HABLES, GEMMA!!
¿QUIÉN HA SIDO!?
¿LA DEMON CARD?
¡¡PUUN!!
¡PLUE!
TAP TAP
¡¡LLEGAS JUSTO A TIEMPO, VE A POR EL MÉDICO!!
WAFF
?
PERO... ¿QUÉ ESTÁS HACIENDO!?
BRRRRRRR
¡¡PUUUN!!

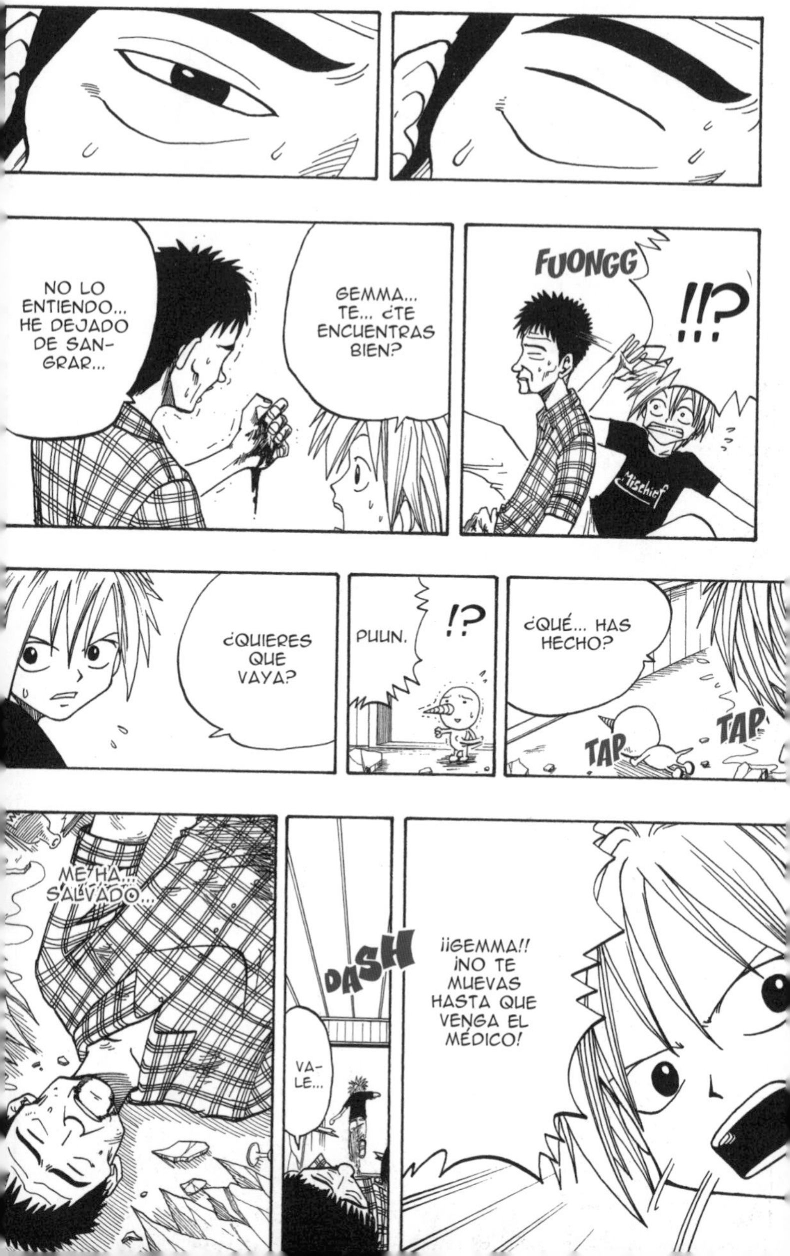
NO LO ENTIENDO... HE DEJADO DE SAN-GRAR...
GEMMA... TE... ¿TE ENCUENTRAS BIEN?
FUONGG
!!?
Mischief
¿QUIERES QUE VAYA?
PUUN.
!?
¿QUÉ... HAS HECHO?
TAP
TAP
ME HA... SALVADO...
DASH
VA-LE...
¡¡GEMMA!! ¡NO TE MUEVAS HASTA QUE VENGA EL MÉDICO!

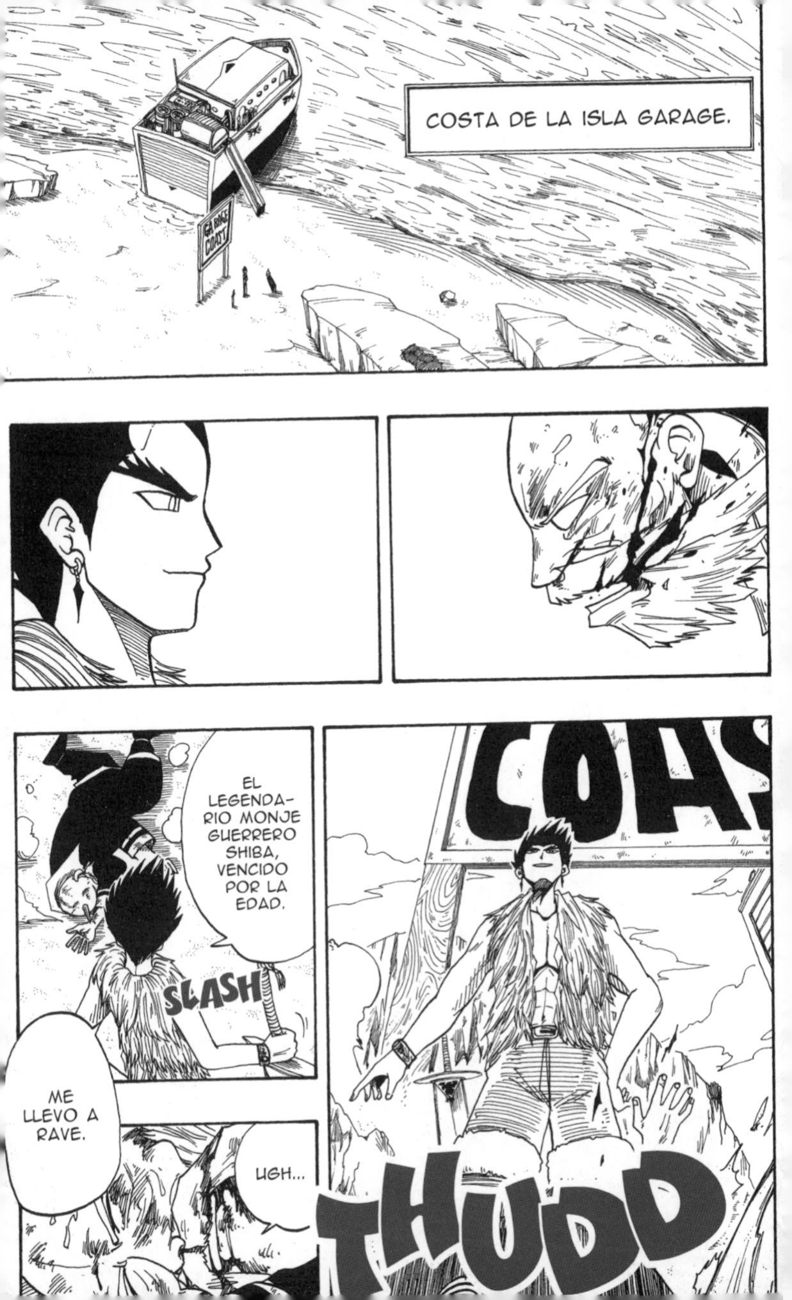

COSTA DE LA ISLA GARAGE.
EL LEGENDARIO MONJE GUERRERO SHIBA, VENCIDO POR LA EDAD.
SLASH
ME LLEVO A RAVE.
UGH...
THUDD

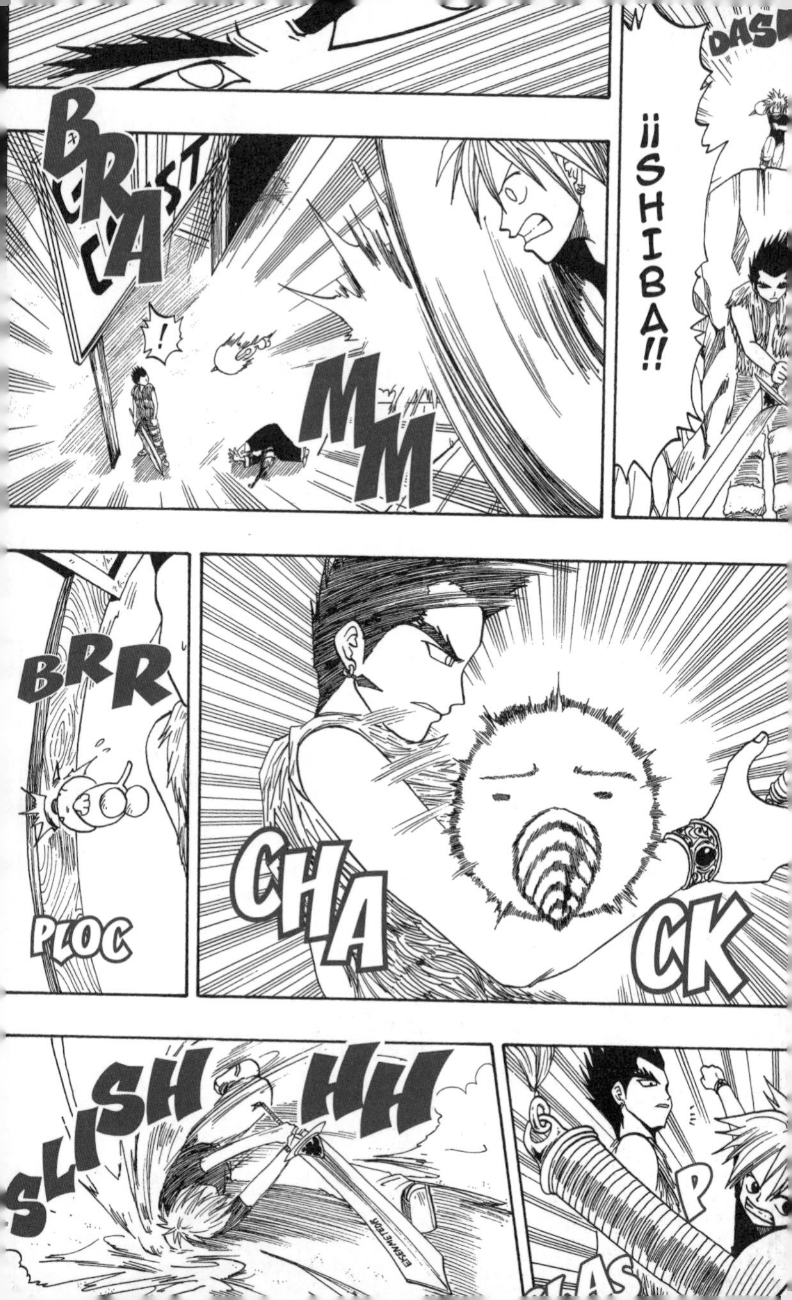
DAS
¡¡SHIBA!!
MM
CHA
CK
BRR
PLOC
P
HH
SLISH

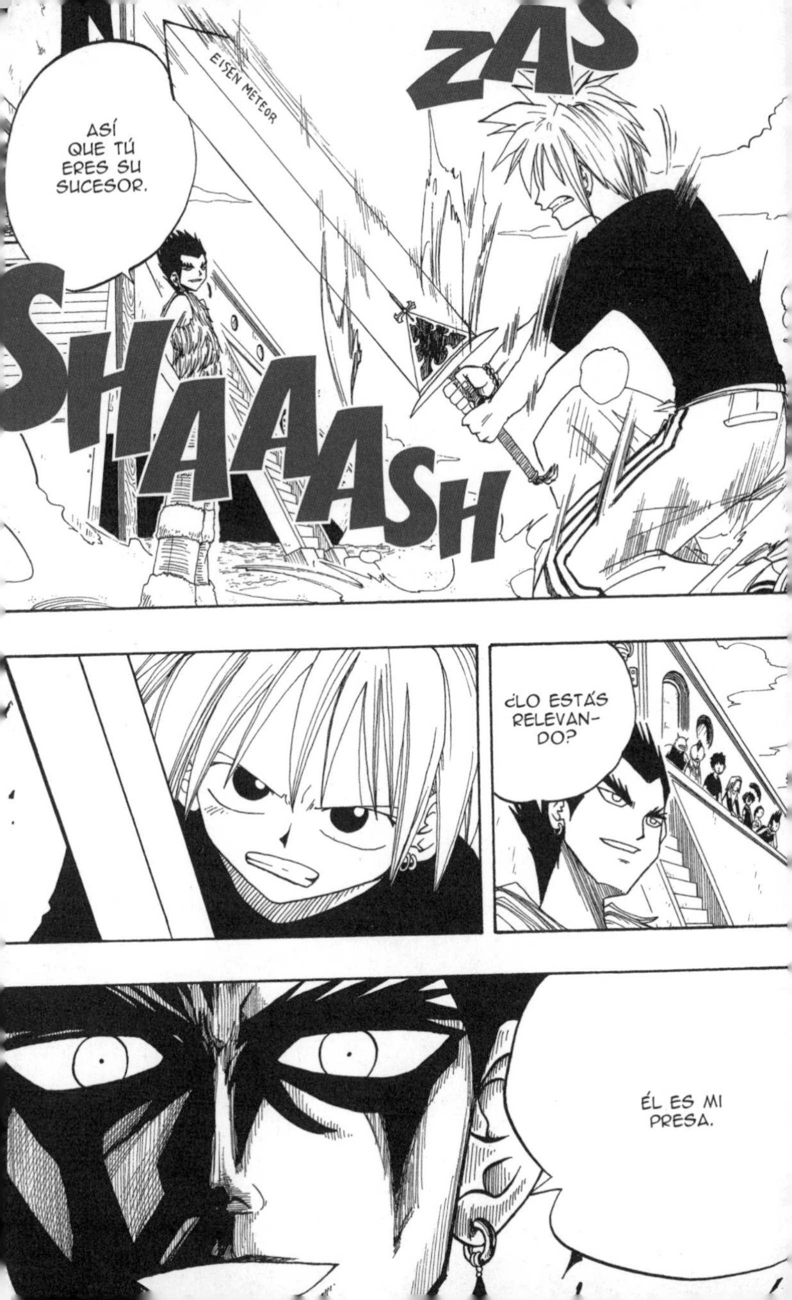
ZAS
EISEN METEOR
ASÍ QUE TÚ ERES SU SUCESOR.
SHAAAASH
¿LO ESTÁS RELEVANDO?
ÉL ES MI PRESA.

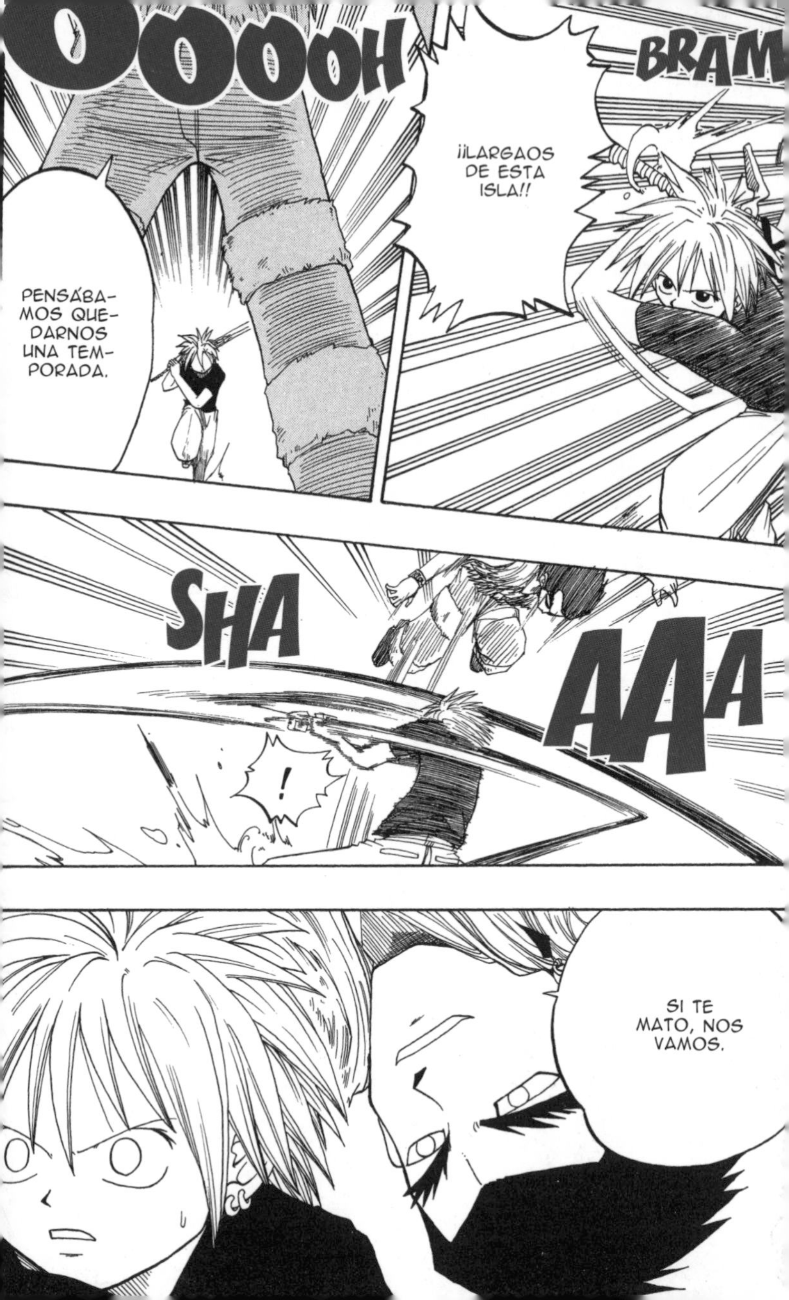
BRAM
¡¡LARGAOS DE ESTA ISLA!!
OOOOOH
PENSÁBAMOS QUEDARNOS UNA TEMPORADA.
AAAA
SHA
!
SI TE MATO, NOS VAMOS.

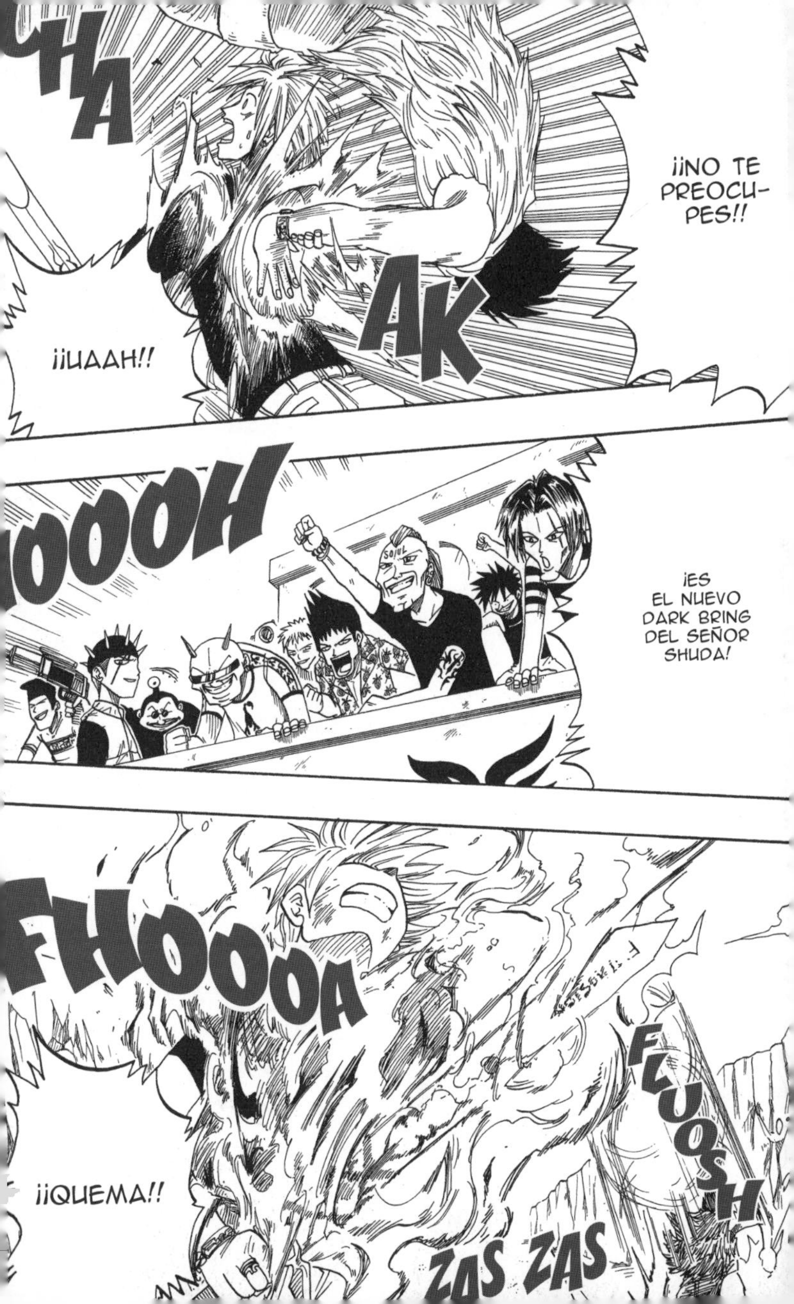

¡¡NO TE PREOCUPES!!
AK
CHA
¡¡UAAH!!
¡ES EL NUEVO DARK BRING DEL SEÑOR SHUDA!
OOOOH
FLUOSH
ZAS ZAS
FHOOOOA
¡¡QUEMA!!

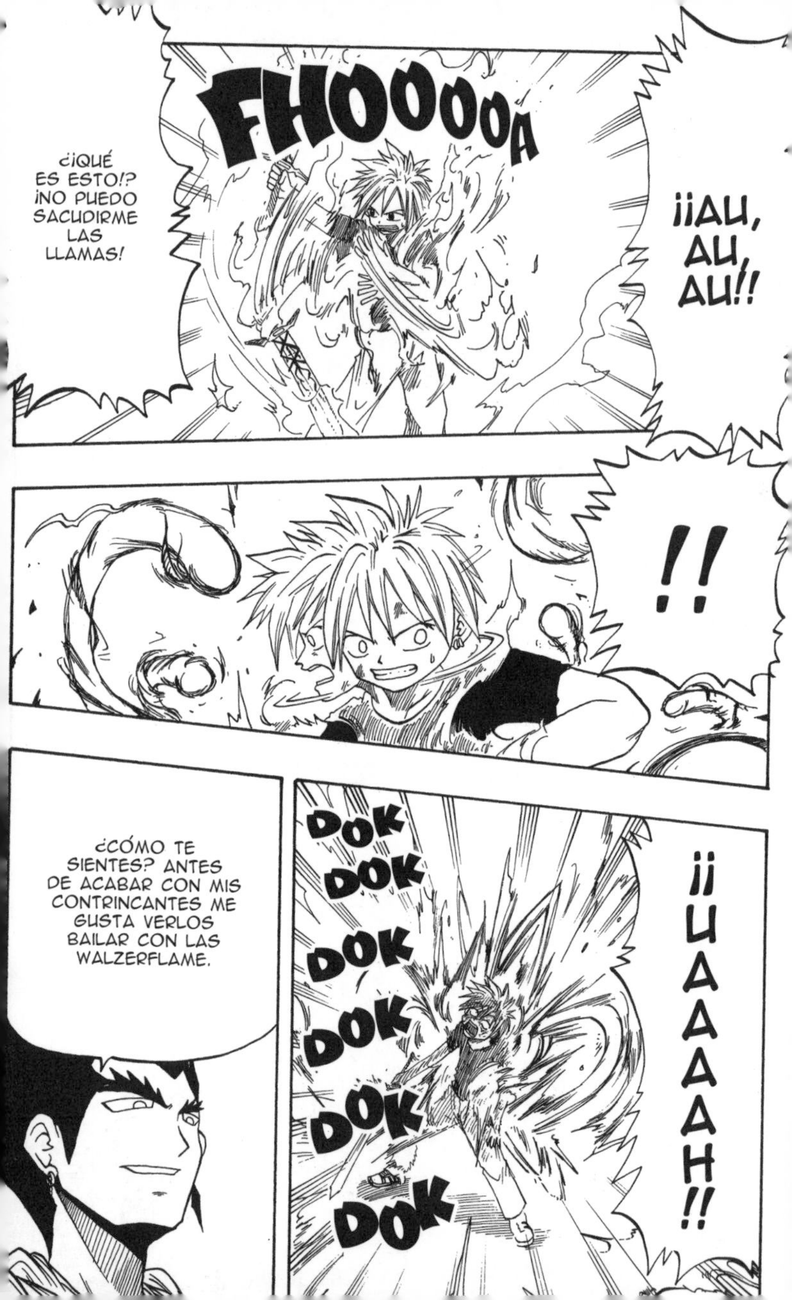
FHOOOOA
¿¡QUÉ ES ESTO!? ¡NO PUEDO SACUDIRME LAS LLAMAS!
¡¡AU, AU, AU!!
!!
¿CÓMO TE SIENTES? ANTES DE ACABAR CON MIS CONTRINCANTES ME GUSTA VERLOS BAILAR CON LAS WALZERFLAME.
DOK DOK DOK DOK DOK DOK
¡¡UAAAAAH!!

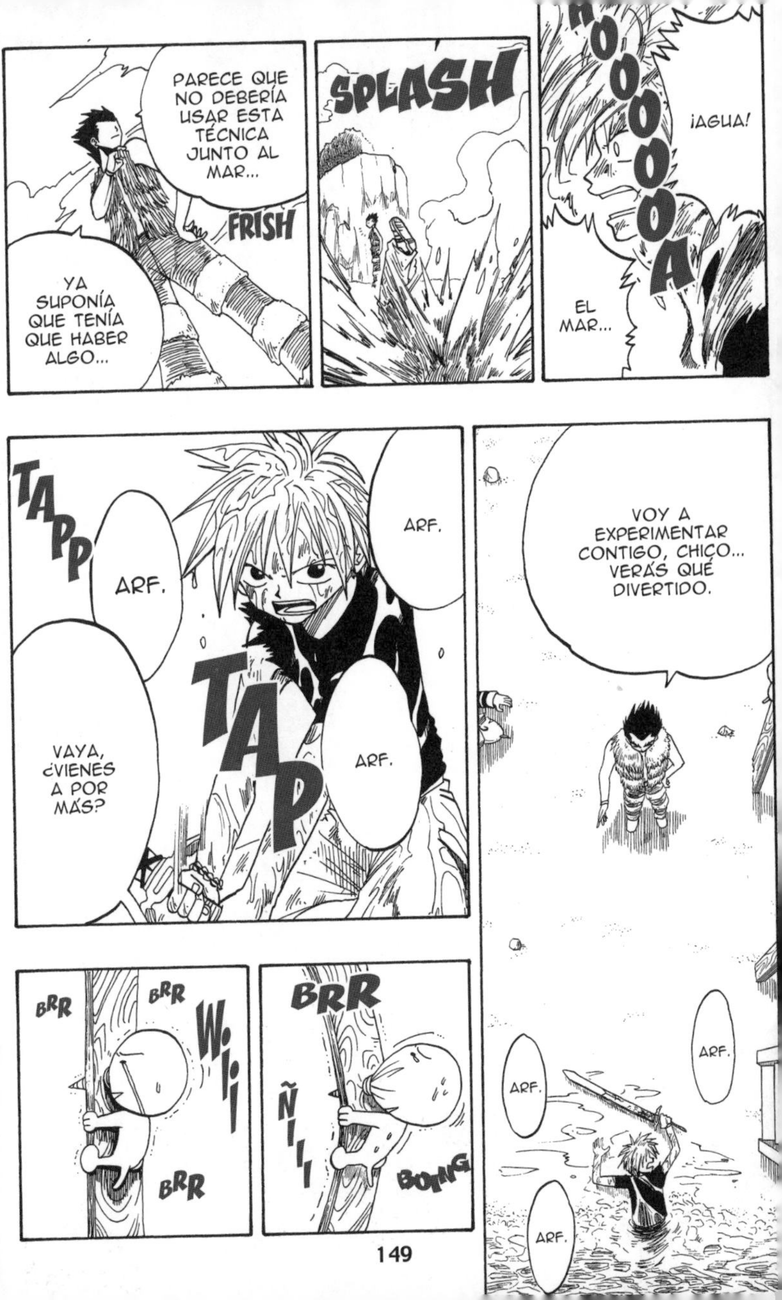
PARECE QUE NO DEBERÍA USAR ESTA TÉCNICA JUNTO AL MAR...
FRISH
YA SUPONÍA QUE TENÍA QUE HABER ALGO...
SPLASH
¡AGUA!
EL MAR...
TAPP
ARF.
ARF.
VAYA, ¿VIENES A POR MÁS?
TAP
ARF.
VOY A EXPERIMENTAR CONTIGO, CHICO... VERÁS QUÉ DIVERTIDO.
ARF.
ARF.
ARF.
BRR
BRR
WOIII
BRR
BRR
ÑIII
BOING

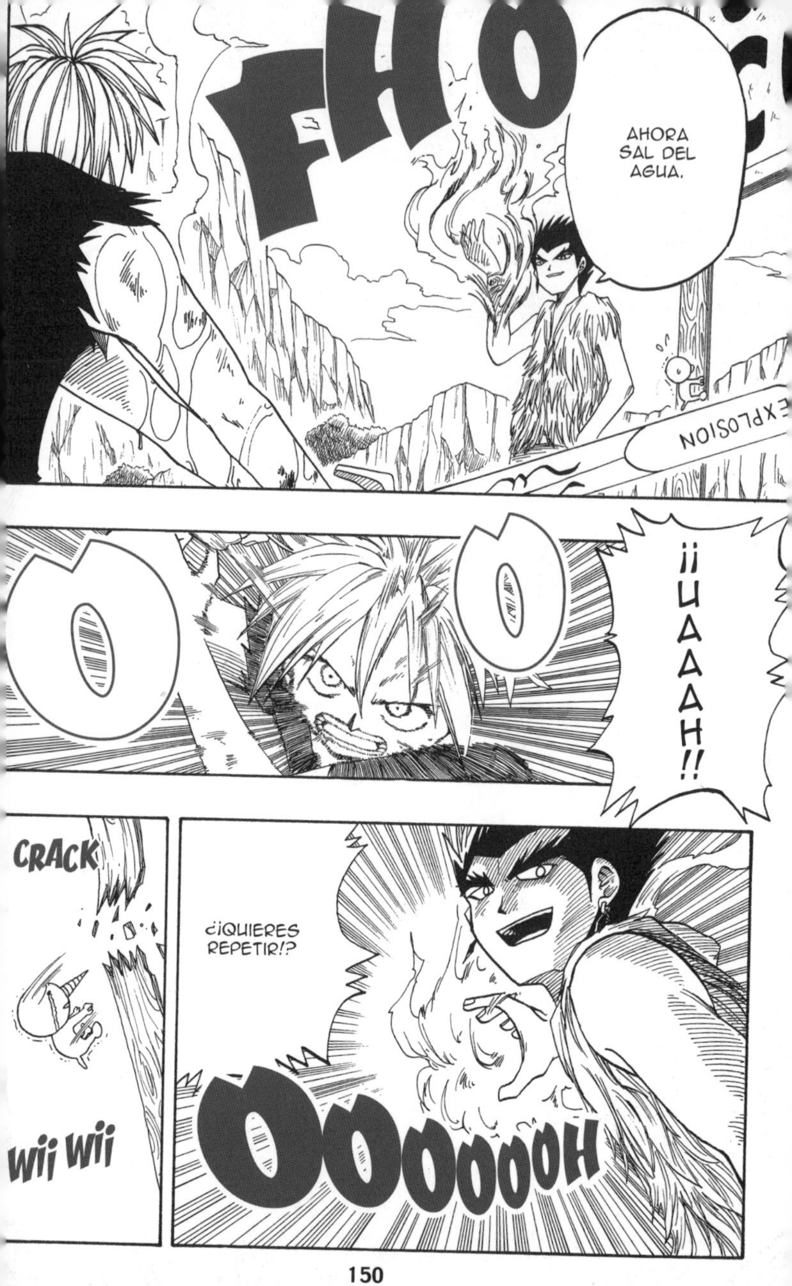
FHO
AHORA SAL DEL AGUA.
EXPLOSION
¡¡UAAAAH!!
¿QUIERES REPETIR!?
OOOOOOH
CRACK
Wii Wii

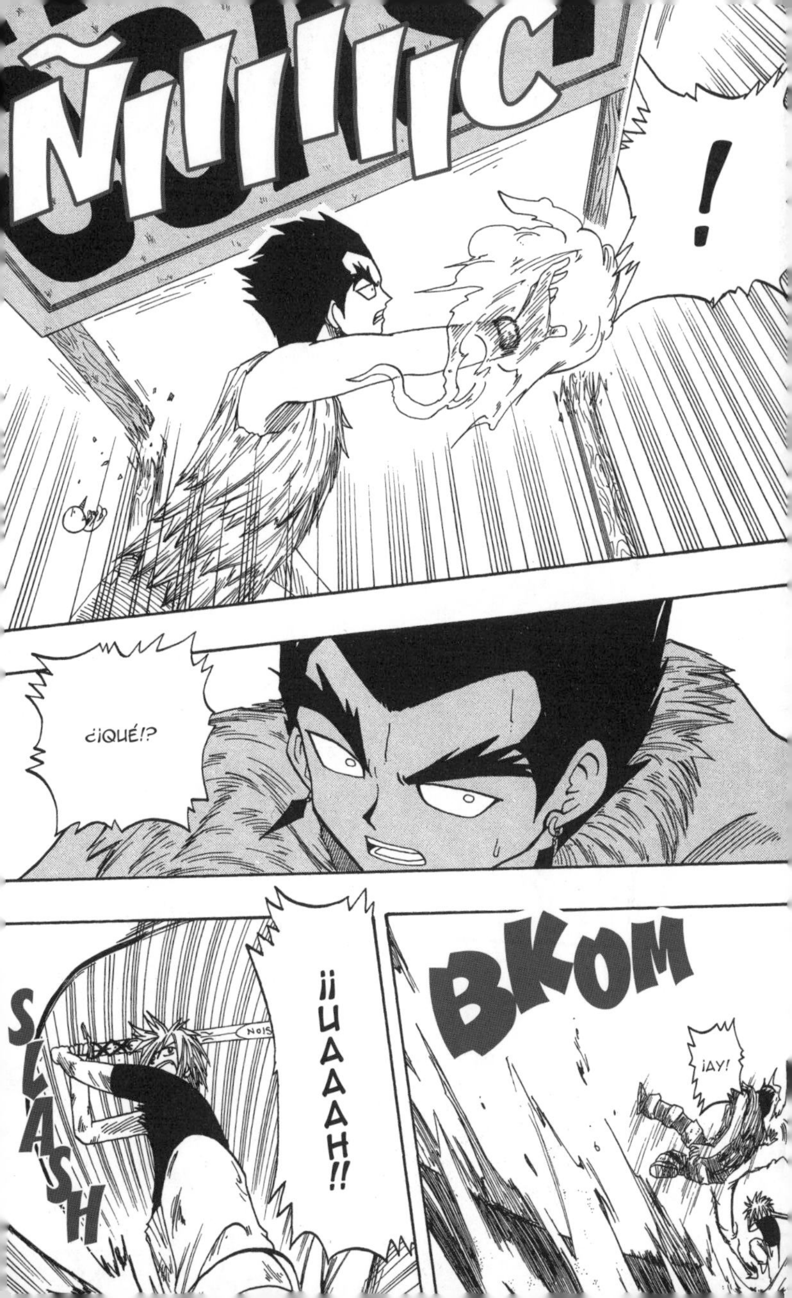

ÑIIIIIIC
!
¿¡QUÉ!?
BKOM
¡AY!
¡¡UAAAAH!!
SLASH

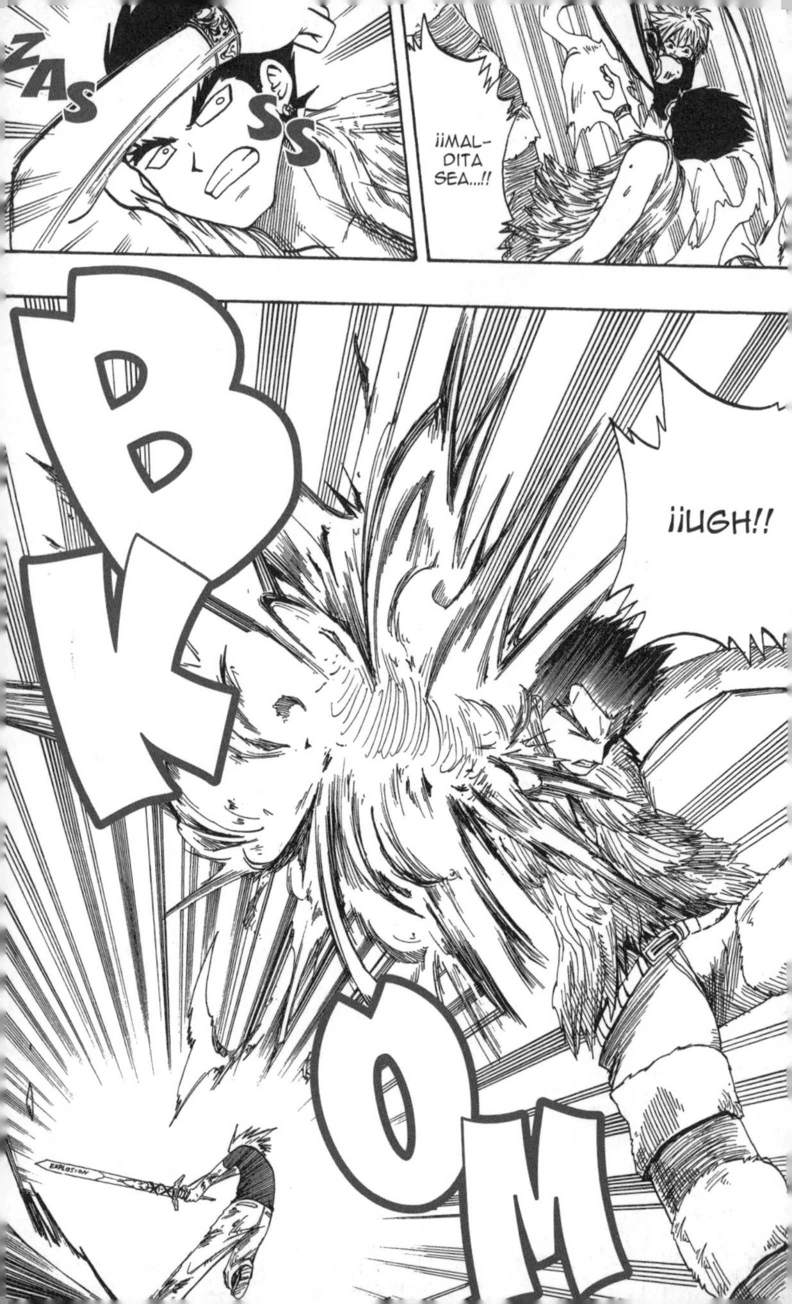
¡¡MAL-
DITA
SEA...!!
ZAS
SS
¡¡UGH!!
EXPLOSION

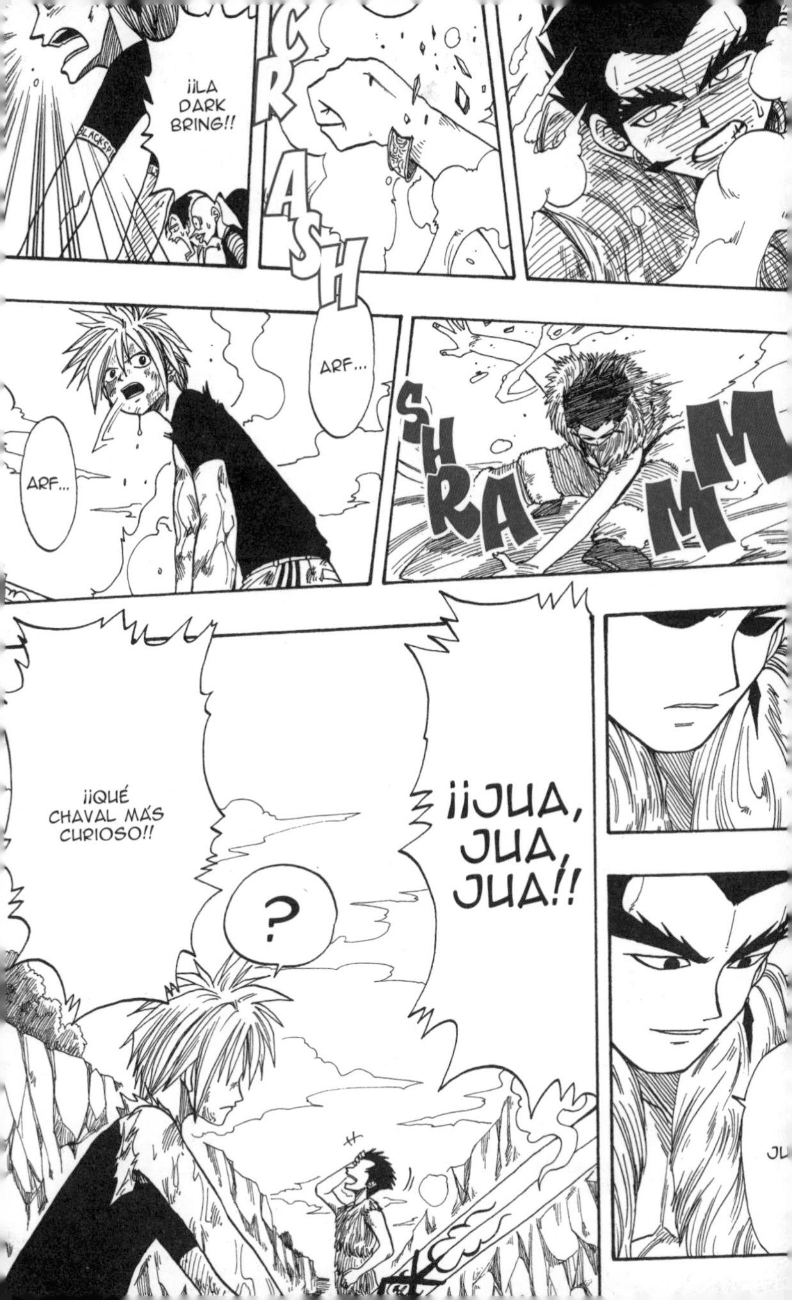
CRASH
¡¡LA DARK BRING!!
SHRAMMM
ARF...
ARF...
JU
¡¡JUA, JUA, JUA!!
¡¡QUÉ CHAVAL MÁS CURIOSO!!
?

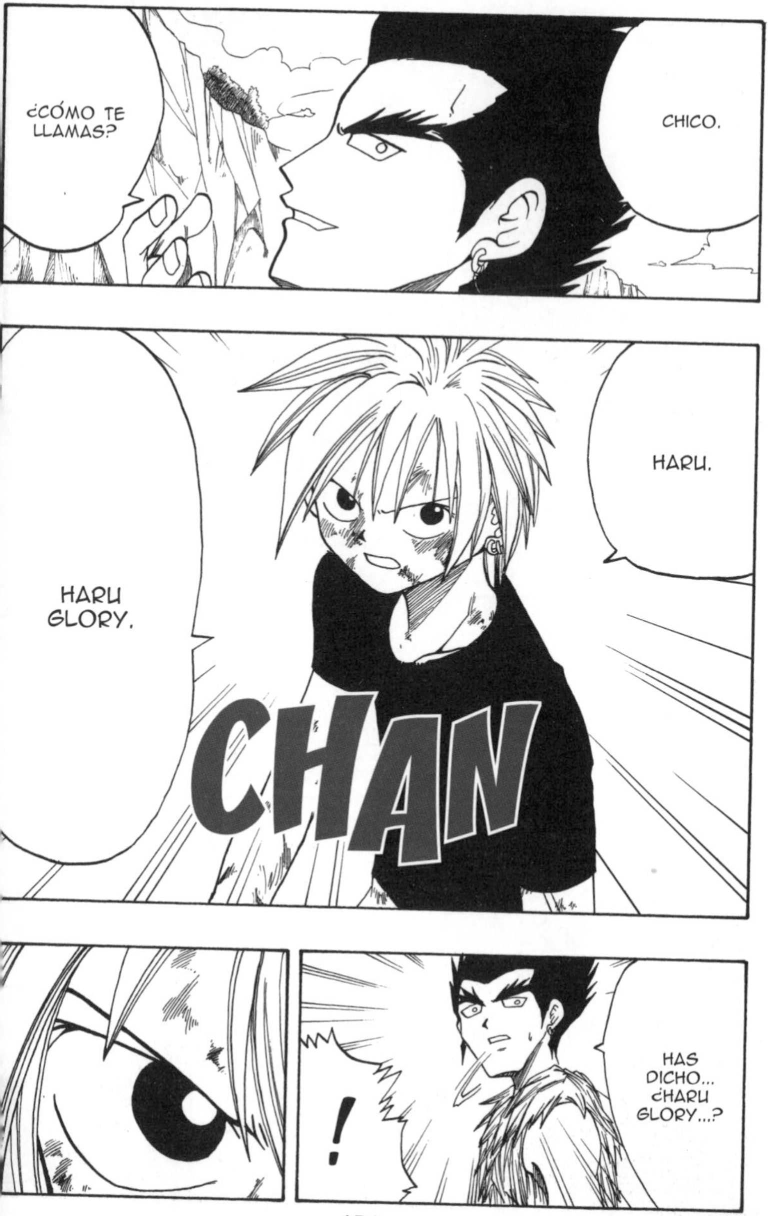
CHICO.
¿CÓMO TE LLAMAS?
HARU.
HARU GLORY.
CHAN
HAS DICHO... ¿HARU GLORY...?
!

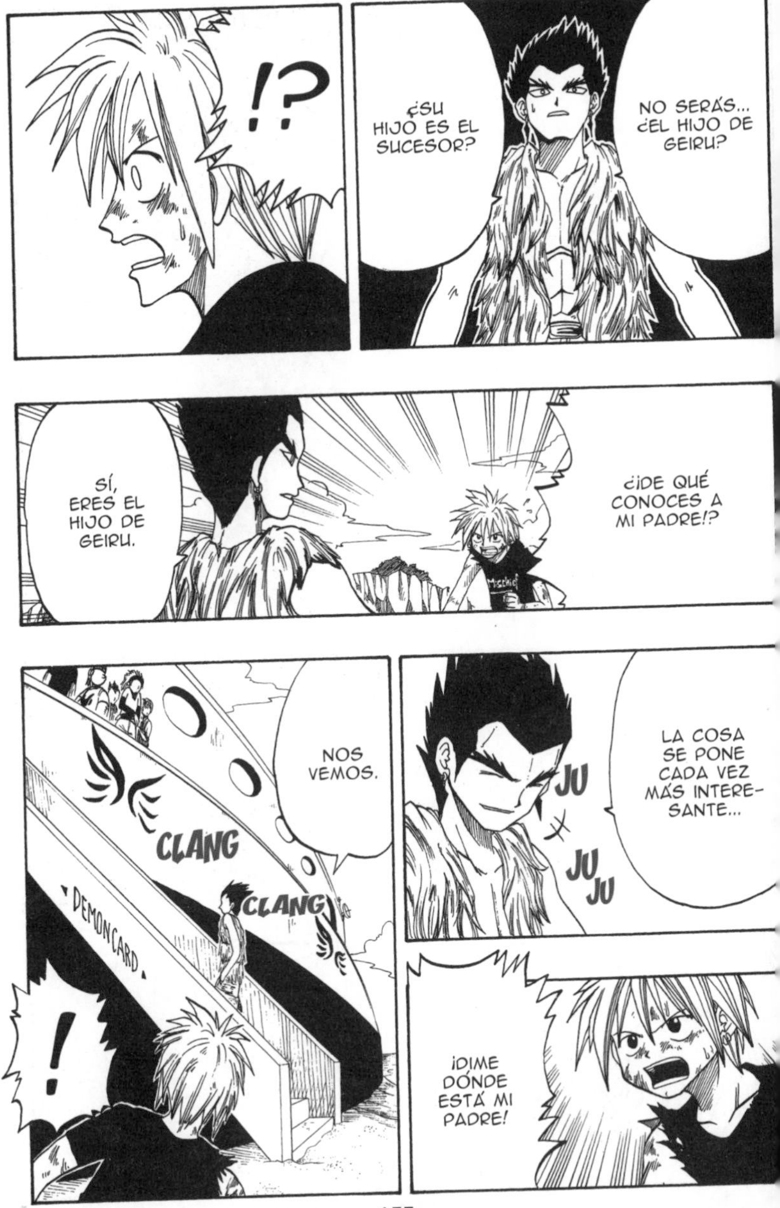
NO SERÁS... ¿EL HIJO DE GEIRU?
¿SU HIJO ES EL SUCESOR?
!?
¿¡DE QUÉ CONOCES A MI PADRE!?
SÍ, ERES EL HIJO DE GEIRU.
Mischief
LA COSA SE PONE CADA VEZ MÁS INTERE-SANTE...
JU
JU
JU
¡DIME DÓNDE ESTÁ MI PADRE!
NOS VEMOS.
CLANG
CLANG
DEMON CARD
!

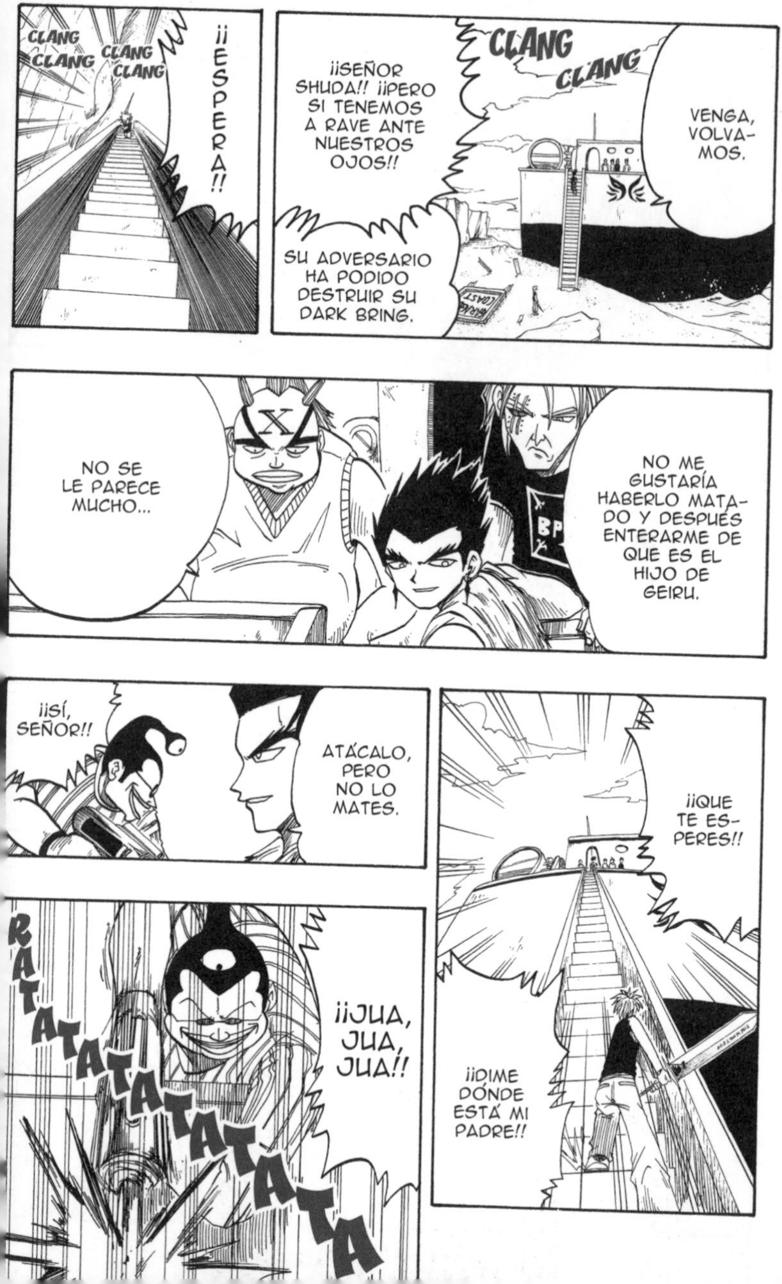
CLANG
CLANG
VENGA, VOLVAMOS.
¡¡SEÑOR SHUDA!! ¡¡PERO SI TENEMOS A RAVE ANTE NUESTROS OJOS!!
SU ADVERSARIO HA PODIDO DESTRUIR SU DARK BRING.
¡¡ESPERA!!
CLANG CLANG CLANG CLANG
NO ME GUSTARÍA HABERLO MATADO Y DESPUÉS ENTERARME DE QUE ES EL HIJO DE GEIRU.
NO SE LE PARECE MUCHO...
¡¡QUE TE ESPERES!!
¡¡DIME DÓNDE ESTÁ MI PADRE!!
ATÁCALO, PERO NO LO MATES.
¡¡SÍ, SEÑOR!!
¡¡JUA, JUA, JUA!!
RATATATATATATATA

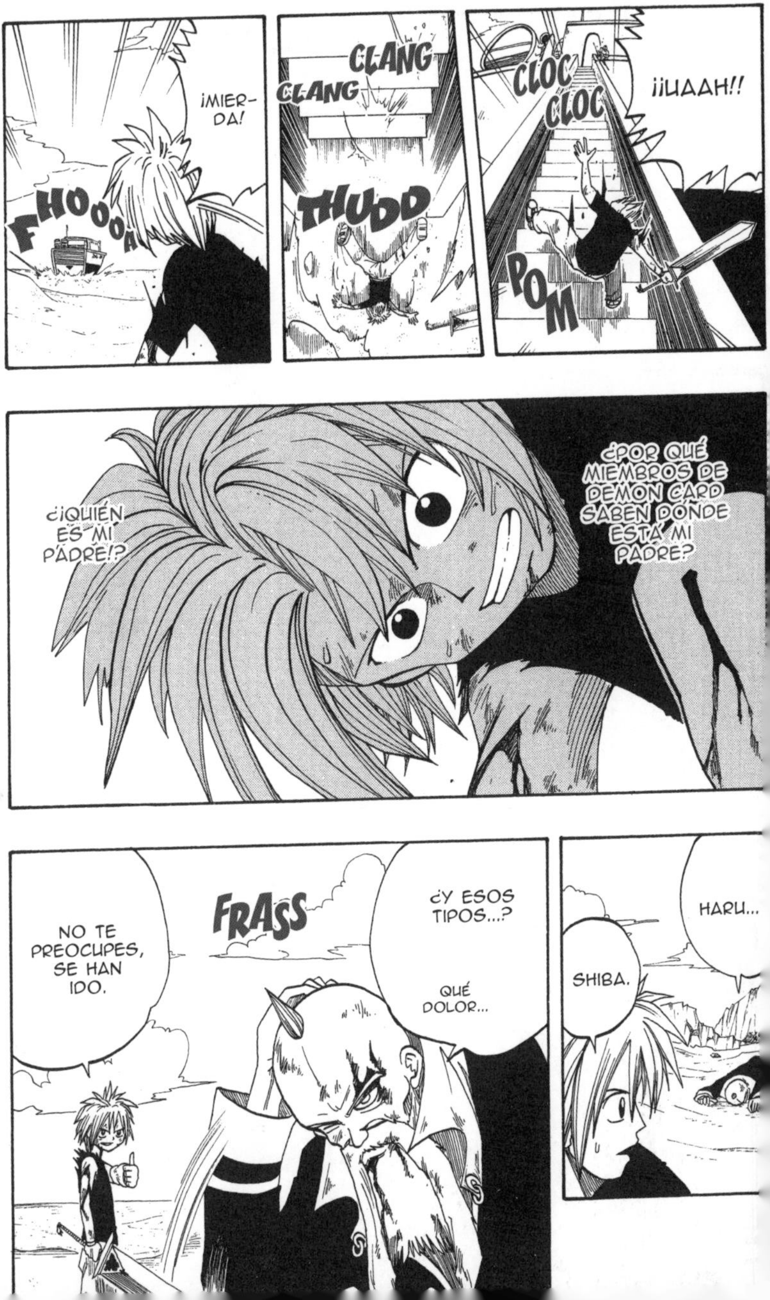

CLOC
CLOC
¡¡UAAH!!
POM
CLANG
CLANG
THUDD
¡MIER-DA!
FHOOOA
¿POR QUÉ MIEMBROS DE DEMON CARD SABEN DÓNDE ESTÁ MI PADRE?
¿¡QUIÉN ES MI PADRE!?
HARU...
SHIBA.
¿Y ESOS TIPOS...?
QUÉ DOLOR...
FRASS
NO TE PREOCUPES, SE HAN IDO.

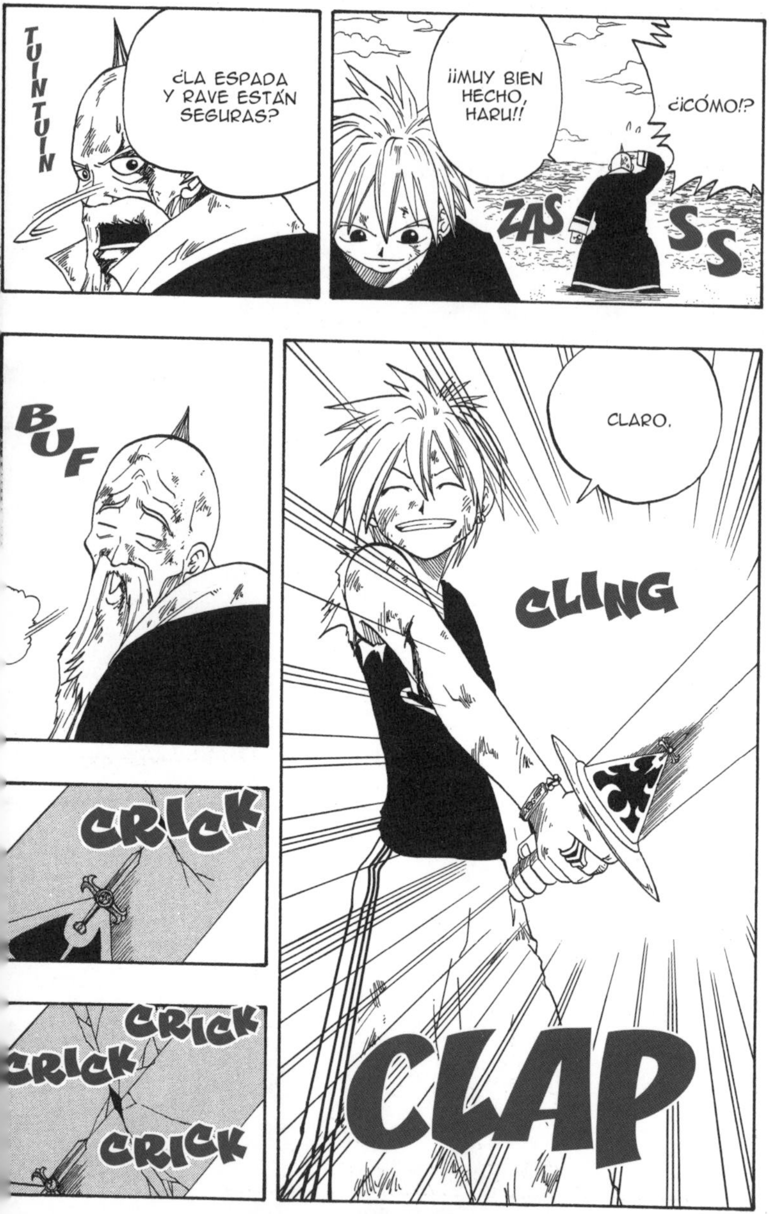
¡¡MUY BIEN HECHO, HARU!!
¿CÓMO!?
ZAS
SS
¿LA ESPADA Y RAVE ESTÁN SEGURAS?
TUIN TUIN
CLARO.
CLING
CLAP
BUF
CRICK
CRICK
CRICK
CRICK

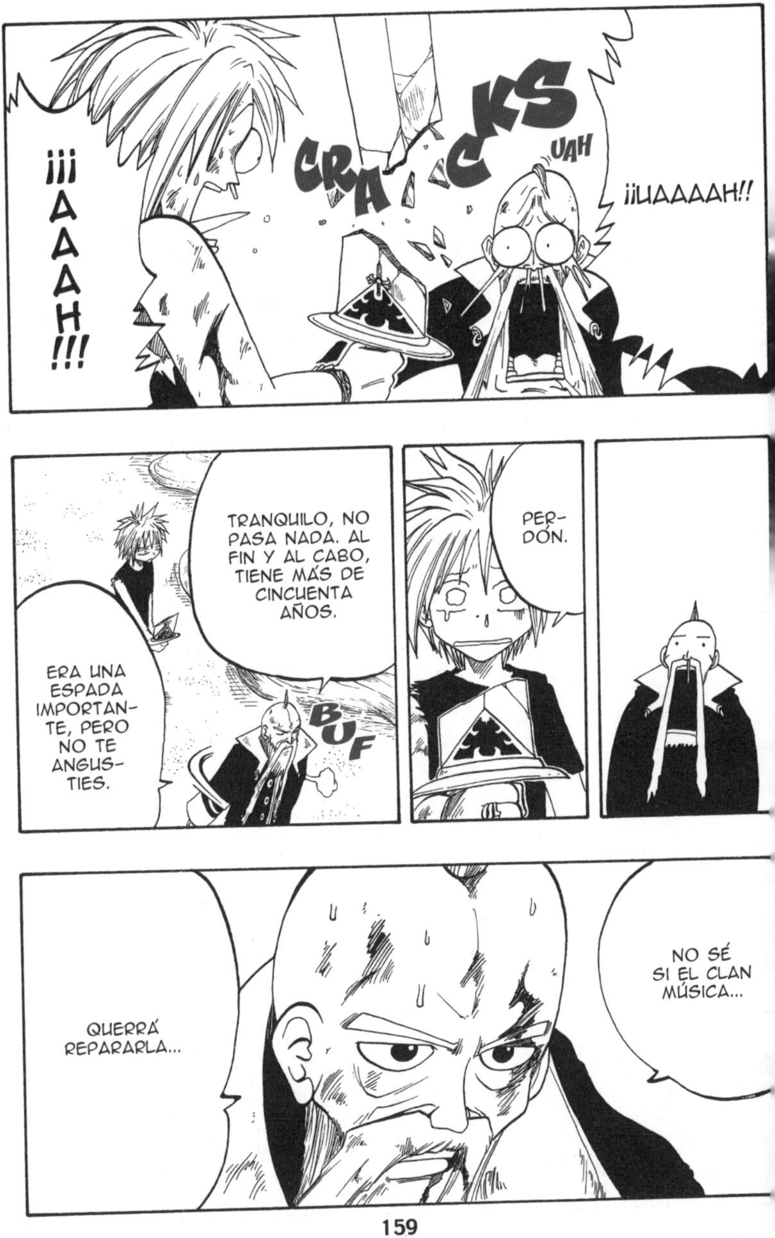
¡¡UAAAAH!!
UAH
CRACKS
¡¡¡AAAAH!!!
PER-DÓN.
TRANQUILO, NO PASA NADA. AL FIN Y AL CABO, TIENE MÁS DE CINCUENTA AÑOS.
BUF
ERA UNA ESPADA IMPORTAN-TE, PERO NO TE ANGUS-TIES.
NO SÉ SI EL CLAN MÚSICA...
QUERRÁ REPARARLA...

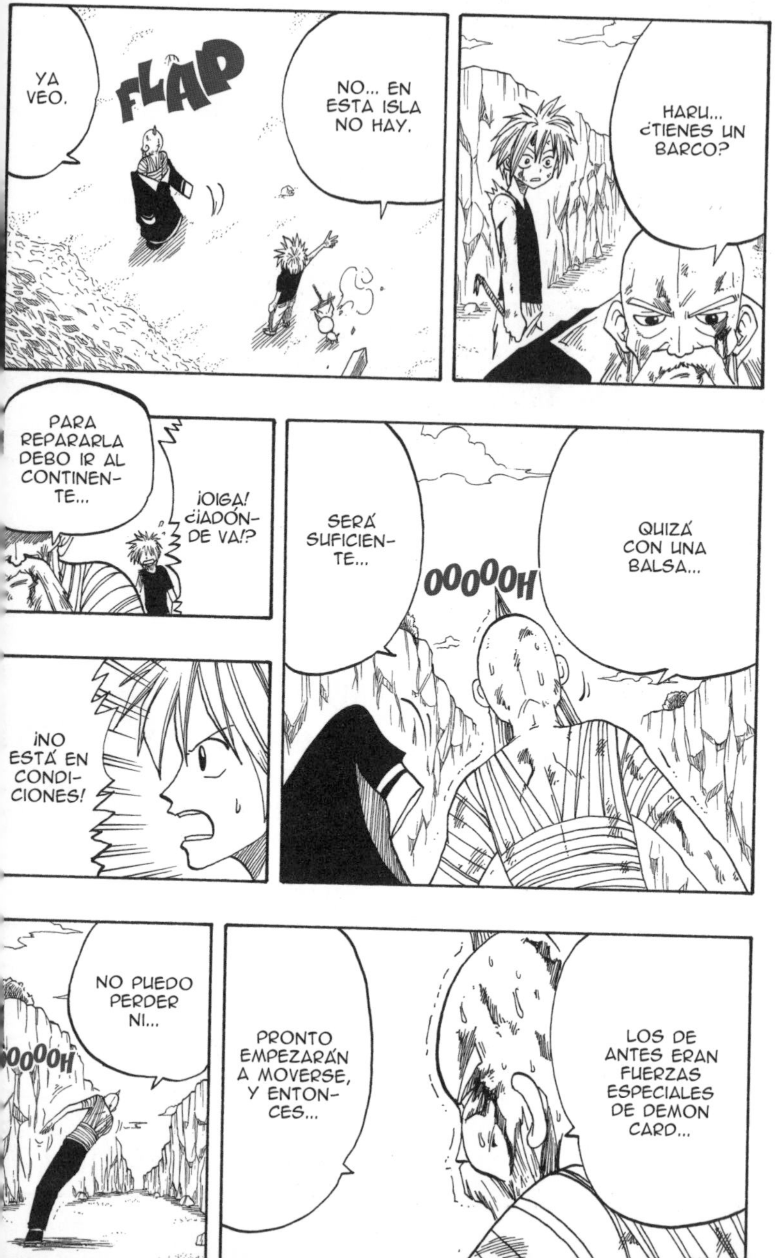
HARU... ¿TIENES UN BARCO?
NO... EN ESTA ISLA NO HAY.
YA VEO.
FLAP
QUIZÁ CON UNA BALSA...
SERÁ SUFICIENTE...
OOOOOH
PARA REPARARLA DEBO IR AL CONTINENTE...
¡OIGA! ¿ADÓNDE VA!?
¡NO ESTÁ EN CONDICIONES!
LOS DE ANTES ERAN FUERZAS ESPECIALES DE DEMON CARD...
PRONTO EMPEZARÁN A MOVERSE, Y ENTONCES...
NO PUEDO PERDER NI...
OOOOOH

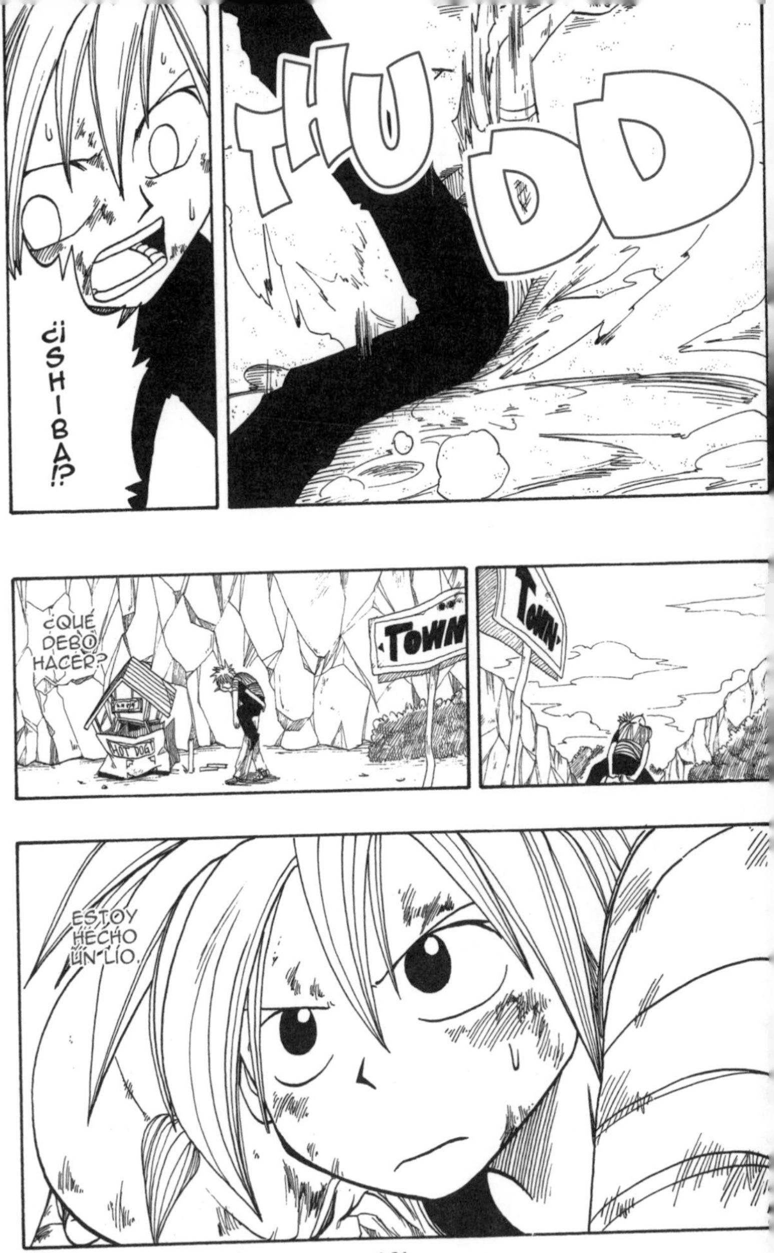
THUDD
¡¿SHIBA!?
TOWN
TOWN
¿QUÉ DEBO HACER?
HOT DOG!
ESTOY HECHO UN LÍO.

PRIMER MAESTRO RAVE: EL MONJE GUERRERO SHIBA.

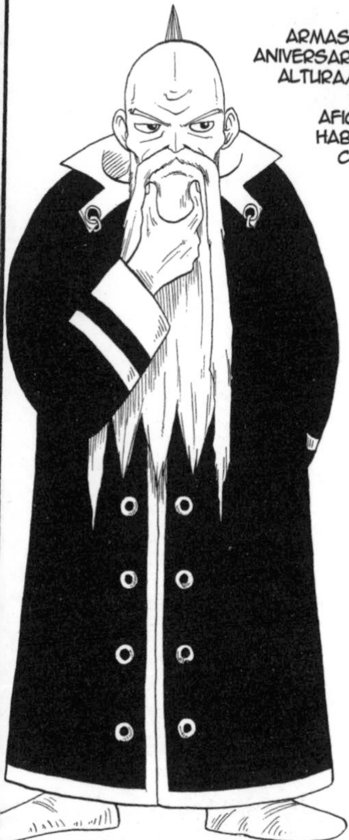

ARMAS: RAVE Y LA ESPADA DE LOS DIEZ PODERES.
ANIVERSARIO/EDAD: 18 DE NOVIEMBRE DE 9992/74 AÑOS.
ALTURA/PESO/GRUPO SANGUÍNEO: 155 CM/50 KG/AB
NACIÓ EN: LA ISLA GARAGE
AFICIONES: LA LITERATURA, ESCRIBIR LIBROS.
HABILIDADES: LLORAR POR CUALQUIER COSA.
COSAS QUE APRECIA: SU TIERRA NATAL, LA ISLA GARAGE.
COSAS QUE DESPRECIA: DARK BRING

SHIBA, EL ABUELO DE LLANTO FÁCIL. ES EL PERSONAJE QUE HA SUFRIDO MÁS CAMBIOS, TANTO EN ASPECTO COMO EN PERSONALIDAD, EN LOS PRIMEROS GUIONES MORÍA, PERO COMO LAS AVENTURAS DE HARU Y PLUE HASTA EL MOMENTO ERAN MUY DIVERTIDAS, NO QUISE ESTROPEAR EL EFECTO CON ALGO TAN AMARGO. ¡HASTA SU PRÓXIMA APARICIÓN, SI ES QUE LA HAY!

UN PRIMER BOCETO DE SHIBA, CON ASPECTO DE PROFETA.

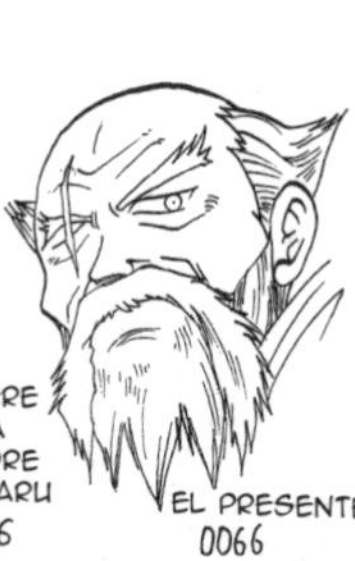

CRONOLOGÍA DE RAVE.

- 9992 NACE SHIBA
- 0000 CAMBIO DE MILENIO
- 0015 EMPIEZA LA GUERRA ENTRE RAVE Y DARK BRING
- 0016 OVERDRIVE
- 0050 NACE HARU
- 0051 EL PADRE DE HARU ABANDONA LA ISLA
- 0056 MUERE LA MADRE DE HARU
- 0060 LLEGA NAKAJIMA
- 0066 EL PRESENTE
- TO BE CONTINUED

RAVE

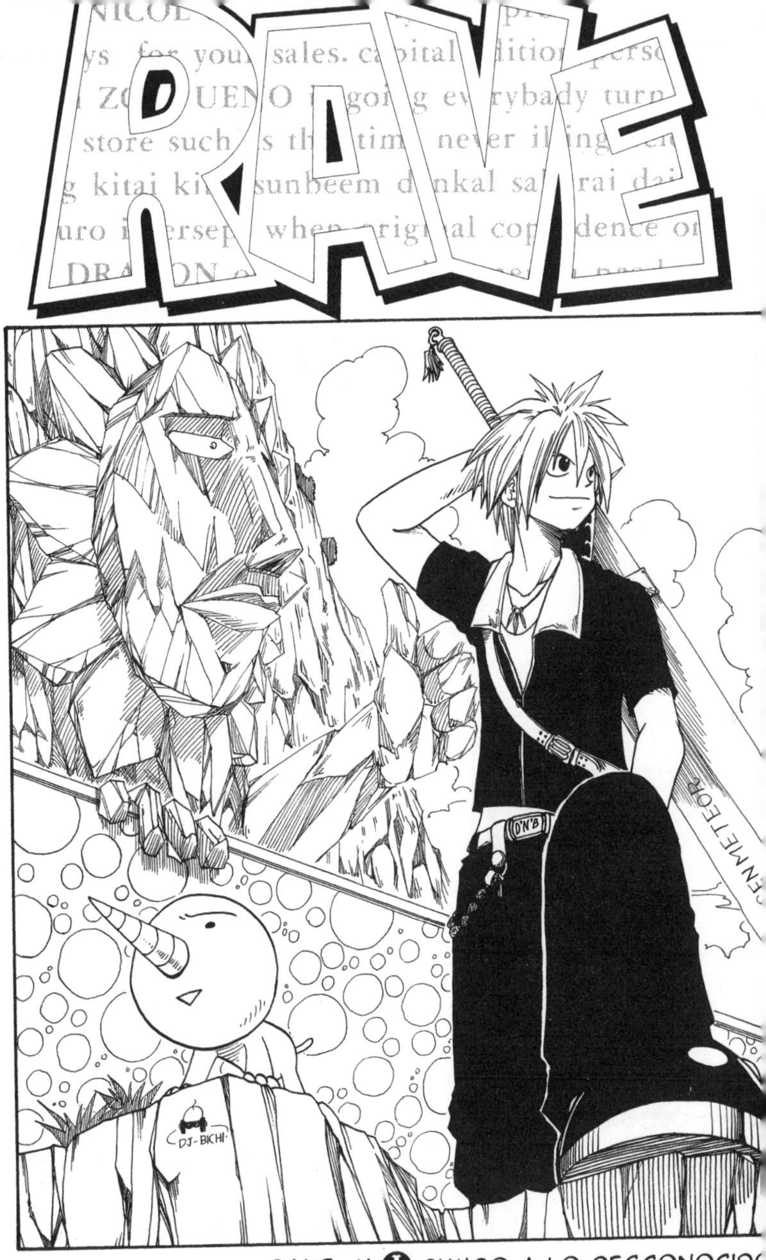
D'N'B
DJ-BICHI

RAVE: 4 ✚ RUMBO A LO DESCONOCIDO

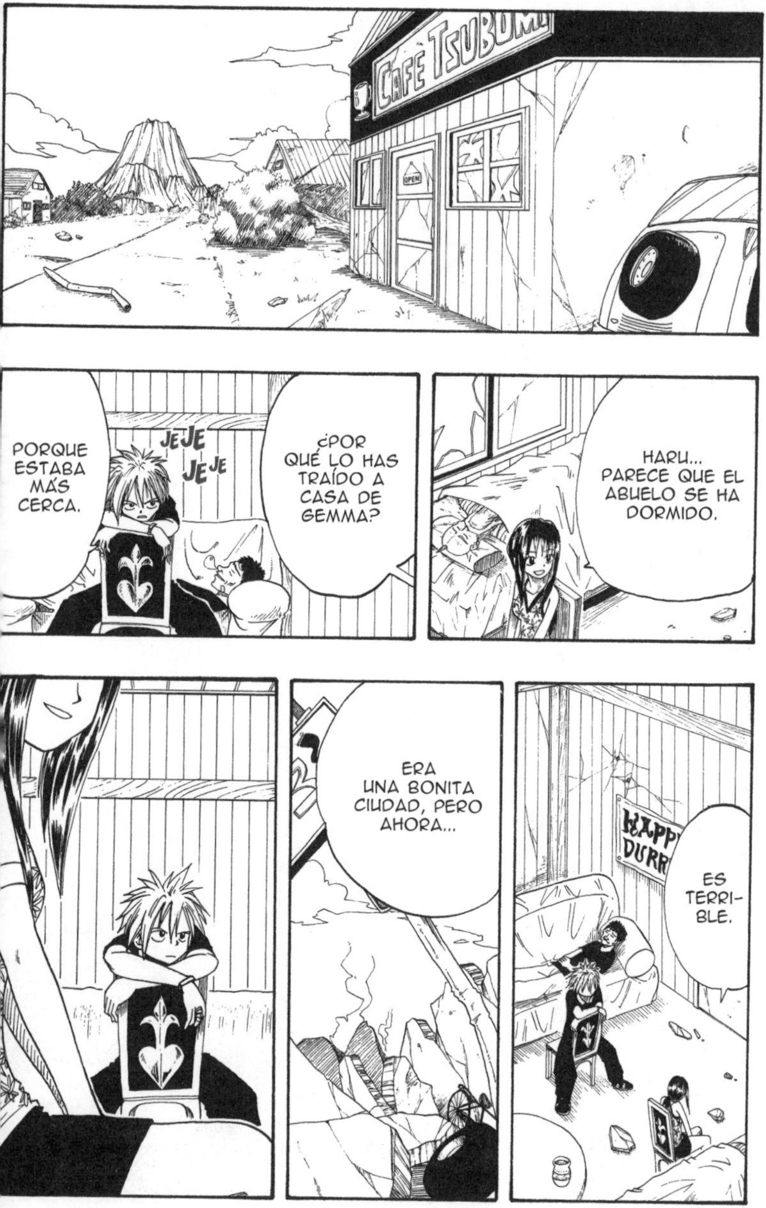
CAFE TSUBOMI
OPEN
HARU... PARECE QUE EL ABUELO SE HA DORMIDO.
¿POR QUÉ LO HAS TRAÍDO A CASA DE GEMMA?
PORQUE ESTABA MÁS CERCA.
JE JE JE JE
ES TERRI-BLE.
ERA UNA BONITA CIUDAD, PERO AHORA...

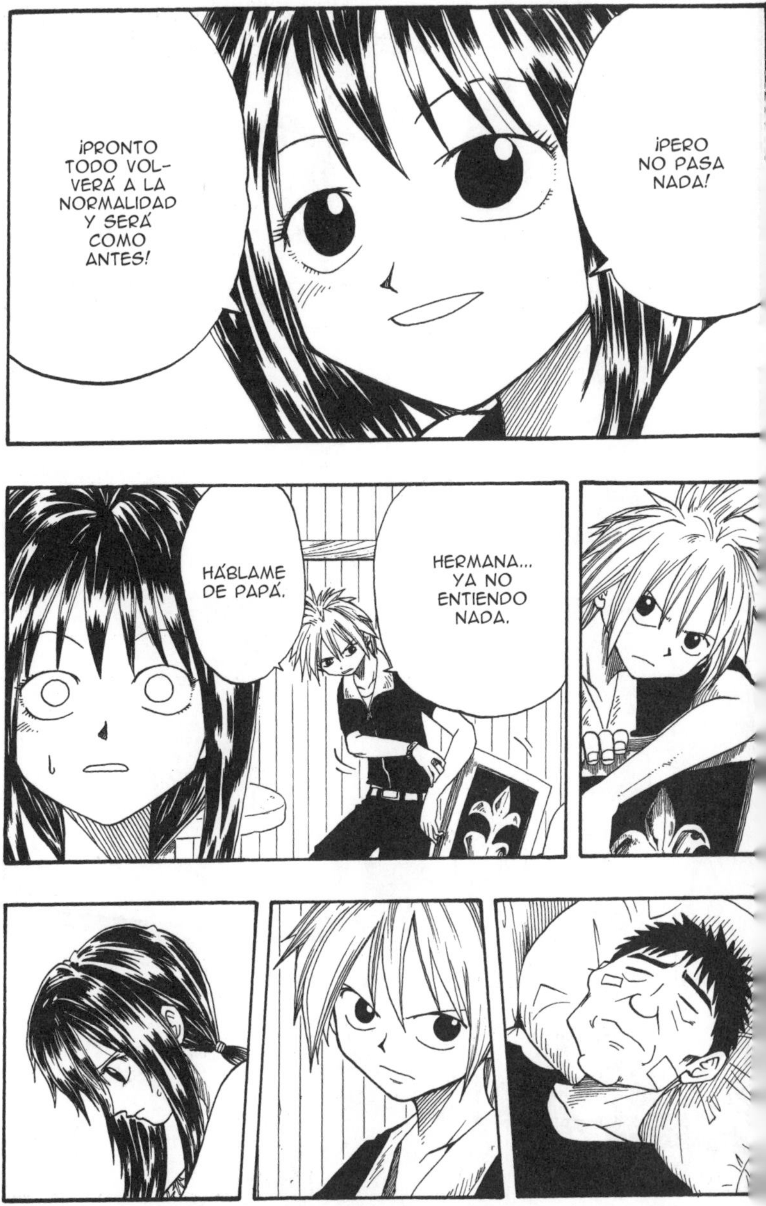
¡PERO NO PASA NADA!
¡PRONTO TODO VOLVERÁ A LA NORMALIDAD Y SERÁ COMO ANTES!
HERMANA... YA NO ENTIENDO NADA.
HÁBLAME DE PAPÁ.

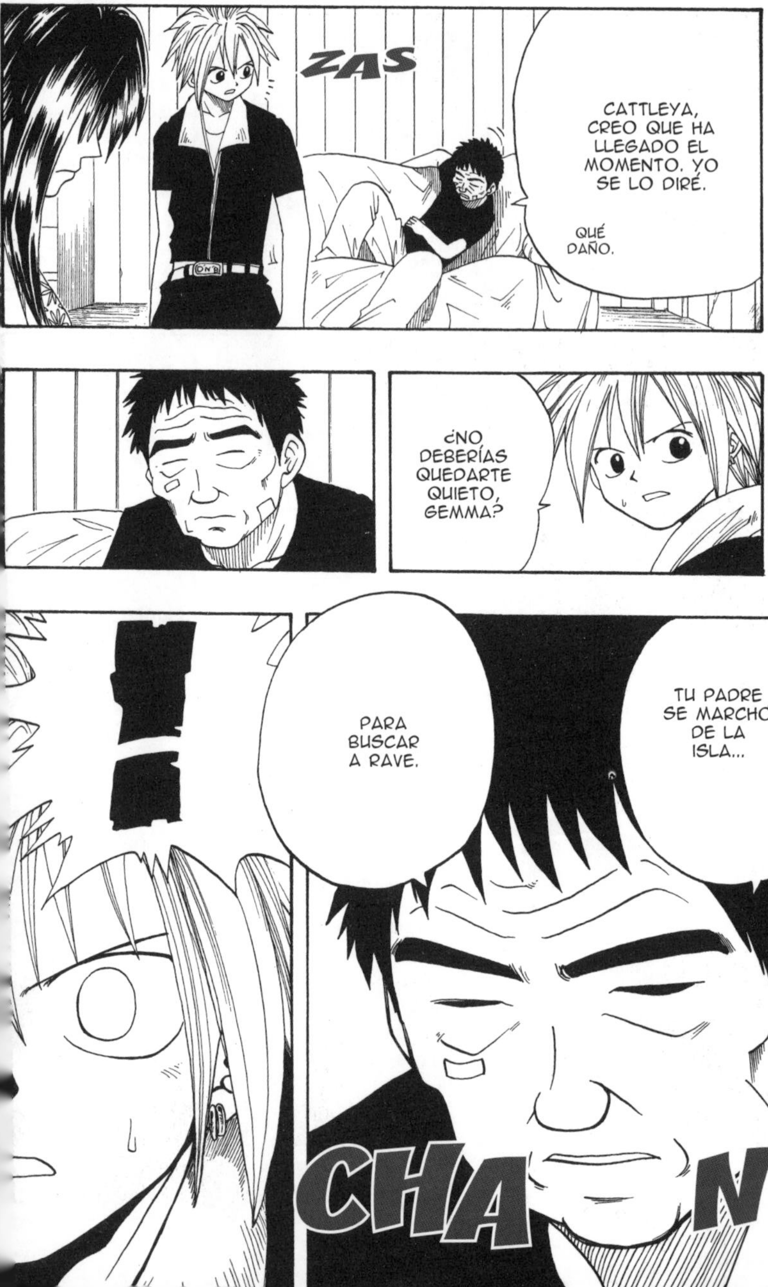
CATTLEYA, CREO QUE HA LLEGADO EL MOMENTO. YO SE LO DIRÉ.
QUÉ DAÑO.
ZAS
¿NO DEBERÍAS QUEDARTE QUIETO, GEMMA?
TU PADRE SE MARCHÓ DE LA ISLA...
PARA BUSCAR A RAVE.
CHA N

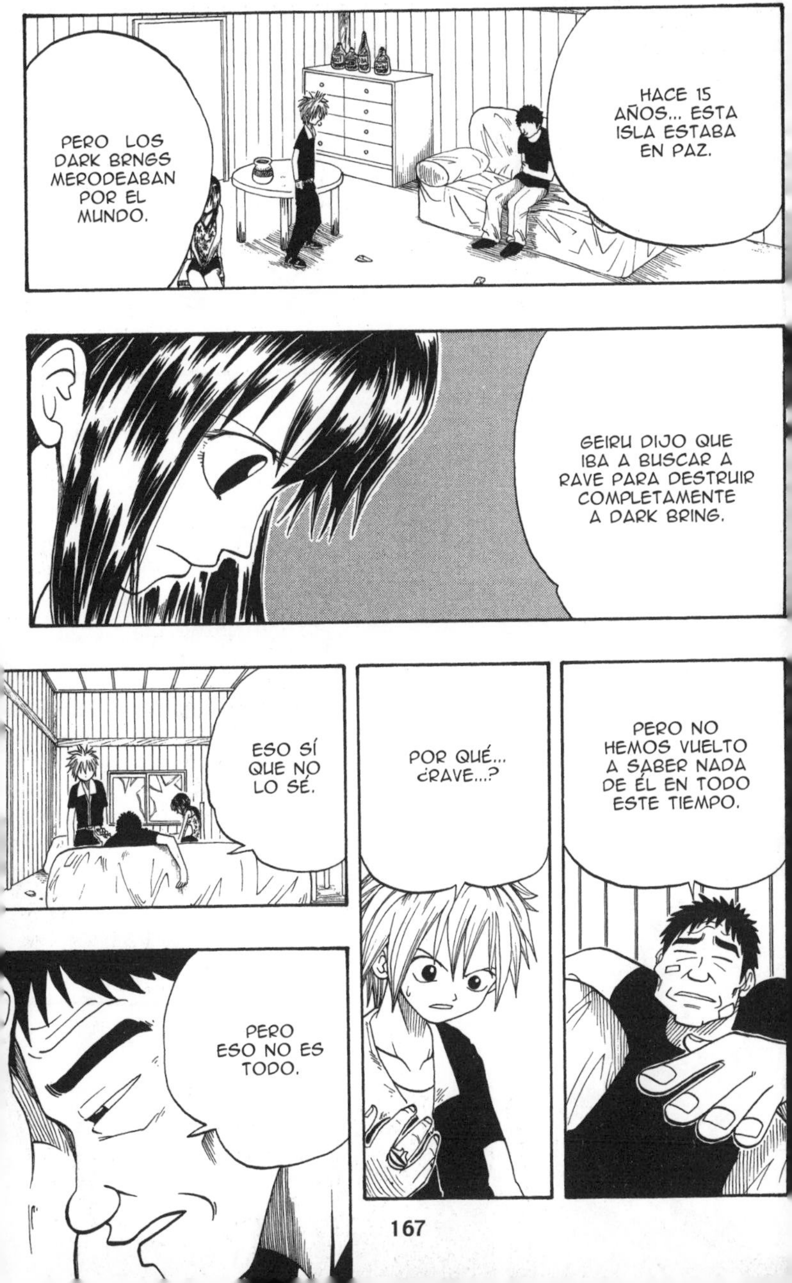
HACE 15 AÑOS... ESTA ISLA ESTABA EN PAZ.
PERO LOS DARK BRNGS MERODEABAN POR EL MUNDO.
GEIRU DIJO QUE IBA A BUSCAR A RAVE PARA DESTRUIR COMPLETAMENTE A DARK BRING.
PERO NO HEMOS VUELTO A SABER NADA DE ÉL EN TODO ESTE TIEMPO.
POR QUÉ... ¿RAVE...?
ESO SÍ QUE NO LO SÉ.
PERO ESO NO ES TODO.

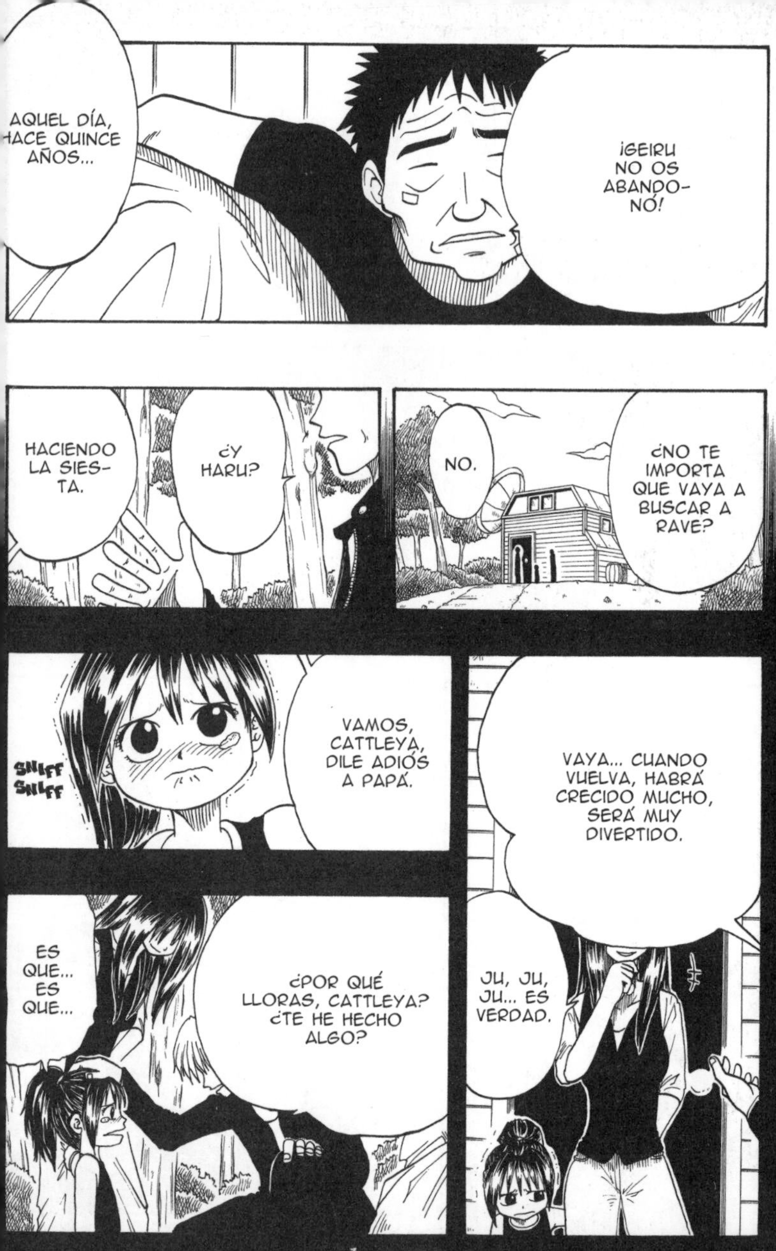
¡GEIRU NO OS ABANDONÓ!
AQUEL DÍA, HACE QUINCE AÑOS...
¿NO TE IMPORTA QUE VAYA A BUSCAR A RAVE?
NO.
¿Y HARU?
HACIENDO LA SIESTA.
VAYA... CUANDO VUELVA, HABRÁ CRECIDO MUCHO, SERÁ MUY DIVERTIDO.
JU, JU, JU... ES VERDAD.
VAMOS, CATTLEYA, DILE ADIÓS A PAPÁ.
SNIFF SNIFF
¿POR QUÉ LLORAS, CATTLEYA? ¿TE HE HECHO ALGO?
ES QUE... ES QUE...

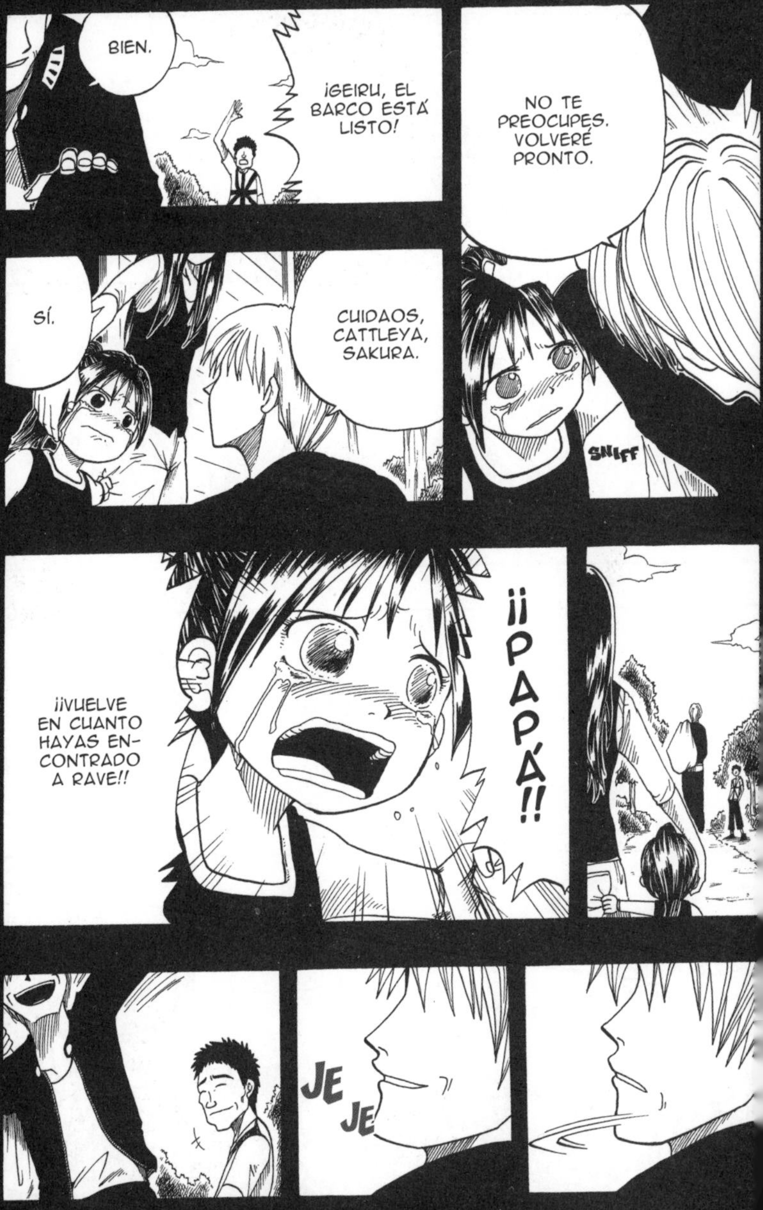
BIEN.
¡GEIRU, EL BARCO ESTÁ LISTO!
SÍ.
CUIDAOS, CATTLEYA, SAKURA.
NO TE PREOCUPES. VOLVERÉ PRONTO.
SNIFF
¡¡VUELVE EN CUANTO HAYAS EN-CONTRADO A RAVE!!
¡¡PAPÁ!!
JE JE

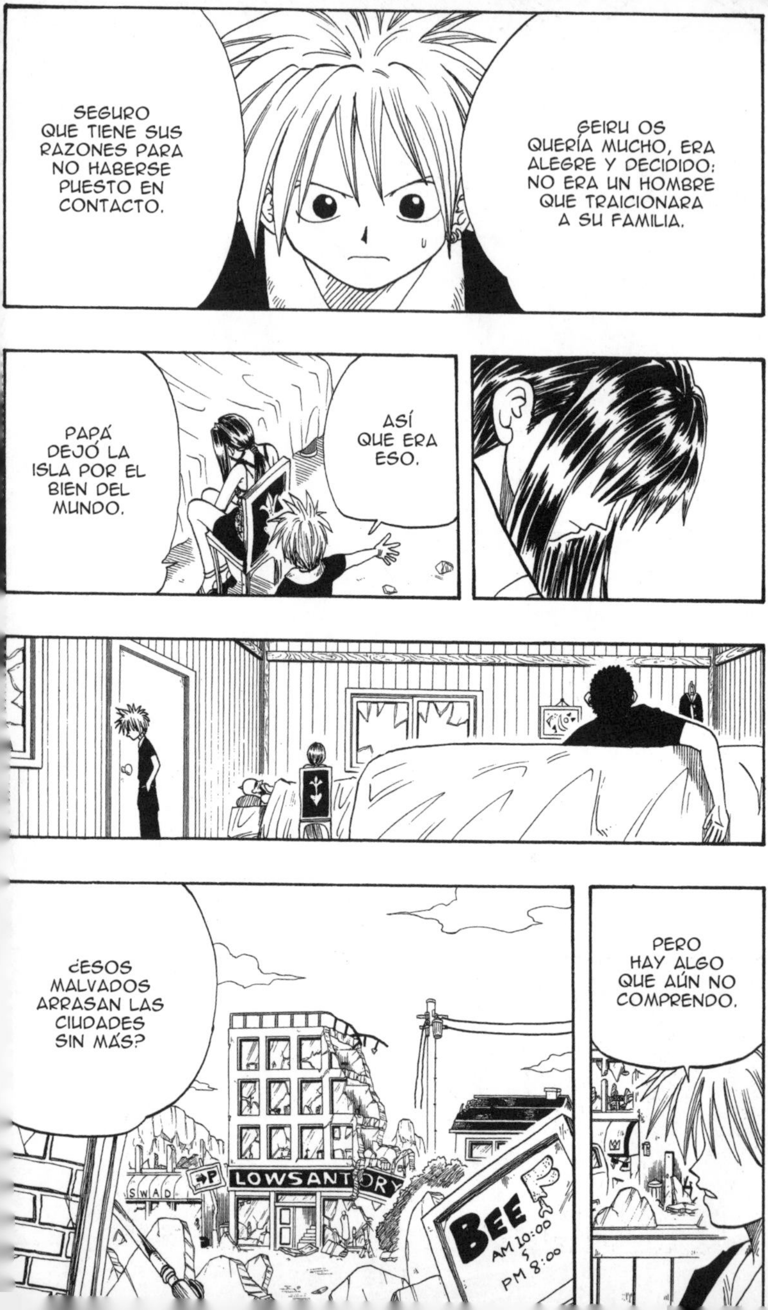
GEIRU OS QUERÍA MUCHO, ERA ALEGRE Y DECIDIDO: NO ERA UN HOMBRE QUE TRAICIONARA A SU FAMILIA.
SEGURO QUE TIENE SUS RAZONES PARA NO HABERSE PUESTO EN CONTACTO.
ASÍ QUE ERA ESO.
PAPÁ DEJÓ LA ISLA POR EL BIEN DEL MUNDO.
PERO HAY ALGO QUE AÚN NO COMPRENDO.
¿ESOS MALVADOS ARRASAN LAS CIUDADES SIN MÁS?
SWAD
P
LOWSANT ORY
BEE
AM 10:00
PM 8:00

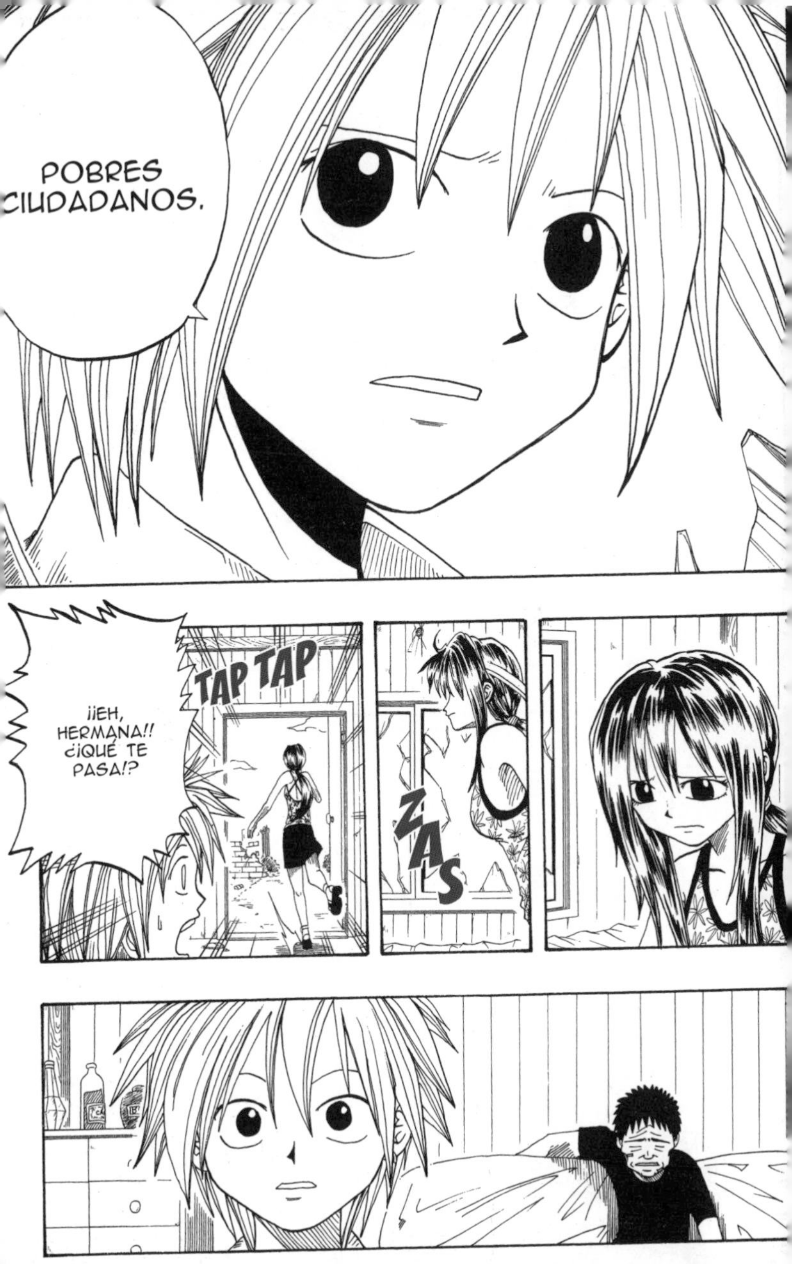
POBRES CIUDADANOS.
¡¡EH, HERMANA!! ¿¡QUÉ TE PASA!?
TAP TAP
ZAS

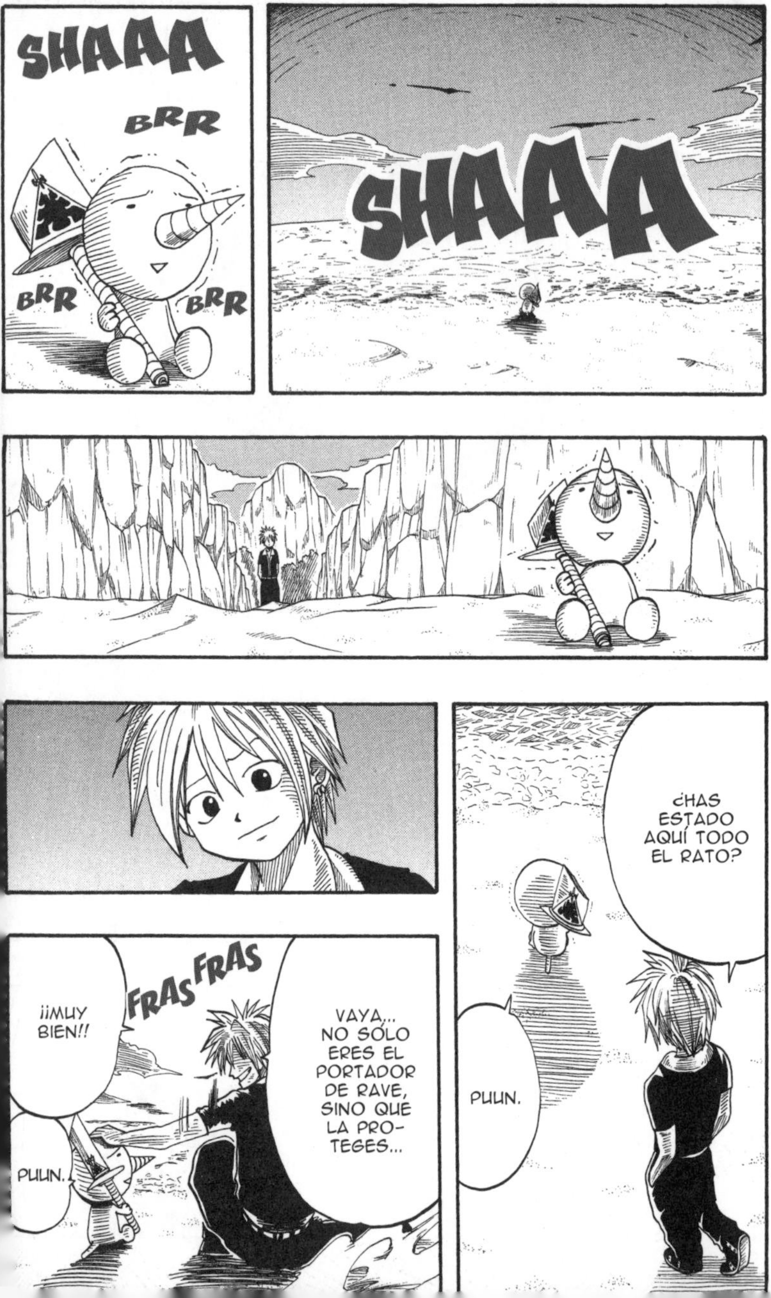
SHAAAA
SHAAA
BRR
BRR
BRR
¿HAS ESTADO AQUÍ TODO EL RATO?
PUUN.
VAYA,.. NO SÓLO ERES EL PORTADOR DE RAVE, SINO QUE LA PRO-TEGES...
FRAS FRAS
¡¡MUY BIEN!!
PUUN.

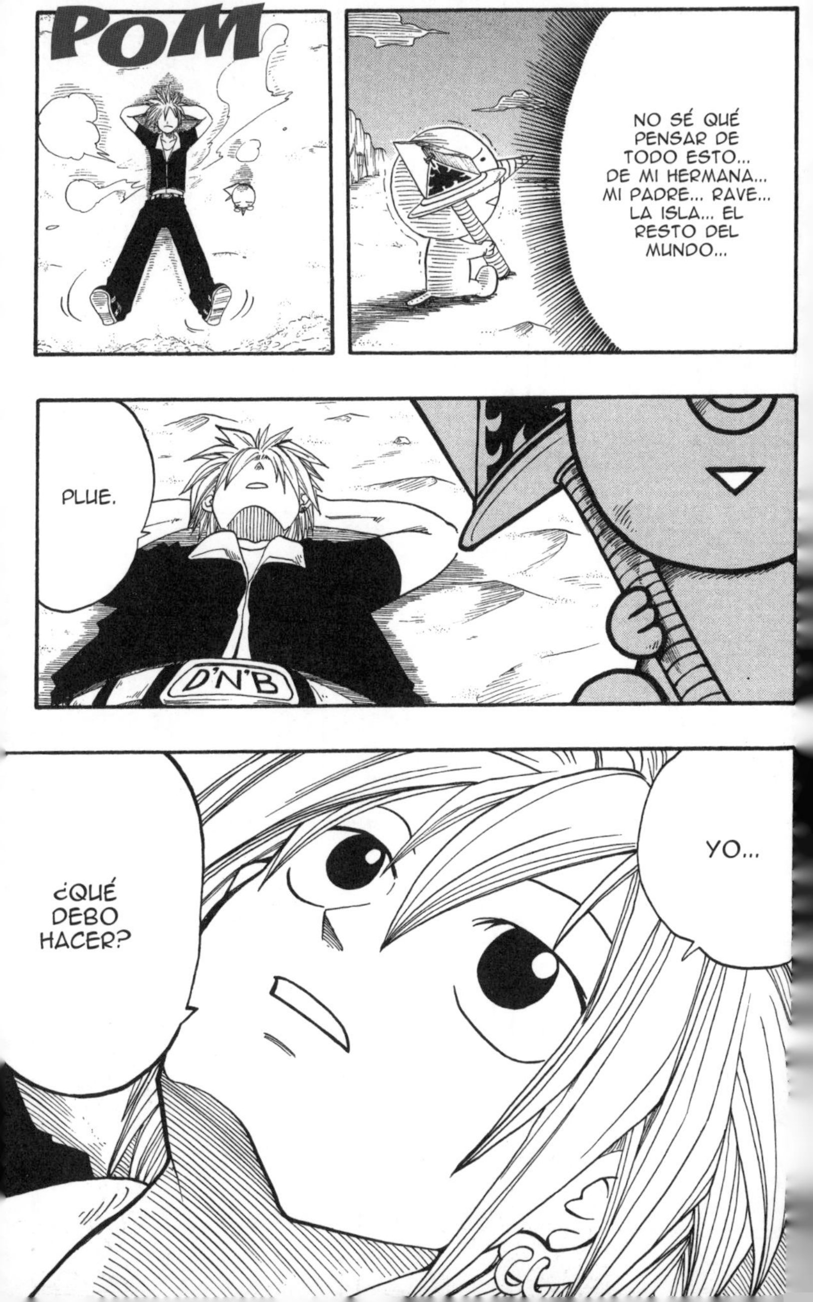
POM
NO SÉ QUÉ PENSAR DE TODO ESTO... DE MI HERMANA... MI PADRE... RAVE... LA ISLA... EL RESTO DEL MUNDO...
PLUE.
D'N'B
YO...
¿QUÉ DEBO HACER?

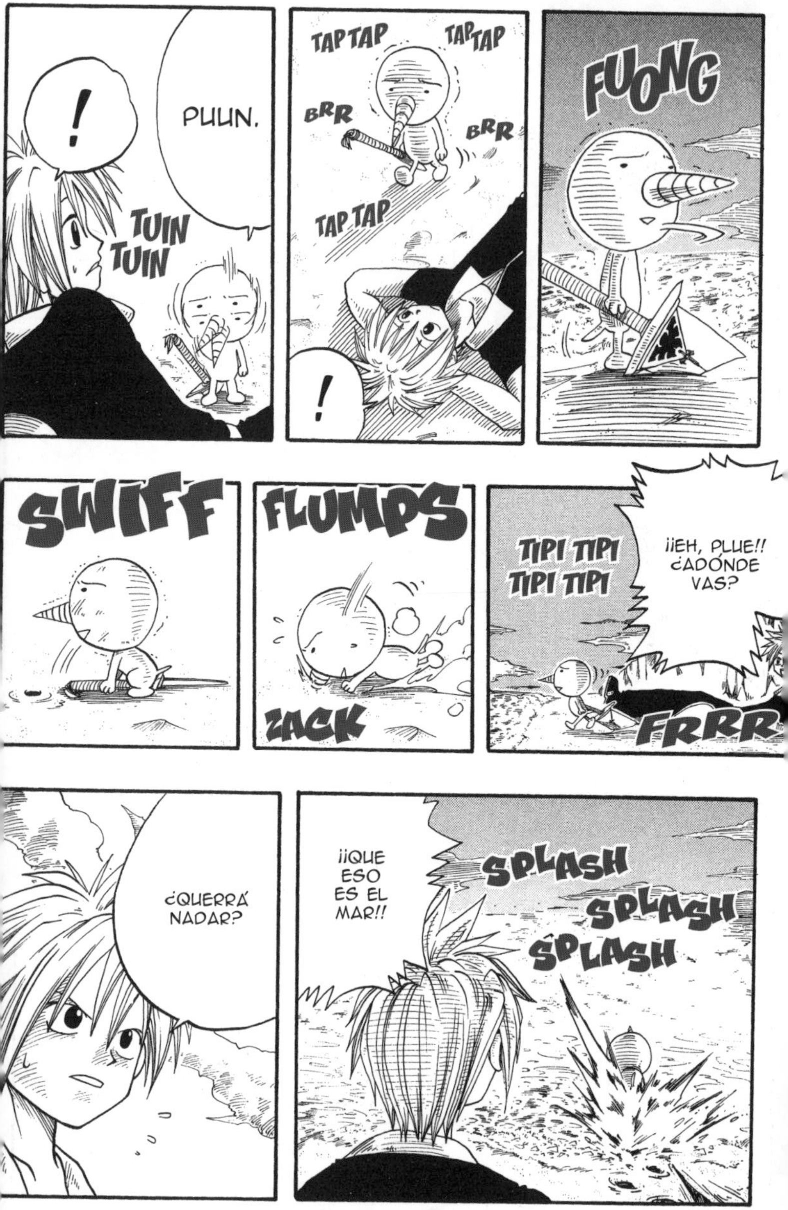
!
PUUN.
TUIN TUIN
TAP TAP
TAP TAP
BRR
BRR
TAP TAP
!
FUONG
SWIFF
FLUMPS
ZACK
TIPI TIPI TIPI TIPI
¡¡EH, PLUE!! ¿ADÓNDE VAS?
FRRR
¿QUERRÁ NADAR?
¡¡QUE ESO ES EL MAR!!
SPLASH
SPLASH
SPLASH

SPLASH

SPLASH

SPLASH

¡¡ESE IDIOTA!!

¡¡PLUE!!

SPLASH

SPLASH SPLASH

PLUC

PLUC

GLU GLU

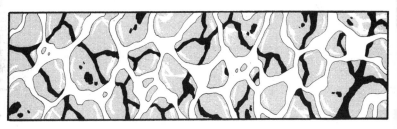

ARF

ARF

¿QUÉ TE PASA!? ¿ES QUE QUIERES AHOGARTE?

TIPI TIPI

AAH..

TIPI TIPI

SPLOSH

¡¡UAAAH!!

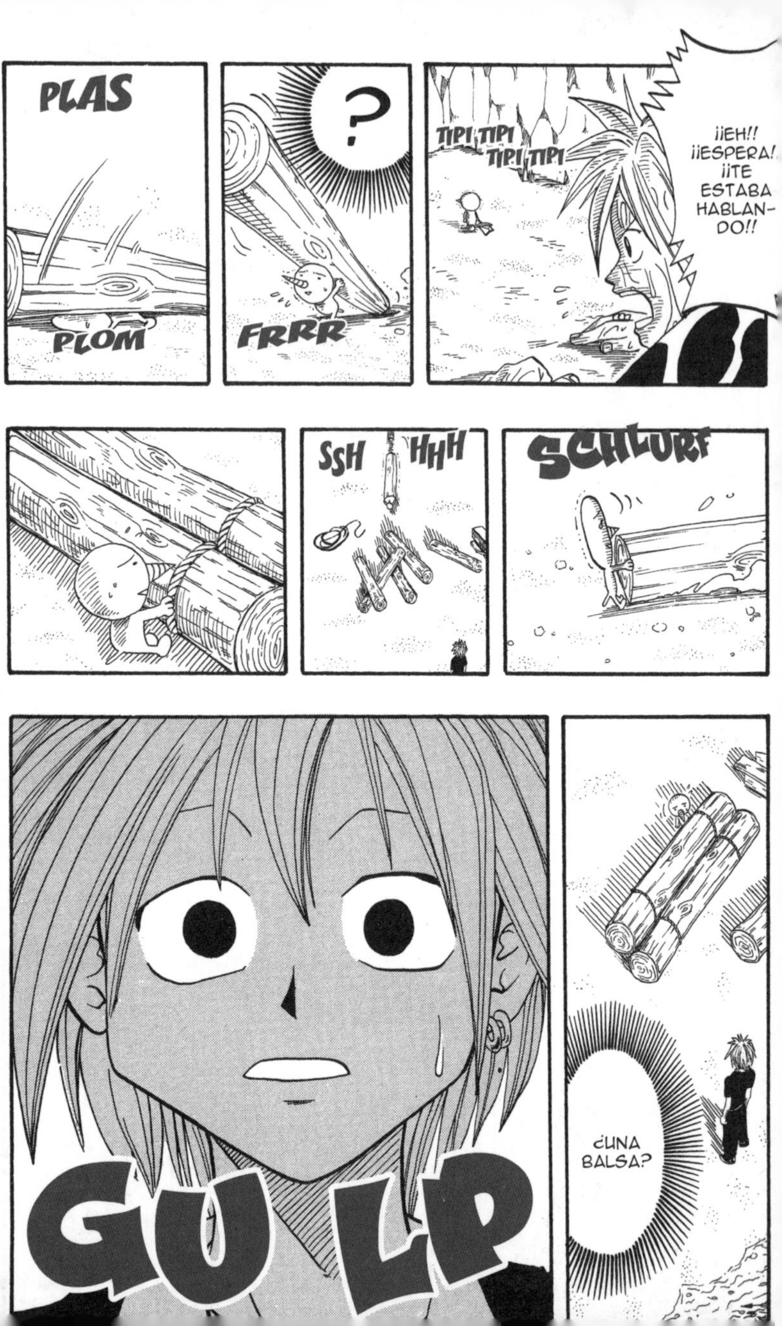
¡¡EH!! ¡¡ESPERA! ¡¡TE ESTABA HABLANDO!!
TIPI TIPI TIPI TIPI
?
FRRR
PLAS
PLOM
SCHLURF
SSH HHH
¿UNA BALSA?
GU LP

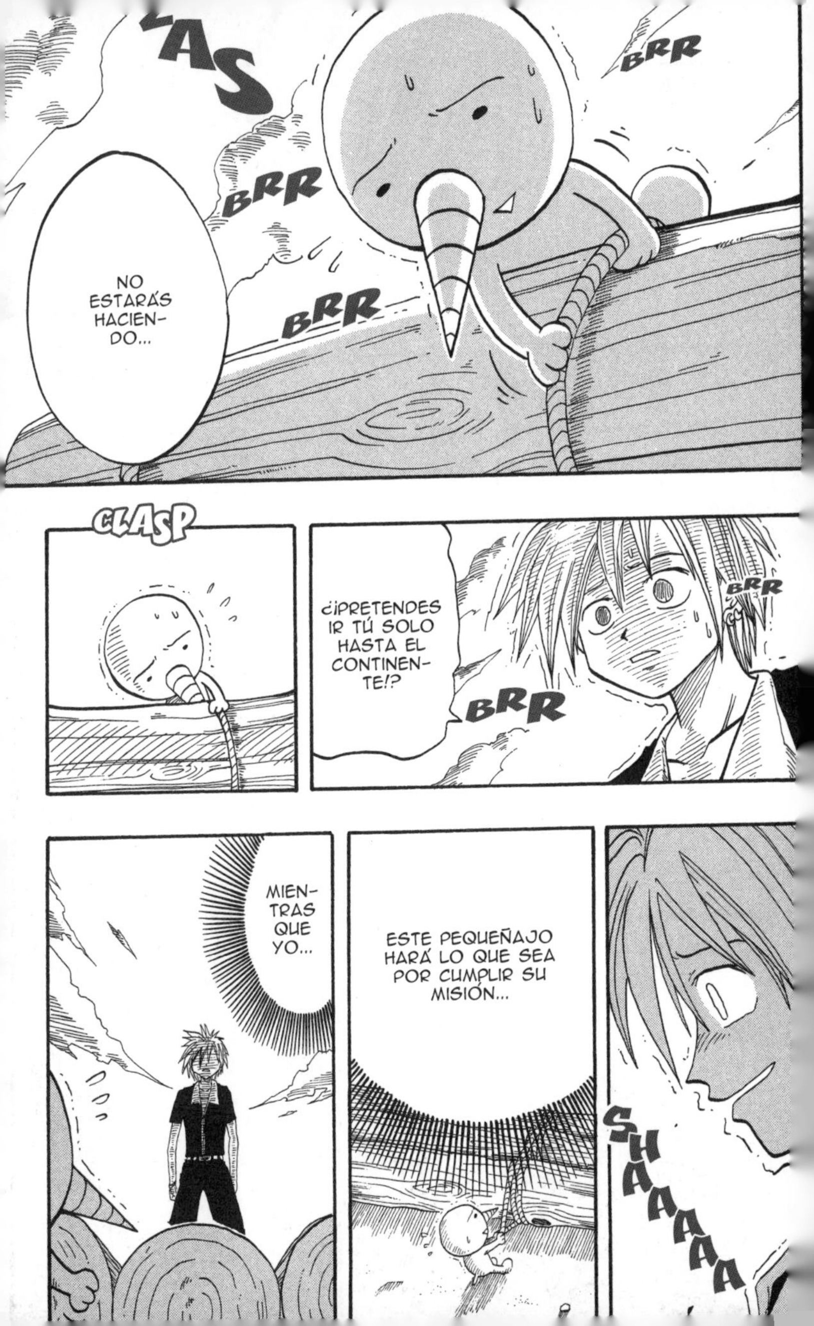
BRR
AS
BRR
BRR
NO ESTARÁS HACIEN-DO...
BRR
¿¡PRETENDES IR TÚ SOLO HASTA EL CONTINEN-TE!?
BRR
CLASP
SHAAAAA
ESTE PEQUEÑAJO HARÁ LO QUE SEA POR CUMPLIR SU MISIÓN...
MIEN-TRAS QUE YO...

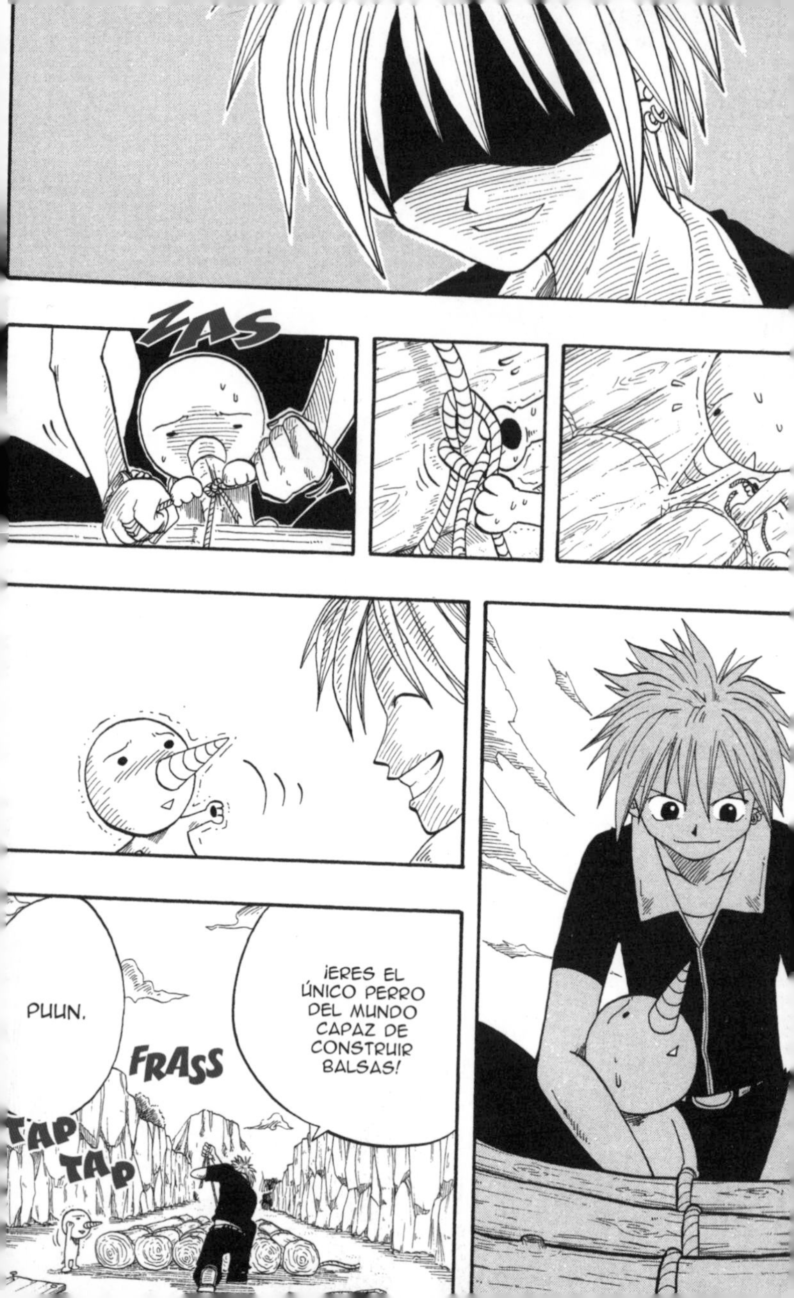
ZAS
¡ERES EL ÚNICO PERRO DEL MUNDO CAPAZ DE CONSTRUIR BALSAS!
PUUN.
FRASS
TAP TAP

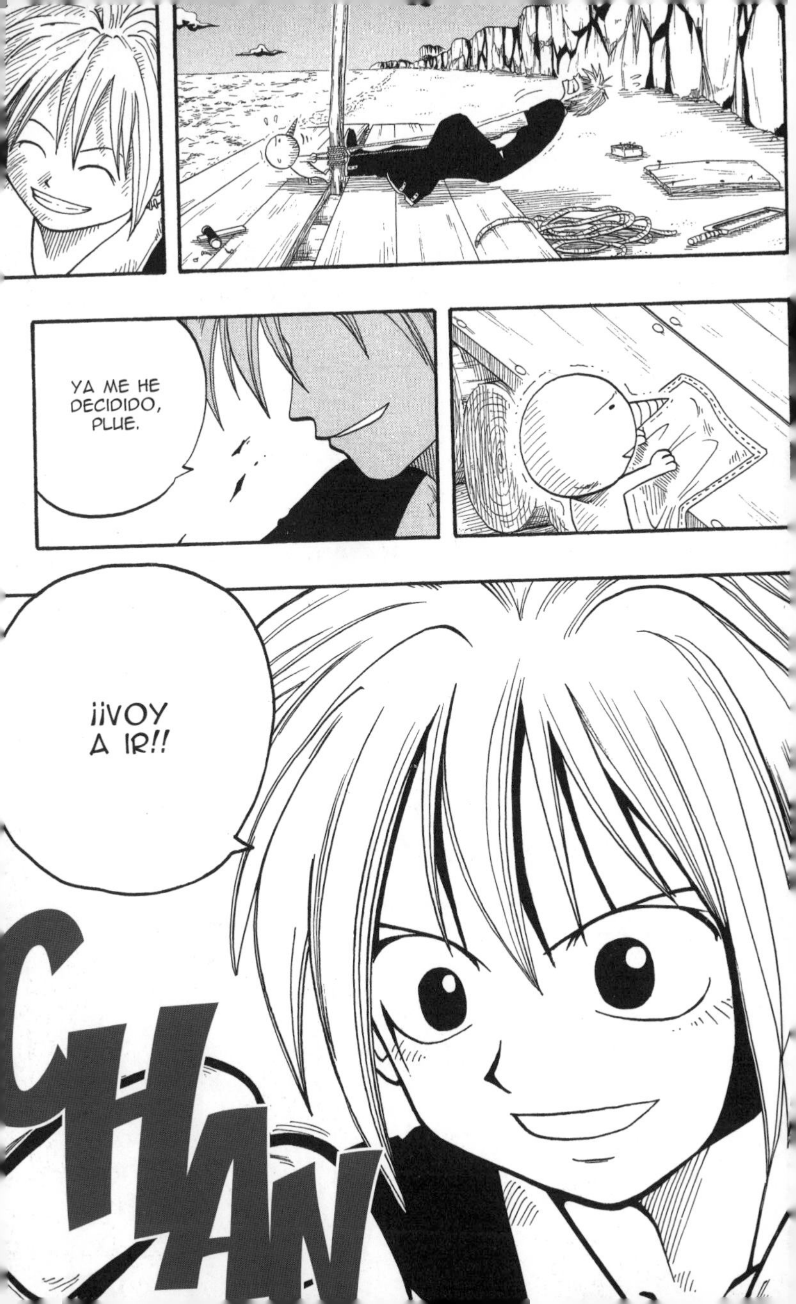
YA ME HE DECIDIDO, PLUE.
¡¡VOY A IR!!
CHAN

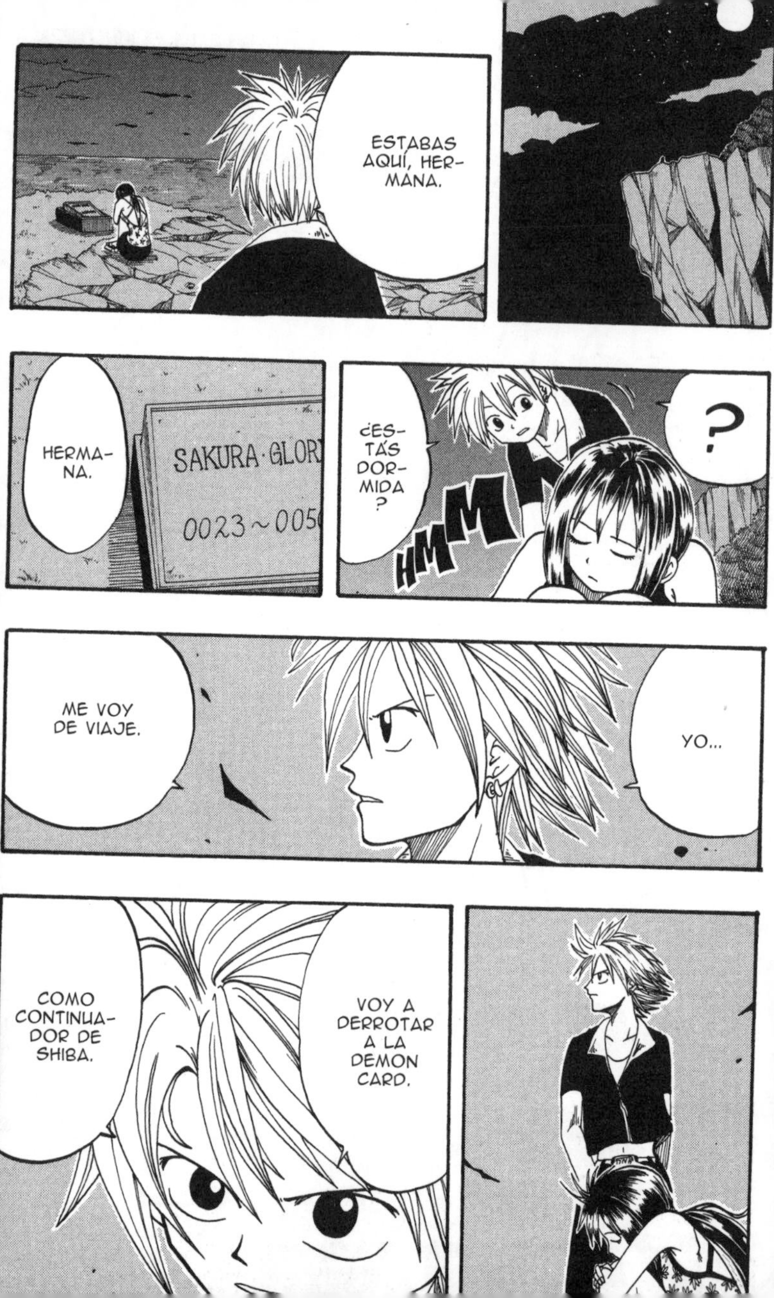
ESTABAS AQUÍ, HERMANA.
?
¿ESTÁS DORMIDA?
HMM
HERMANA.
YO...
ME VOY DE VIAJE.
VOY A DERROTAR A LA DEMON CARD.
COMO CONTINUADOR DE SHIBA.

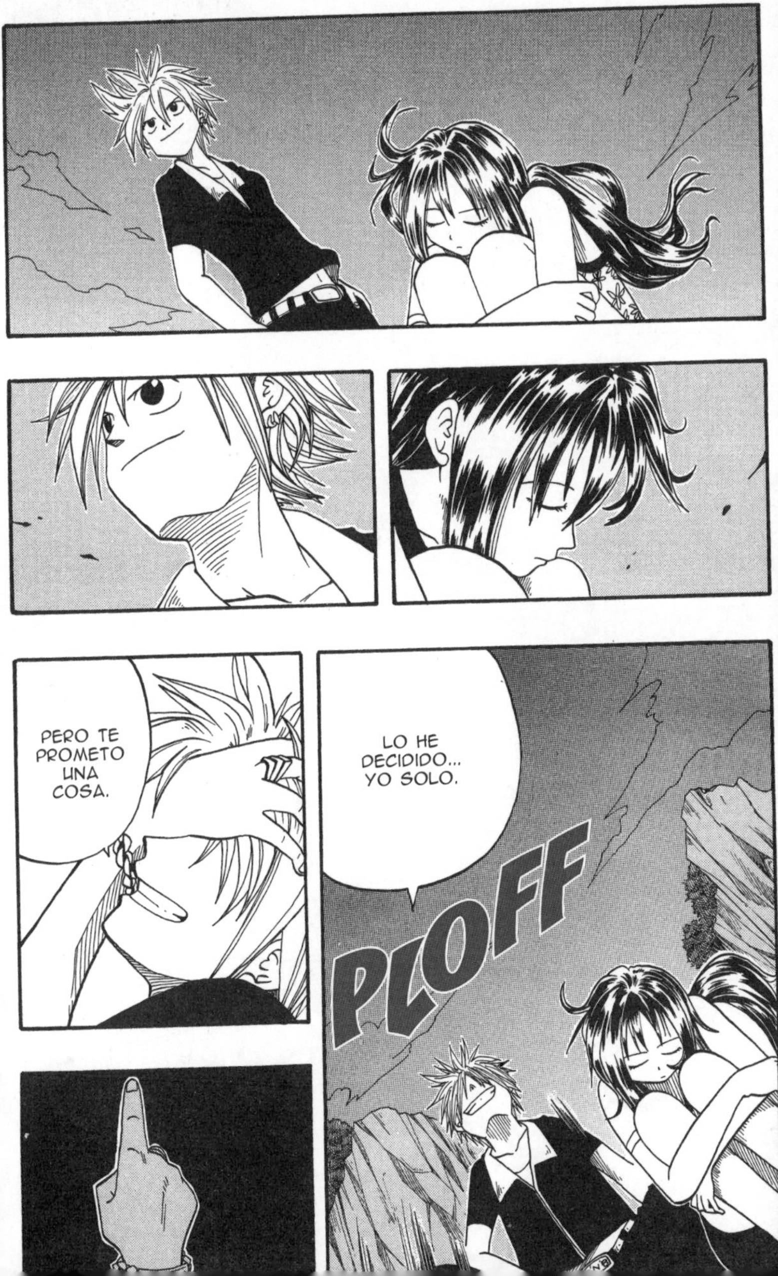
LO HE DECIDIDO... YO SOLO.
PERO TE PROMETO UNA COSA.
PLOFF

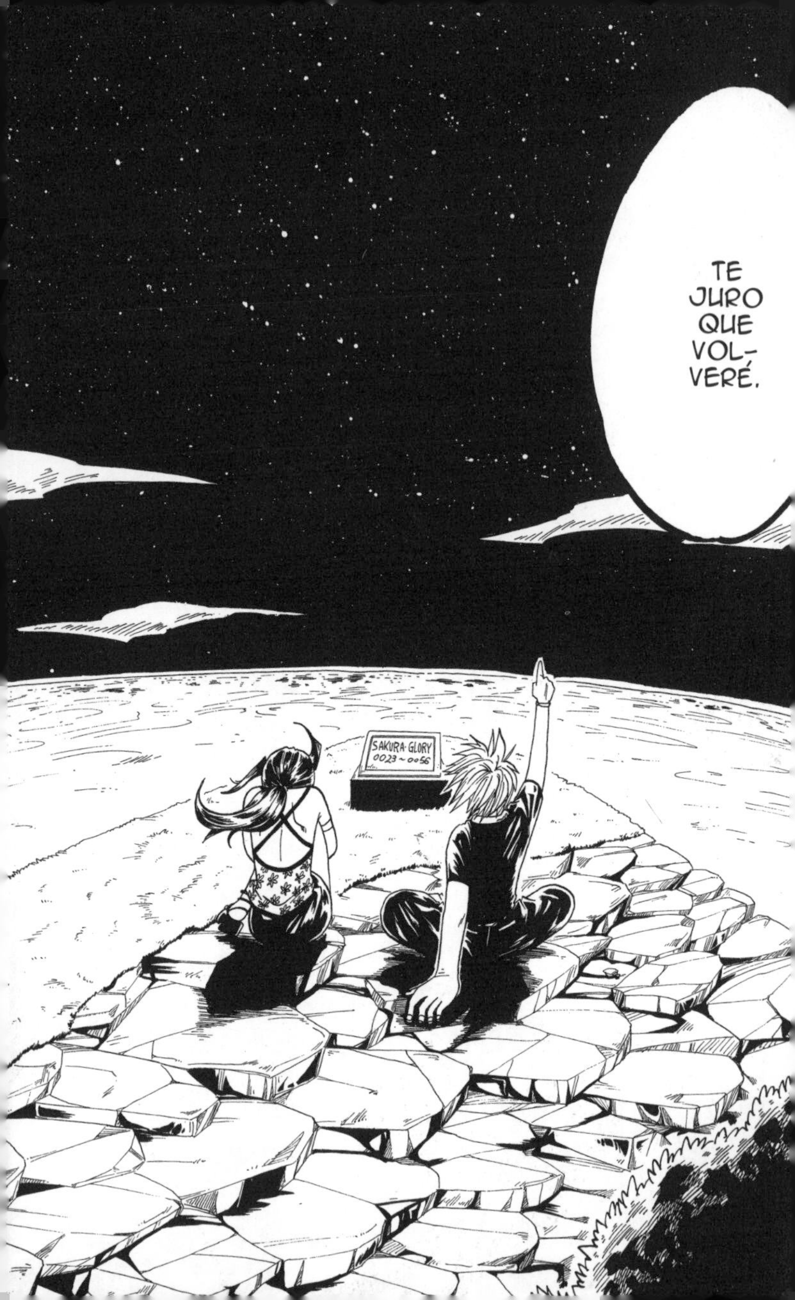
TE JURO QUE VOL-VERÉ.
SAKURA GLORY
0023~0056

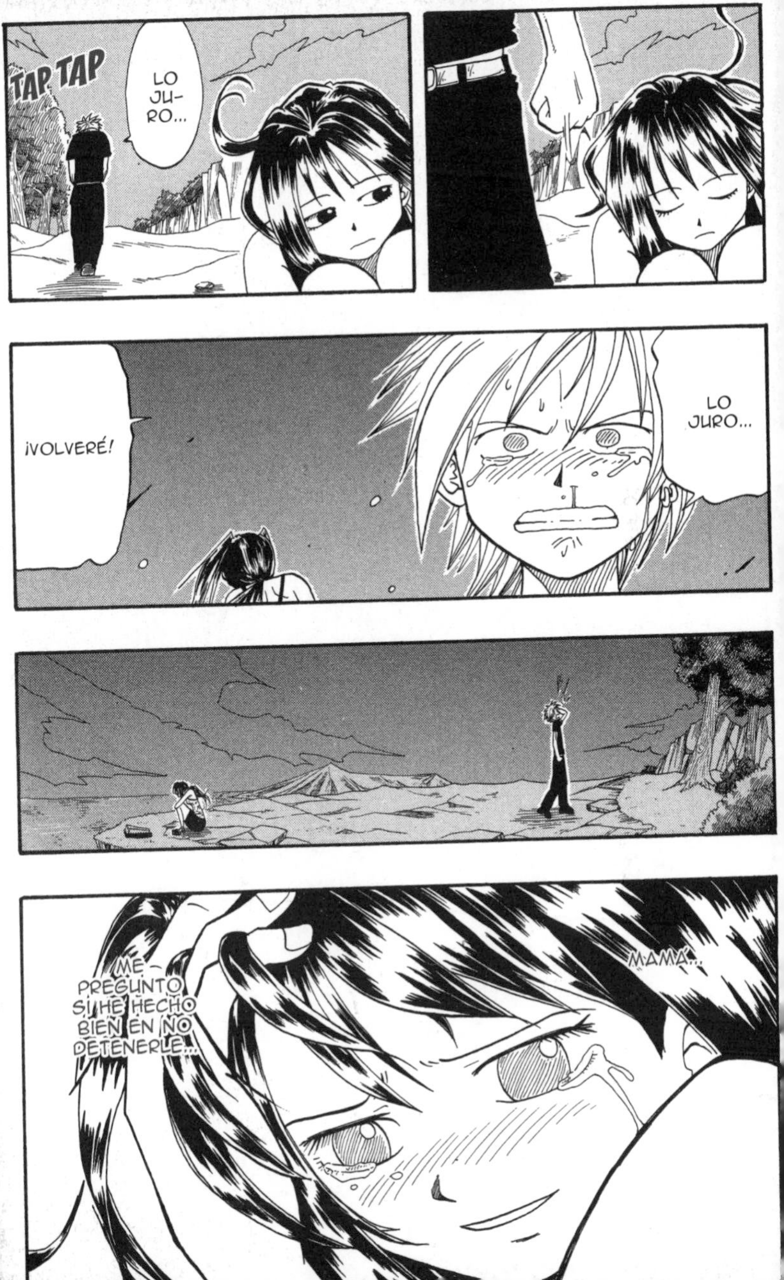
TAP TAP
LO JU-RO...
LO JURO...
¡VOLVERÉ!
MAMÁ...
ME PREGUNTO SI HE HECHO BIEN EN NO DETENERLE...

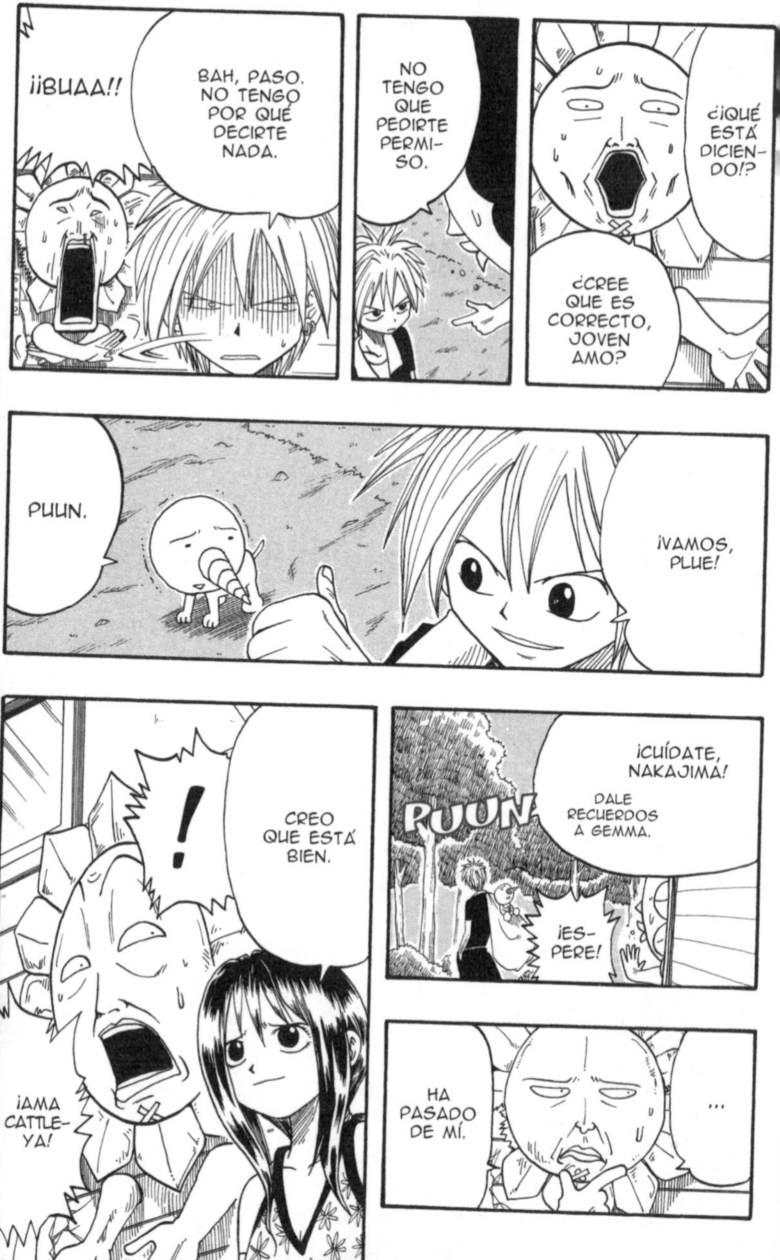

¿¡QUÉ ESTÁ DICIENDO!?
¿CREE QUE ES CORRECTO, JOVEN AMO?
NO TENGO QUE PEDIRTE PERMISO.
BAH, PASO. NO TENGO POR QUÉ DECIRTE NADA.
¡¡BUAA!!
¡VAMOS, PLUE!
PUUN.
¡CUÍDATE, NAKAJIMA!
DALE RECUERDOS A GEMMA.
PUUN
¡ESPERE!
...
HA PASADO DE MÍ.
!
CREO QUE ESTÁ BIEN.
¡AMA CATTLEYA!

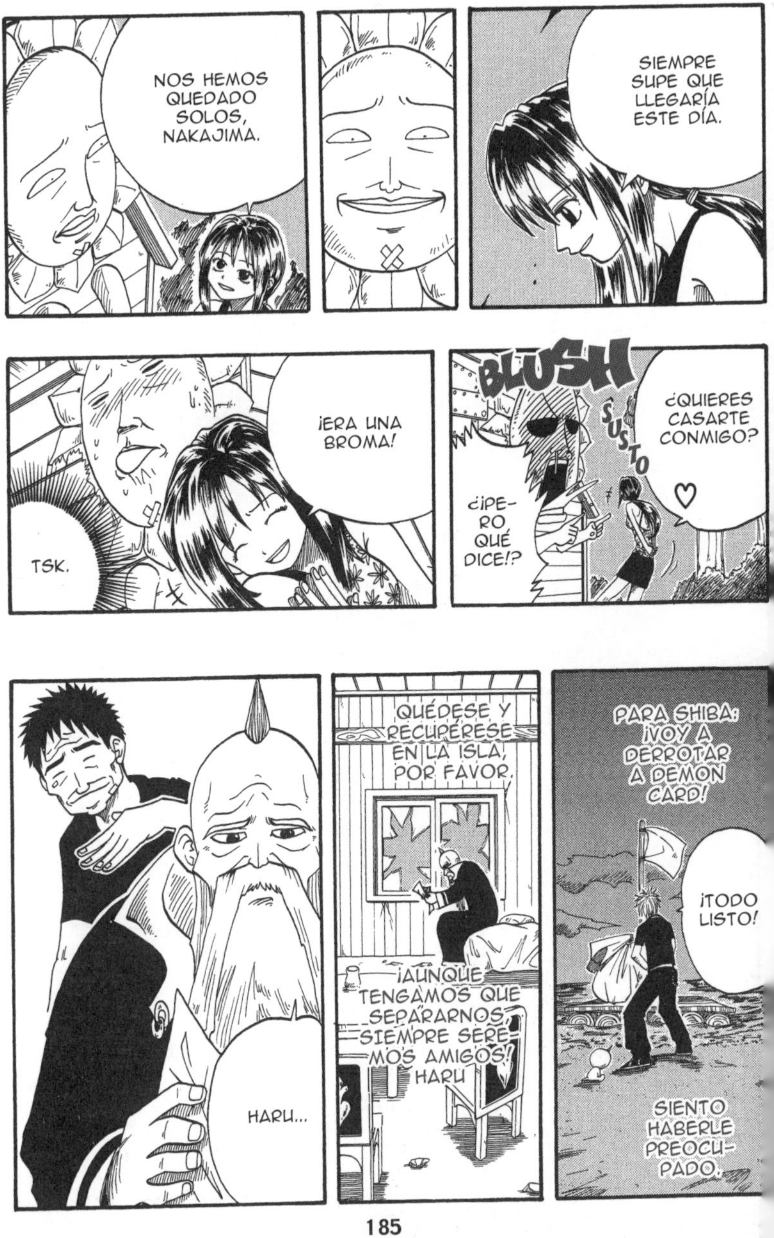
SIEMPRE SUPE QUE LLEGARÍA ESTE DÍA.
NOS HEMOS QUEDADO SOLOS, NAKAJIMA.
¿QUIERES CASARTE CONMIGO? ♡
BLUSH
SUSTO
¿¡PE-RO QUÉ DICE!?
¡ERA UNA BROMA!
TSK.
¡TODO LISTO!
PARA SHIBA: ¡VOY A DERROTAR A DEMON CARD!
SIENTO HABERLE PREOCUPADO.
QUÉDESE Y RECUPÉRESE EN LA ISLA, POR FAVOR.
¡AUNQUE TENGAMOS QUE SEPARARNOS, SIEMPRE SEREMOS AMIGOS! HARU
HARU...

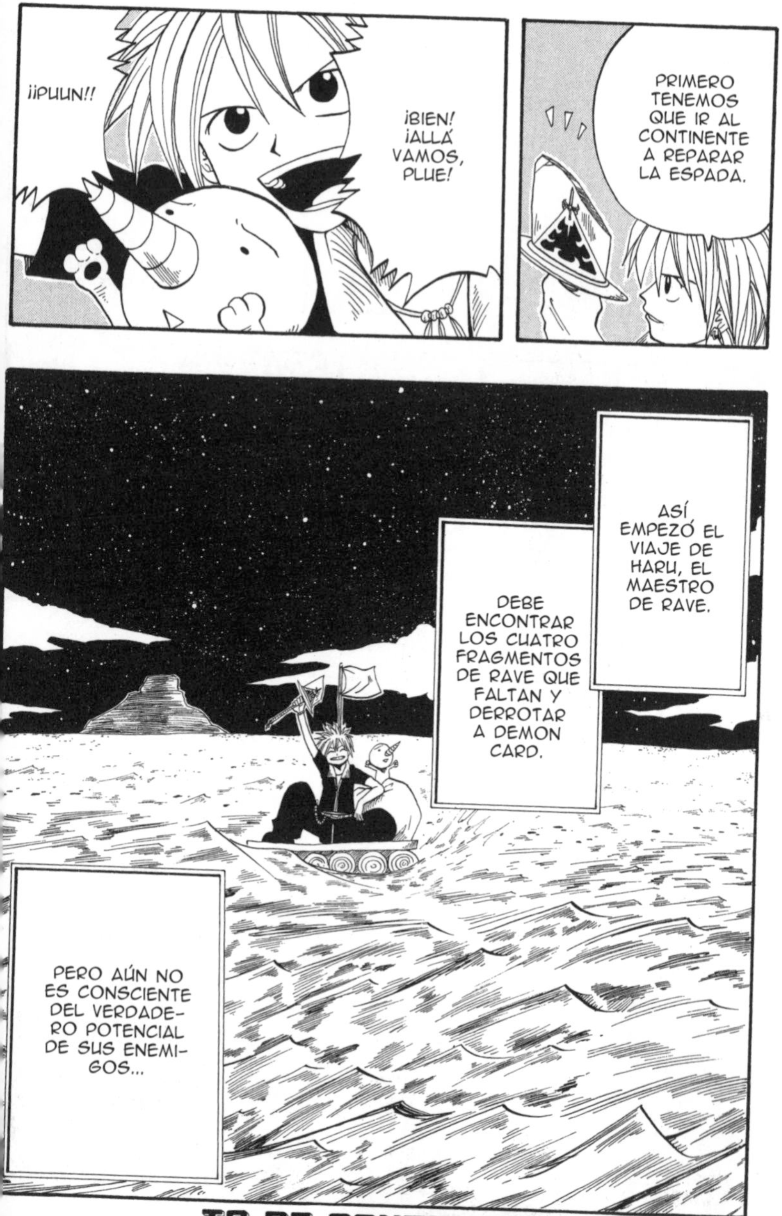
PRIMERO TENEMOS QUE IR AL CONTINENTE A REPARAR LA ESPADA.
¡BIEN! ¡ALLÁ VAMOS, PLUE!
¡¡PUUN!!
ASÍ EMPEZÓ EL VIAJE DE HARU, EL MAESTRO DE RAVE.
DEBE ENCONTRAR LOS CUATRO FRAGMENTOS DE RAVE QUE FALTAN Y DERROTAR A DEMON CARD.
PERO AÚN NO ES CONSCIENTE DEL VERDADERO POTENCIAL DE SUS ENEMIGOS...

TO BE CONTINUED

LA HERMANA DE HARU: CATTLEYA.

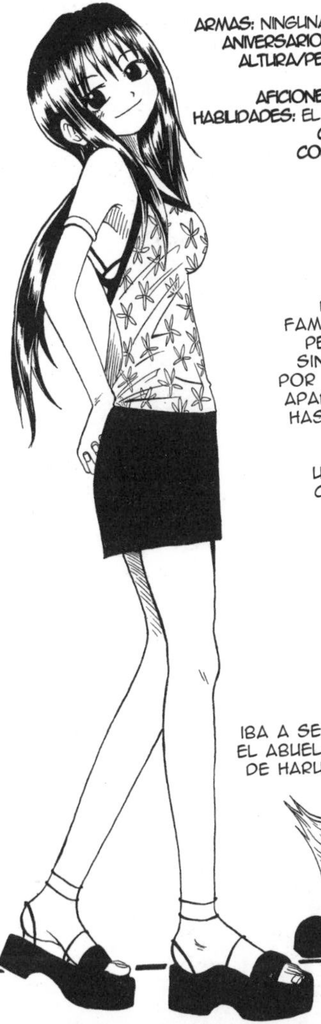

ARMAS: NINGUNA. AÑOS ATRÁS PRACTICÓ UN POCO DE KENDO.
ANIVERSARIO/EDAD: 5 DE AGOSTO DE 0046/ 20 AÑOS.
ALTURA/PESO/GRUPO SANGUÍNEO: 166 CM/46 KG/A
NACIÓ EN: LA ISLA GARAGE
AFICIONES: LA COCINA, LAS TAREAS DEL HOGAR.
HABILIDADES: EL KARAOKE (DICE QUE ES LA MEJOR DE LA ISLA)
COSAS QUE APRECIA: LA FAMILIA.
COSAS QUE DESPRECIA: SU EX NOVIO.

DESDE EL PRINCIPIO DECIDÍ QUE LA FAMILIA DE HARU TUVIERA DOS MIEMBROS, PERO NO QUE TUVIERA UNA HERMANA, SINO UN ABUELO. SI CAMBIÉ AL ABUELO POR UNA HERMANA FUE PORQUE, SI NO, NO APARECÍA UN SÓLO PERSONAJE FEMENINO HASTA VARIOS CAPÍTULOS MÁS ADELANTE (RISAS).
ASÍ QUE EL DÍA QUE DECIDÍ DARLE UNA HERMANA A HARU ES EL DÍA DEL CUMPLEAÑOS DE CATTLEYA. Y COMO CURIOSIDAD, TIENE EL MISMO CUMPLEAÑOS QUE NAKAJIMA. (RISAS)

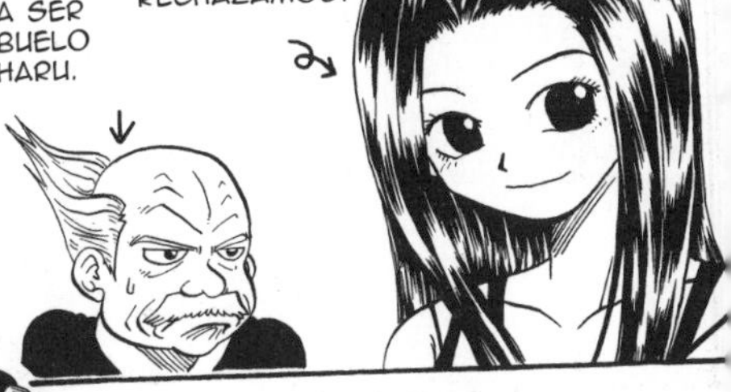

IBA A SER EL ABUELO DE HARU.
UN PEINADO QUE RECHAZAMOS.

SEGUNDO PROPIETARIO DEL CAFÉ TSUBOMI: **GEMMA.**

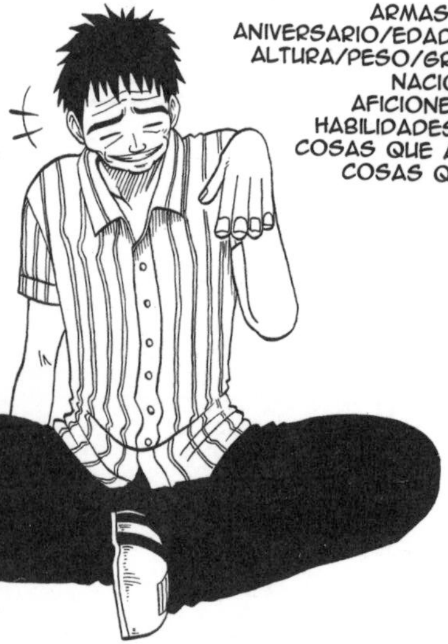

ARMAS: UN RIFLE (MAGNUM 99)
ANIVERSARIO/EDAD: TRECE DE JULIO DE 0018/51 AÑOS.
ALTURA/PESO/GRUPO SANGUÍNEO: 175 CM/60 KG/A
NACIÓ EN: LA ISLA GARAGE.
AFICIONES: SERVIR BUENA COMIDA.
HABILIDADES: REÍR 24 HORAS SIN PARAR.
COSAS QUE APRECIA: EL MANGA DE HUMOR.
COSAS QUE DESPRECIA: EL ESTRÉS.

FUE EL ÚLTIMO PERSONAJE QUE CREÉ, Y EL MÁS ESENCIAL. TOMÉ COMO MODELO A UN AMIGO MÍO, QUE DE VERDAD ES ASÍ. TAMBIÉN HACE ESO CON LA MANO, Y SE PASA EL DÍA RIENDO. SU EDAD ES LA SUMA DE LA MÍA Y LA DE TAMA (22). (RISAS) POR CIERTO, SU NOMBRE, GEMMA, SIGNIFICA LO MISMO QUE TSUBOMI EN JAPONÉS: CAPULLO DE FLOR.

EL SER MISTERIOSO: NAKAJIMA.

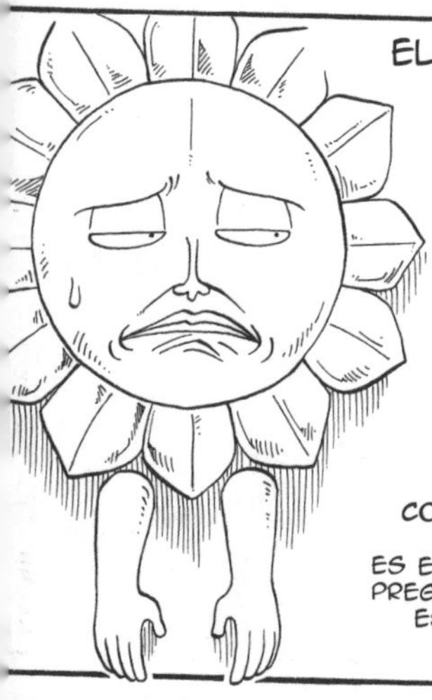

ARMAS: NINGUNA (CUANDO FUERON ATACADOS, USÓ SUS PLUMAS).

ALTURA/PESO/GRUPO SANGUÍNEO: DESCONOCIDO.

(NI IDEA DE CÓMO DEBERÍA MEDIRSE).

NACIÓ EN: LA ISLA AKAPERA (ALLÍ ES UNA ESPECIE COMÚN).
AFICIONES: ESTUDIAR.
HABILIDADES: ATRAPAR INSECTOS.
COSAS QUE APRECIA: LOS TULIPANES.
COSAS QUE DESPRECIA: LA LLUVIA Y LA NIEVE.

ES EL PERSONAJE QUE GENERA MÁS DUDAS Y PREGUNTAS DE TODA LA SERIE, COMO EN QUÉ ESTABA PENSANDO CUANDO LO DIBUJÉ, QUÉ TOMÉ COMO MODELO...

MANGA EXTRA.

RAVE0077

LEVIN QUEDA A CARGO DEL HOGAR.
CAPÍTULO 1: NAKAJIMA LLEGA A LA CASA.

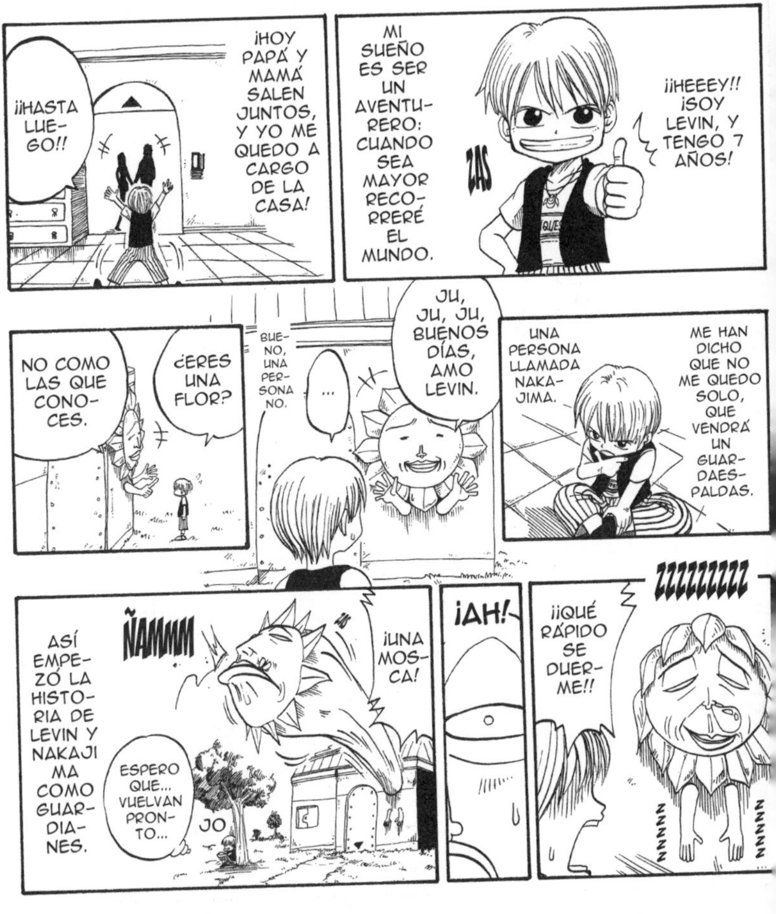
¡¡HEEEY!! ¡SOY LEVIN, Y TENGO 7 AÑOS!
ZAS
MI SUEÑO ES SER UN AVENTURERO: CUANDO SEA MAYOR RECORRERÉ EL MUNDO.
¡HOY PAPÁ Y MAMÁ SALEN JUNTOS, Y YO ME QUEDO A CARGO DE LA CASA!
¡¡HASTA LUEGO!!
ME HAN DICHO QUE NO ME QUEDO SOLO, QUE VENDRÁ UN GUARDAESPALDAS.
UNA PERSONA LLAMADA NAKAJIMA.
JU, JU, JU, BUENOS DÍAS, AMO LEVIN.
...
BUENO, UNA PERSONA NO.
¿ERES UNA FLOR?
NO COMO LAS QUE CONOCES.
ZZZZZZZZZ
¡¡QUÉ RÁPIDO SE DUERME!!
ZZZZ
ZZZZ
¡AH!
¡UNA MOSCA!
ZAS
ÑAMMM
ESPERO QUE... VUELVAN PRONTO...
JO
ASÍ EMPEZÓ LA HISTORIA DE LEVIN Y NAKAJIMA COMO GUARDIANES.

POSTSCRIPT

ANTES DE NADA, QUIERO DAR LAS GRACIAS A TODAS LAS PERSONAS QUE SE HAN LEÍDO ESTE MANGA... ¡¡MUCHAS GRACIAS!! POR FIN HA SALIDO A LA VENTA EL NÚMERO 1 DE RAVE, ¡¡ESTOY SÚPERCONTENTO!!

QUIERO USAR ESTE ESPACIO EN CADA NÚMERO PARA CONTAROS MIS IMPRESIONES SOBRE EL TOMO Y CHARLAR UN POCO.

ESTE PRIMER TOMO NO HABRÍA SIDO POSIBLE SIN LA AYUDA DE MUCHA GENTE, COMO MIS AYUDANTES Y LOS AMIGOS QUE ME ECHARON UNA MANO CUANDO ESTABA AGOBIADO DE TRABAJO.

ANTES QUE NADA, QUERRÍA DAR LAS GRACIAS AL SEÑOR MATSUKI, QUE HA ESTADO AHÍ APOYÁNDOME E INFLUYENDO EN MI TRABAJO, INCLUSO CUANDO ERA TAN SÓLO UN AYUDANTE.

Y TAMBIÉN AL SEÑOR YOSHIDA, QUE ME AYUDA EN TODO, DESDE LA PLANIFICACIÓN DE LA HISTORIA HASTA EN EL REPASO FINAL.

Y TAMBIÉN AL DISEÑADOR DE CÓMICS KC: EL SEÑOR OKAWA, Y AL DIRECTOR: EL SEÑOR ISHII. MUCHAS GRACIAS, DE TODO CORAZÓN. OS DEBO MUCHO TAMBIÉN A TODOS LOS QUE ME DISTEIS CONSEJOS CUANDO LOS NECESITABA. ¡MUCHAS GRACIAS! Y CÓMO NO, A MIS AYUDANTES: YUCA, NAKAMURA, Y YAMA-CHAN. ¡¡GRACIAS!! ¡Y GRACIAS A LOS ASISTENTES QUE ME ECHARON UNA MANO EN EL CAPÍTULO TRES! Y GRACIAS A MI FAMILIA, MIS AMIGOS, MIS COMPAÑEROS DE PROMOCIÓN (RISAS), A MIS PROFESORES DEL INSTITUTO, OS ESTOY MUY AGRADECIDO A TODOS.

¡Y GRACIAS A TODOS LOS LECTORES DE RAVE!
Y POR ÚLTIMO, UN SALUDO MUY ESPECIAL A LA REVISTA DONDE SE PUBLICÓ ESTA HISTORIA POR PRIMERA VEZ: EL SHUKAN SHONEN MAGAZINE DE KODANSHA.

¡ME ESFORZARÉ MUCHO MÁS A PARTIR DE AHORA!
¡¡HASTA LA PRÓXIMA!!

HIRO MASHIMA

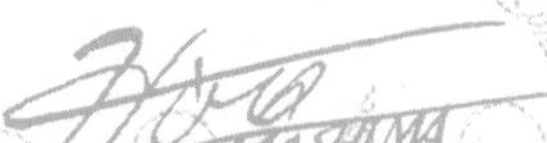
MASHIMA.

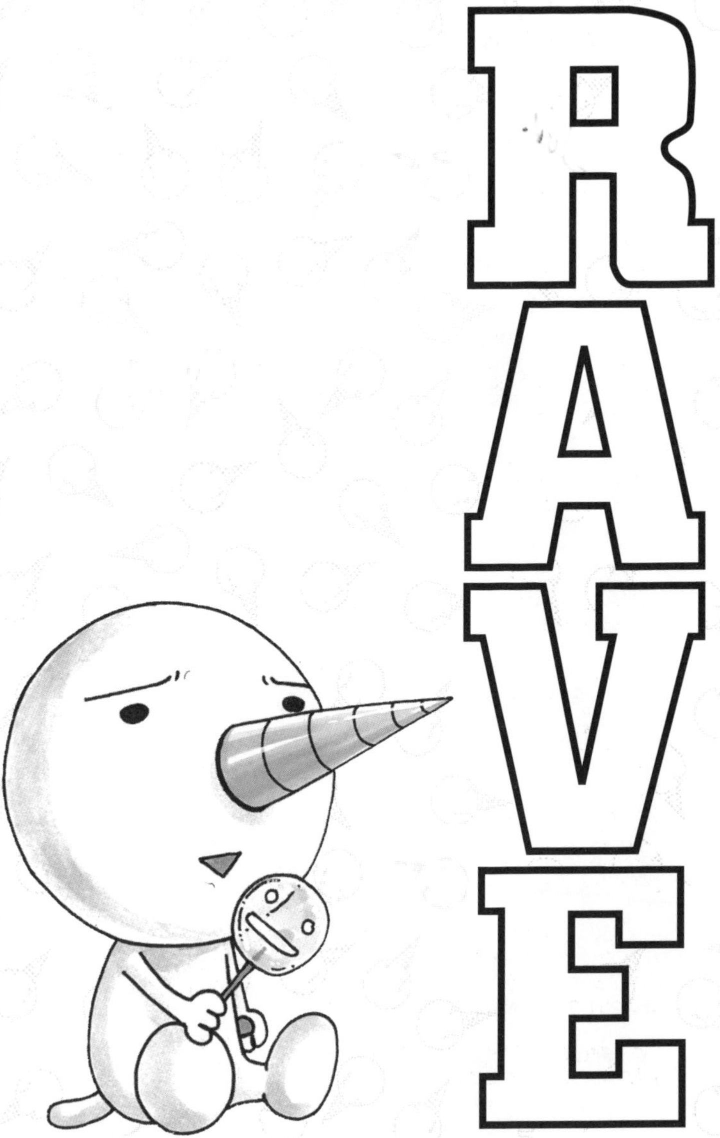
RAVE

¡ATENCIÓN!

5
ocm63681740
página de un libro occidental
y seguir las viñetas de
derecha a izquierda.

Rave nº1
Título original: "RAVE volume 1"
© 1999 Hiro Mashima. All Rights Reserved.
First published in Japan in 1999 by Kodansha., Ltd.,Tokyo.
Spanish publication rights arranged by Kodansha., Ltd.
© 2004 NORMA Editorial por la edición en castellano.
Passeig Sant Joan 7, principal. 08010 Barcelona.
Tel.: 93 303 68 20. – Fax: 93 303 68 31.
norma@normaeditorial.com

Traducción: Annabel Espada.
Rotulación: Xavier Amigó..
Depósito legal: B-02311-2004.
ISBN: 84-96325-24-5.
Printed in the EU.

www.NormaEditorial.com